厦门市台湾学会
Xiamen Association of Taiwan Studies

台情述评文集

TAIQING SHUPING WENJI

曾建丰 | 主编

杨仁飞 | 副主编

九州出版社
JIUZHOUPRESS | 全国百佳图书出版单位

图书在版编目（CIP）数据

台情述评文集 / 曾建丰主编. -- 北京：九州出版
社，2017.6
ISBN 978-7-5108-5504-7

Ⅰ．①台… Ⅱ．①曾… Ⅲ．①台湾问题－文集 Ⅳ.
①D618-53

中国版本图书馆CIP数据核字(2017)第150145号

台情述评文集

作　　者	曾建丰　主编　杨仁飞　副主编
出版发行	九州出版社
地　　址	北京市西城区阜外大街甲 35 号（100037）
发行电话	(010)68992190/3/5/6
网　　址	www.jiuzhoupress.com
电子信箱	jiuzhou@jiuzhoupress.com
印　　刷	北京九州迅驰传媒文化有限公司
开　　本	720 毫米×1020 毫米　16 开
印　　张	18.5
字　　数	310 千字
版　　次	2017 年 7 月第 1 版
印　　次	2017 年 7 月第 1 次印刷
书　　号	1SBN 978-7-5108-5504-7
定　　价	56.00 元

前　言

本文集是由厦门市台湾学会会刊《台情述评》最近 8 年部分论文集结而成。

厦门市台湾学会于 1985 年 10 月由厦门大学台湾研究所（现为台湾研究院）发起成立，是由厦门市从事台湾研究的专家学者以及从事涉台事务机构、团体人员组成的民间性、非营利学术团体，也是大陆最早成立的对台学术研究与交流社团。本会会刊《台情述评》创办于 1999 年，是本会理事、会员交流台情研究观点与心得的园地，至今共发刊 45 期，发表研究成果百余篇。

考虑到时效问题，本文集所收录的 40 篇文章，为 2008 年之后《台情述评》的部分研究成果。由于时间跨度较长、作者较为多元、题材较为丰富，文集仅根据内容归类大致划分成四个部分：第一部分是岛内政局嬗变，第二部分是两岸交流互动，第三部分是对外关系影响，第四部分是专题调研对策。

过去 8 年，台湾经历了两次政党轮替，岛内政局诡谲跌宕，两岸关系波澜起伏。为了展现作者对当时当事的真实评判与思考，本文集在编辑过程中原则上只做文字校对，内容与论点完全保持原样。

本文集若有疏失不周，还望读者批评指正。

作者名录

刘国深　厦门市台湾学会会长；
　　　　厦门大学台湾研究院院长、教授；

李　鹏　厦门市台湾学会副会长；
　　　　厦门大学台湾研究院副院长、教授；

张文生　厦门市台湾学会副秘书长；
　　　　厦门大学台湾研究院政治研究所所长、教授；

唐永红　厦门市台湾学会理事；
　　　　厦门大学台湾研究院经济研究所所长、教授；

陈先才　厦门市台湾学会理事；
　　　　厦门大学台湾研究院政治研究所副所长、副教授；

林　劲　厦门市台湾学会理事；
　　　　厦门大学台湾研究院教授；

曾建丰　厦门市台湾学会秘书长、研究员；

杨仁飞　厦门市台湾学会副秘书长、研究员；

罗　清　厦门市台湾学会副秘书长；

康华林　厦门市台湾学会会员

苏清心　厦门市台湾学会会员

康　轶　厦门市台湾学会会员

目　录

三、对外关系影响

四、专题调研对策

一、岛内政局嬗变

2008 年 "520" 之后台湾政局变化 与两岸关系走向

曾建丰

2008 年 5 月 20 日，"扁下马上"，台湾政坛顺利完成第二次 "政党轮替"，国民党在经历 8 年在野之后重新夺回执政权，岛内政治生态发生根本性变化，这对台湾社会与两岸关系发展均产生重大而深远的影响。重新执政的国民党与沦为在野地位的民进党都在总结过去 8 年的经验与教训，为扮演好各自新的角色，进行党务改革，并在政党政治的范畴内展开新一轮的竞争，两党竞争将成为未来台湾政治的常态。由于国民党与民进党的两岸政策有根本性的差异，"520" 之后，两岸关系也随即呈现出与过去 8 年迥然不同的局面，迎来一个全新的时代。

一、国民党 "完全执政" 局面将持续较长时间

国民党夺回执政权、实现 "完全执政" 目标是一个从量变到质变的过程。2005 年底 "三合一" 选举，国民党夺得县市政权 "半壁江山"，加上其他泛蓝力量夺得 3 个县市，实际上已对民进党形成 "地方包围中央" 之势，这一局面为今年两项选举的胜利奠定了坚实的基础。今年初 "112" 选举，国民党独揽三分之二席次，加上其他泛蓝力量所得席次则超过了四分之三，完全掌握 "立法" 大权；随之而来的 "322" 选举，国民党一战定乾坤，最终夺回执政权。这样一来，国民党实际上稳固地掌握了从地方到 "中央" 的执政权，如不出意外，这一局面将持续较长一个时期。

1. 2005 年 "三合一" 选举：国民党 "地方包围中央"。2005 年 12 月 3 日台湾 "三合一" 选举，国民党赢得全面胜利。在 23 席县市长部分，国民党获

3

得 14 席，得票率为 50.96%，民进党得 6 席，得票率为 41.95%；在县市"议员"方面，国民党获 409 席，得票率 40.21%，民进党获 192 席，得票率 22.25%；在乡镇市长方面，国民党得 173 席，得票率 46.46%，民进党得 35 席，得票率 23.69%。再加亲民党、新党、无党籍等泛蓝席次，此次地方选举，国民党实际上已经掌控地方执政权"大半江山"，形成"地方包围中央"态势。当时岛内媒体普遍认为：此次胜选已为国民党 2008 年"大选"奠下基石。《联合报》12 月 5 日发表的民调显示：展望 2008 年"大选"，六成三的民众期待换党做；仅有一成三的人希望由民进党继续执政。2006 年台北、高雄市长选举，因"走路工事件"，民进党在高雄市险胜，国民党与民进党各得一席。

2. "112"选举：国民党掌控"立法"权。2008 年初"立委"选举，根据"中选会"当晚公布的选举结果，在总数 113 个席位中，国民党获得 81 席（区域 61、不分区 20 席），民进党获得 27 席（区域 13、不分区 14 席），无党团结联盟 3 席，亲民党 1 席，无党籍及未经政党推荐者 1 席。在政党票部分，国民党获得 501 万余票，得票率为 51.23%；民进党得票 361 万余票，得票率为 36.91%；其他登记参选的 10 个政党得票率都未超过 5%。马英九表示，国民党这次赢得 81 席，超过总席次三分之二，若加上盟友（5 席）则席次超过四分之三，这是继 1993 年后，国民党再次于"立法院"掌握如此高比例席次，也因国民党在"国会"掌握绝大多数席次，在地方掌握七成县市、人口数的执政，国民党已成为台湾政坛第一大党。国民党又向"完全执政"挺进了一大步。

3. "322"选举：国民党夺回执政权。2008 年"大选"结果，根据"中选会"公布的数据，投票率为 76.33%。国民党候选人"马萧配"总得票数为 765 万 8724 票，得票率为 58.45%；民进党"谢苏配"得票数为 544 万 5239 票，得票率为 41.55%，"马萧配"赢了"谢苏配"将近 17 个百分点，狂胜 221 万多票，取得压倒性胜利。选举结果还创下多项纪录，"马萧配"的得票数高于 1996 年李登辉 581 万票，也高于 2004 年陈水扁 647 万票，成为到目前为止获得最高票数的当选人；以得票率来说，此次"马萧配"高过李登辉 1996 年选举 54% 的得票率，更高于陈水扁 2004 年 50.11% 的得票率。

"520"之后，国民党在台湾"完全执政"，岛内政治生态可谓"绿地变蓝天"，其重要意义在于：其一，对台湾内部而言，岛内政治乱象将趋于缓和。过去 8 年，由于陈水扁当局失政败德、贪腐严重，又一味操弄"意识形态"，加上民进党是"少数党执政"，使得台湾岛内"蓝绿政党对抗、社会族群对立"，公共行政资源持续内耗与空转，社会民生向下沉沦。"520" 之后，国民党 "完全执政、完全负责"，民进党沦为 "立法院" 内的 "少数党"，难以与 "一党独大" 的国民党抗衡，国民党的执政与施政阻力将明显减小。台湾民众普遍期盼和平安定、发展经济、休养生息的社会局面将得以实现，这其实也正是国民党能在近几次选举中获得胜利的最重要社会基础。其二，对两岸关系而言，紧张与僵持的局面将发生根本性的变化。国民党与民进党在统 "独" 立场上有着本质的差别，随着极力鼓吹和推动 "台独" 主张的民进党退出执政舞台，"台独" 与行政权力相结合的猖獗政治生态消失了，"台独" 的现实危险性大大减弱，两岸关系随即走出高危期阴影，迈入和平发展的新阶段。

二、"两党制" 成型、两党竞争将成为常态

哈佛大学教授杭廷顿曾提出 "两次轮替检定说"。他认为许多新兴民主国家或地区，在发生 "第一次政党轮替" 后，取代旧政权的新政权往往反而与民主化背道而驰，违反民主精神，破坏民主法治机制，因此必须再有 "第二次政党轮替"。他认为从 "民主转型" 到 "民主巩固"，至少要以 "政权是否已经两次民主而和平地转移" 为最基本要件。台湾两次政党轮替似乎正好应验了这一理论。

从台湾政治发展历程看，2000 年，陈水扁以 39.3% 的得票率上台执政，其胜选原因除了国民党分裂，另一个重要因素是 "人心思变"，民众不满国民党长期执政，导致第一次政党轮替。民进党执政 8 年，贪渎腐败，经济衰落，操弄 "台独" 议题撕裂族群，制造对立和仇恨，完全与民主化背道而驰。今年 "322" 选举，政权再度轮替到国民党手中，一样是 "人心思变" 的结果，而且与 2000 年、2004 年两次选举的情况相比，这次选举显然更理性、成熟得多，民进党在选战中常用的抹黑、抹红、谣言、诬陷等等选举 "奥步"，在此次选战中已经明显失效或无法派上用场。

"520" 之后，随着国民党亲民党合并，以及 "台联党" 的泡沫化，台湾 "两党制" 格局已然成型。依台湾现行选举制度，台湾地区领导人每 4 年改选一次，也就是说每隔 4 年，民众就要对执政党进行一次总体检，在民众思想意识中，政党竞争与轮替将是一种政治常态，"做得好就继续执政、做不好就下台"，主流民意将最终影响或决定政党政治走向。可以预期，台湾政党政治的发展也

将在这个过程中日臻成熟。

"520"之后，国民党与民进党围绕"执政与制衡"展开角力的同时，又将为4年后争夺执政权展开新一轮的竞争。如何适应新的政治环境、扮演好各自的角色，并进行自我调整与改造，提升竞争力，争取多数民众的信任与支持，将成为国民两党在未来政治角力中胜败的关键。

（一）国民党：走好"执政之路"任重道远

马英九"重拾旧河山"，面临的现实是陈水扁当局留下的"政局纷乱、经济滑坡、财政恶化、社会分化、民生困苦、两岸紧张"的一个烂摊子。在民众高度期盼"马上变好"的情况下，"马团队"能否很快做出让民众耳目一新的成绩，至关重要。"520"之后马英九的施政蓝图，用他自己的语言来概括就是：一、政府清廉，不要贪腐；二、经济繁荣，不要萧条；三、政治安定，不要内斗；四、族群和谐，不要撕裂；五、两岸和平，不要战争。要达成以上目标，实际上是在进行一次全面的拨乱反正和深刻的社会变革，"马团队"所面临的困难与挑战不言而喻。

其一，如何保障"执政团队"清廉、高效，全力"拼经济"。马英九在组建"执政团队"时强调德才兼备；既要考虑权力平衡，更要考虑权力制衡；既要讲"全责政党"，又要广招人才。"马团队"也以"廉能、专业，新团队；永续、均富，新台湾"自我期许，其清廉与否、执政成效如何最终还是要由民众来做结论。至于"拼经济"这一首要任务，马英九在经济政策白皮书中提出"六三三"口号，包括经济增长率回到6％、4年内失业率降至3%、2011年人民年所得2万美元、2016年人民年所得3万美元等；在主要经济建设上，提出"十二项爱台建设"，8年内当局投资两兆六千五百亿，鼓励民间投资一兆三千四百亿。客观地说，马英九上台的时机并不好：外有全球金融震荡、商品价格飙升；内有人民收入水平下降、失业率攀升与压抑了许久的水电油价的提升压力。"马团队""拼经济"成效如何，还有待观察。

其二，如何深化"革新党务"、妥善处理"党政关系"。国民党在过去的8年间，不断对政党体质进行改造，包括清算"李登辉路线"、清理党产、切割"黑金"、党员重新登记、精简党工、党内（包括党主席、中常委）选举民主化、干部年轻化、加速本土化、强化选举职能、调整政策论述等等，也正有了这些改造与变化，国民党恢复了生机，重新赢得了民众的信任。如今国民党成为执政党，其党务革新任务仍十分艰巨，包括泛蓝（国、亲、新）整合、党内团结、世代交替、约束党籍"立委"和从政干部、妥善处理党政关系等等。例如处理党政关系，国民党中央明确要彻底改变过去"以党领政"的做法，定调为"以党辅政"，并规划出新的"党政协调平台"。党政关系如何做到既能有效沟通协调，又不会相互干扰摩擦，显然需要经过一段时间磨合与调适。

其三，如何建构"和谐社会"以及"和平发展的两岸关系"。陈水扁执政 8 年，失政败德，经济滑坡，只能靠操弄意识形态来维持执政地位，其极端的意识形态包括激烈的"台独"意识、狭窄的民粹主义、疯狂的族群歧视等等。8 年来台湾的社会关系是撕裂的，台湾民众被分成了蓝绿两部分，族群矛盾上升为政治矛盾，两岸关系更是长期处于僵持与紧张状态。"520"之后，民众期待马英九能够以其强大的民意基础，展现包容的胸襟与气度，化解蓝绿对立，消弭族群裂痕，化解各种社会矛盾，建立和谐社会；同时，还要开创两岸新局，建构"和平发展的两岸关系"。马英九在"520"就职演说中明确提出要促进族群之间和"新旧移民"之间的和谐，改善两岸关系。当然这都需要务实的政策与持续的推动，不可能一蹴而就。

总之，"马团队"如果做得好，国民党又励精图治，能满足台湾民众的期待，国民党就可能长期执政；反之，如果"马团队"行政和立法腐败，经济上又不能满足民众的预期，"扁政权"就是前车之鉴。

（二）民进党：彻底改革才有希望

新任民进党主席蔡英文曾表示：现在是民进党创党以来形象和信赖感最差的时候。此话不假，但若就此断言民进党 20 年内无法重新执政，甚至认为民进党会泡沫化，则言之过早。8 年前，国民党失去执政权，党内一片悲观情绪，也有人认为国民党 30 年内难以翻身，甚至有人认为国民党会进一步分裂，成为永远的在野党。但事实并非如此，关键在于是否进行改革，国民党正是通过清算"李登辉路线"、进行党内民主化改革，才使政党重现生机。

目前民进党虽然跌入谷底，但仍是岛内最大在野党。民进党党员数在 2004 年曾一度达到 40 万人，但在今年 5 月 18 日党主席改选时，民进党有资格投票的党员只剩 25 万人。"520"之后，民进党台面人物的政治舞台，将被挤压为三部分：一是在中央党部；他们虽非公职，但却操纵政党机器，掌握公职选举的提名权，可进可守；二是在"立法院"；民进党有 27 名党籍"立委"，他们肩负监督、制衡执政党的重任，较有条件发挥个人影响、累积个人政治资本；三是南台湾 7 名执政县市长；他们掌握地方行政资源，可有效积累政绩和地方人脉，是民进党未来重点经营的"根据地"。更为最重要的是，民进党仍拥有四成左右、500 多万的选民支持。民进党前主席许信良说，民进党有 40% 坚定的基本盘，这是铁板一块、打死不跑的支持群。

台湾选民分为"蓝绿抗衡（6∶4）"两大阵营，政党政治也始终需要扮演"监督、制衡"角色的在野党，因此，民进党的存在是有社会基础与现实需要的。"520"之后，民进党要做的事是进行政党改造，扮演好监督、制衡的角色，进而了解多数民众的期待，尽可能地争取多数民众的支持，以便将来再与国民党竞争执政机会。当然，民进党如果不进行彻底的反省与改革，其结局完全有可能如谢长廷所言："人民没有义务要支持民进党，如果不彻底革新，很难确保不在未来选举中逐渐泡沫化。"吕秀莲也表示：蔡英文首当其冲面对两个问题，第一是财务问题，第二是党的改造。她强调，改造不是皮相改造，需要比较鞭辟入里、比较深度的改造，包括党的体质、派系问题，人头党员问题，都要处理。民进党改革的成败关键在于：

其一，是否彻底清算"陈水扁路线"。民进党当前所谓的"改革"，首先应对陈水扁执政 8 年的失政败德和"台独"路线进行反省与清算。民进党内不乏清醒之士，谢长廷表示，民进党在三次选举的连续挫败，形象不断降低，这已经不是技术跟策略的问题，而是"党的路线以及核心出现问题"。民进党前副秘书长段宜康直指民进党败选三大原因：一是清廉形象受质疑，二是本土化价值沦为对外切割和对内斗争的工具，三是执政内容背离进步价值；并称民进党败选，掌握最多权力的人，必须负最大的责任，这个人就是陈水扁。当然，反省与批判只是改革的前提与基础，并不是改革的全部，但若不能对陈水扁路线进行彻底清算，非但不能呈现民进党改革的勇气与决心，也无法重建民进党的价值体系，而且民进党还将继续替陈水扁背负一笔难以还清的"政治债"。

其二，是否彻底切除"台独"毒瘤。在台湾民主运动发展之初，台湾社会普遍期待有一个强有力的反对党来监督、制衡"一党专政"的国民党，民进党以"公平、正义、清廉、勤政、爱乡土"等为号召得以快速成长，同时也错误地混淆"本土意识"与"台独"意识，进而在政党机体内滋长出"台独"毒瘤。民进党拥有的四成选民支持，包括所谓"打死不跑的支持群"，他们实际上未必支持"台独"主张，而只是民进党的传统支持者。陈水扁执政 8 年，极力推动

"台独"运动，甚至把实现"台独"作为重要政策目标，最终遭到选民唾弃，事实已经告诉民进党，"台独"此路不通。近年民进党内已有部分人士提出，民进党应该修改或放弃"台独党纲"，摆脱束缚，走出新路；也有人明确提出调整陈水扁"台独"路线（深绿路线）改走务实路线（中间路线）。蔡英文也表示：未来不走深绿路线；民进党在重回在野后，对于"主权"、台湾认同等议题上，应有能量发展更包容性的主张。显然，这种声音已经开始在民进党内发酵，但离彻底放弃"台独"路线还相距甚远。

其三，是否彻底改变党内恶斗积习。民进党依靠反对运动起家，党内派系围绕权力分配、路线分歧等等展开"刀刀见骨"的厮杀早已司空见惯。民进党"立院"党团总召柯建铭在改革建言中强调：必须正视党内"只问权斗不谈路线的派系与山头文化恶习"。民进党青壮派提出的党务革新主张包括：一、历届党主席皆聘为顾问，邀请列席中常会，落实世代合作理念；二、增设三位副主席，落实集体领导，培养未来领导者的格局；三、增加中执委与中常委名额，扩大中执会与中常会决策代表性；四、增设三名独立中执委、中常委，邀请非民进党籍的社会人士担任。五、增设三名独立中评委，邀请社会公正人士担任；六、建立党职、公职分流制，现任党务主管及离开党职未满两年，非经征召不得参选公职；七、设置区党部，强化组织经营，因应"单一选区"的挑战；八、支持废除排蓝民调，强化协调机制，及早产生优秀人选。这些主张明显是针对"党内权斗"而提出来的。

显然，民进党的反省与改革才刚刚开始起步，民进党能否进行彻头彻尾的改革，仍有待进一步观察。

三、两岸开启和平发展新时代

"520"之后，马英九上台执政，对台湾而言，是一个新时代的开始，对两岸关系而言，是一个新契机的来临。台湾人民以选票否定了主张"台独"和贪腐的陈水扁当局，迎来了国民党和马英九执政，两岸开启共求和平发展、共创互利双赢的新时代。

1. 开局良好，两岸关系发展已确立坚实基础。"322"大选之后，国共两党高层随即展开频繁互动，逐步明确了未来两岸关系发展的指导思想，为两岸关系和平发展奠定坚实的基础。4月12日，胡锦涛在博鳌会见了萧万长；4月29日，胡锦涛在北京会见了连战。胡锦涛在会见时指出：当前台湾局势发生了积极变化，两岸关系呈现出良好发展势头，两岸双方应当共同努力，建立互信、搁置争议、求同存异，共创双赢，切实为两岸同胞谋福祉、为台海地区谋和平，开创两岸关系和平发展新局面。5月28日，胡锦涛在北京与应邀来访的中国国民党主席吴伯雄举行了会谈，胡锦涛在会谈时再次强调："在国共两党和两岸同胞共同努力下，台湾局势发生了积极变化，两岸关系发展面临着难得的历史机遇。这一局面来之不易，值得倍加珍惜。国共两党和两岸双方应该共同努力，建立互信、搁置争议、求同存异、共创双赢。首先要建立互信，这对推动两岸关系和平发展至关重要。反对'台独'、坚持'九二共识'，是双方建立互信的根本基础。只要在这个核心问题上立场一致，其它事情都好商量。其次要搁置争议。必须看到，两岸关系发展中还存在一些历史遗留问题，也还可能遇到一些新情况新问题，其中一些症结问题一时不易解决。我们应该以实事求是的态度，务实面对，妥善处理"。对胡锦涛提出两岸要"建立互信、搁置争议、求同存异、共创双赢"的十六字方针，马英九在"520"就职演说中明确表示："这些观点都与我方的理念相当的一致"。经过以上几次高层互动，国共两党逐步达成了对未来推进两岸关系发展的基本共识，也表明双方对当前台海局势及其发展趋势总体判断是一致的，对未来推进两岸关系发展的基本原则与方向是有共识的。可以说，有了这些基本共识，两岸关系保持长期稳定和平发展才有坚实基础。

2. 搁置争议、求同存异，共同把握和平发展的历史性机遇。"520"之后，作为台湾的主政者，马英九的两岸政策主张与大陆的基本政策主张相比较，明显有诸多"相同"或"相异"点。其中"相同"点主要是：坚持"九二共识"；主张在"九二共识"基础上，尽早恢复协商；反对"台独"、"不搞'两国论'或'法理台独'"；认同"两岸人民同属中华民族"；主张"两岸和平共荣"，促进两岸经贸往来与文化交流的全面正常化。"相异"点主要是：马英九将"九二共识"定义为"一中各表"；坚持"中华民国是主权独立的国家"；主张"不统、不独、不武"；此外，对台湾的"国际空间"、对两岸的"制度差异"及大陆"人权问题""西藏问题""飞弹问题"等，马英九也有个性化的见解与立场。综而观之，未来双方最大的分歧与差异将集中表现在两个方面：其一，马英九将使"九二共识"定义为"一中各表"，势必使两岸在"一中"和"各表"之间产生明显分歧；其二，马英九对两岸问题最终解决之关键，刻意回避"主权争议"，将其界定在"生活方式和核心价值"上，这也势必使两岸"制度差异"在未来两岸关系发展中被突显出来。这些政策主张的差异或不同,说明两岸关系结构性矛盾仍然存在,未来两岸关系发展仍将是微妙与复杂的。因此,更需要两岸以和平发展大局为重,搁置争议、求同存异,以高度的政治智慧,务实解决现实存在的诸多问题。

3. 先易后难、先经济后政治,稳步推进两岸关系发展。胡锦涛指出:"当前,恢复两岸协商谈判并取得实际成果,是两岸关系改善和发展的重要标志。我们应该在'九二共识'基础上尽快恢复'海协会'和'海基会'的交往协商,通过平等协商务实解决两岸间的有关问题。两会恢复协商后,首先要解决当前两岸同胞最为关心的两岸周末包机、大陆居民赴台旅游问题。只要双方共同努力,这两件事完全可以在最短时间内办成、办好"。马英九也表示:两岸问题十分复杂,一定要分门别类、理出优先顺序然后逐步解决。对于两岸复谈后的议程,马英九强调:"经济优先,其次是和平协议,再次是国际空间"。在两会复谈前夕,海基会董事长江丙坤 6 月 10 日表示:除了直航包机、观光两项议题,将来诸如人民币兑换、货币清算机制、避免双重扣税、投资保障协议、智慧财产权保护、放宽台湾农工服务业进入大陆的管制等等,都值得海基会一一推动;希望将来两岸关系正常化,能够完成综合经济协议。6 月 13 日,陈云林、江丙坤正式签署《海峡两岸包机会谈纪要》及《海峡两岸关于大陆居民赴台旅游协议》两项协议。两会在复谈之初,不会也没有触及政治性议题,甚至在今后一段时间,两会商谈的主要议题仍然是经贸文化交流事项。两岸经贸议题取得积极成果,两岸各项交流逐步扩大,两岸之间的互信累积到相当程度,再考虑进行政治议题谈判是较为稳妥与务实的。

对于政治议题,最好在谈判之前双方能先达成默契。双方可以通过举办系列预备性会议,也可以由"二轨"的国共两党交流平台以举办"和平论坛"形式,先进行充分的协商与沟通,达成原则性或基础性共识,供正式谈判参考。否则贸然展开政治议题谈判,其结果可能会欲速则不达,反而影响两岸正常的经贸文化交流与人员往来。

4. 推进两岸关系发展仍应积极争取民进党的支持。"520"之后,民进党的角色是台湾政坛最大在野党、第二大政党,对执政党具有"监督、制衡"作用;然而,在野党也未必一定要"为反对而反对"。蔡英文也曾表示:民进党并不反对两岸交流及适度的经济及其他往来。大陆对于岛内政党、政治人物的态度是一贯的,胡锦涛曾明确表示,只要承认一个中国原则,承认"九二共识",不管是什么人、什么政党，也不管他们过去说过什么、做过什么，我们都愿意同他们谈发展两岸关系、促进和平统一的问题。这一政策绝对不会因为民进党成为在野党而改变。问题的关键就在于看民进党是否具有反省能力，是否顺应台湾民众追求和平发展的主流民意，真正以台湾人民的福祉为依归，走出"台独"死胡同。若能如此，两岸关系的发展势必更加顺畅，民进党自身发展的前景也将更为广阔。

总之，"520 之后，在台湾岛内政治格局发生根本性变化的同时，两岸关系和平发展的新时代已经开启，可以预期：和平发展将成为两岸关系的主旋律，两岸关系可望长期健康地发展下去，胡锦涛在党的十七大报告中提出的两岸命运共同体、两岸共同家园的美好愿景将逐步得以实现。

2008 年 6 月

2010 年年底台湾"五都"选举结果及影响分析

罗　清　康华林

　　台湾"五都"市长、市议员和里长"三合一"选举结果在各方阵营激烈竞争中于 11 月 27 日揭晓。市长部分，国民党守住台北市、新北市和台中市 3 个席次，民进党维持台南市和高雄市 2 个席次；国民党得票总数为 336.9 万余票，得票率为 44.54%，民进党总得票数为 377.2 万余票，得票率为 49.87%，其他候选人得票总数近 42.3 万票，得票率为 5.59%。台北市方面，国民党候选人郝龙斌获得近 79.8 万张选票成功连任，得票率为 55.6%；民进党候选人苏贞昌获得 62.8 万余张选票落败，得票率为 43.8%。新北市方面，国民党候选人朱立伦获得近 111.6 万张选票当选，得票率为 52.6%；民进党候选人蔡英文获得将近 100.5 万张选票，得票率为 47.4%。台中市方面，国民党候选人胡志强获得 73 万余张选票成功连任，得票率为 51.1%；民进党候选人苏嘉全获得 69.8 万余张选票，得票率为 48.9%。台南市方面，民进党候选人赖清德获得近 62 万张选票当选，得票率为 60.4%；国民党候选人郭添财获得 40.6 万余张选票落败，得票率为 39.6%。高雄市方面，民进党候选人陈菊获得 82.1 万余张选票成功连任，得票率为 52.8%；杨秋兴获得近 41.5 万张选票，得票率为 26.7%；黄昭顺获得 31.9 万余张选票，得票率为 20.5%。市议员部分，在 314 席应选名额中，国民党拿下 130 席，得票率为 38.63%；民进党拿下 130 席，得票率 35.34%；无党籍或未经政党推荐者有 45 席，得票率为 20.72%；亲民党 4 席，新党 3 席，"台联党" 2 席。此外，由民进党和无党籍组成的"一边一国连线"获得 36 席市议员。里长部分，在 3757 席应选名额中，国民党拿下 1194 席，得票率 32.98%；民进党拿下 220 席，得票率 6.7%；无党籍及未经政党推荐者获得 2342 席，得票率 60.27%，中华统一促进党拿下 1 席。投票率部分，市长选举投票率为 71.71%，市议员选举投票率为 71.76%，里长选举投票率为 71.87%。

一、原因分析

此次选举是台湾"地方制度法"新修订后首次"直辖"市长、议员和里长选举，五个"直辖市"人口超过 1380 万人，约占台湾总人口 60%，选举结果攸关蓝绿势力消长，牵动 2012 年"大选"政局，被视为 2012 年"总统大选"的前哨战，国民党和民进党都有输不起的压力，无不使出浑身解数倾力相搏。选举结果显示，国民党保住了台北市、新北市、台中市 3 个市长席次，虽维持了原有局面，但得票率大幅下降；民进党虽仍维持高雄市、台南市 2 个市长席次，未能实现在北部突破的目标，但总得票率大幅上升，并超过国民党，市议员席次也大幅上升。总体看法是国民党勉强保住席次，民进党赢得了选票，处于上升势头。主要原因是：

（一）稳健的选战策略是稳住国民党基本盘重要原因。一是利用执政资源辅选。国民党"执政大权"在握、"立法院"内占绝对多数，又在"五都"的台北市、新北市和台中市拥有执政优势，这是其获得胜选的重要保证。在选举中，国民党充分利用了其丰沛执政资源，"总统"马英九、"行政院长"吴敦义等党政高层为求胜选卖力为"五都"候选人站台辅选，所到之处为候选人政见背书，大开政策支票，挹注经费预算，如朱立伦主要政见"三环三线"，找来马英九背书，让选民看到确实的牛肉；台北市郝龙斌和台中市市长胡志强利用现任优势，大力宣扬执政成绩，规划施政蓝图，特别是郝龙斌利用财政投入的巨资举办盛大"花博会"，获得各界好评，为其施政与选情加分。台北县长周锡玮担任朱立伦竞选总部主委，倾县府团队和行政资源为其抬轿。二是催票策略运用得当。国民党在总结 2009 年县市长选举失败教训后明白，催化蓝营基本盘和提高投票率是胜选的关键，在选情低迷情况下，运用各种手段全力催票。包括打"总统牌"，马英九全力投入辅选，多次往返南北"五都"催票固票。打"告急牌"，不断向蓝军呼吁"北二都"选情胶着，就连稳定领先的台中市，马英九也称"少了一票，胡志强就不会当选"，呼吁选民"即使下雪也要出来投票"。打"大佬牌"，吴伯雄、连战、王金平、郝柏村等泛蓝大佬纷纷为候选人站台拉票，特别是郝柏村深入台北市的每个眷村为其子郝龙斌拉票。打"司法牌"，利用陈水扁二次金改案判决无罪和龙潭购地等弊案罪刑确定等司法案件，成功激励蓝军士气，凝聚蓝营团结。打"夫人牌"，郝龙斌夫人高阆仙、朱立伦夫人高婉倩及胡志强夫人邵晓玲积极为夫婿奔走,努力拉升支持率。打"仇恨牌",在绿营媒体人郑弘仪以"三字经"辱骂马英九后,国民党将事件拉升为辱骂"国家元首"层级。此外,国民党还利用 116 周年党庆之机在南北中分别为候选人举行扩大造势活动,在台北市举行"为台北起飞而走"嘉年华式 10 万人大游行,激起了泛蓝支持者的参与热情,成功拉抬了选情。各种策略交替使用,国民党成功催出了蓝营选票,也提高了投票率。三是推动两岸关系发展为选情加分。2008 年马英九上台后,两岸关系进入和平发展阶段,两岸两会经过五次会谈签署了 14 项协议,两岸"三通"、陆客赴台观光、司法互助,尤其是签订 ECFA,两岸经贸关系实现正常化和制度化,不但给台湾带来"和平红利",而且促进了台湾经济复苏和转型,还使台湾获得巨大的经济利益。据台当局预估台湾 2010 年经济成长率将达 9.98%,创 21 年来之最,股市一路上涨到 8 千多点,台湾失业率也从 6.13% 降到 4.92%。与此同时,台湾"国际空间"不断拓展,两岸不再互挖"邦交国",台湾成为世界卫生组织大会观察员,尤其在选前台湾取得加拿大和欧洲 35 国免签证,这些"外交"成果与马英九"活路外交"政策有关,更与两岸关系和平发展密切相关。两岸关系和平发展是马当局最大政绩,对国民党"五都"选情起到重要的加分作用。

(二)"连胜文遭枪击事件"是国民党保住 3 席的关键因素。选前之夜,国民党荣誉主席连战长子连胜文,在为新北市议员候选人陈鸿源站台时遭帮派分子枪击重伤送医,另有一名民众死亡。由于事发突然,事态严重,引起岛内各界的震惊和愤怒,台湾蓝绿阵营同声谴责暴力,加上台湾电视、广播、报纸等媒体持续进行渲染报道,一方面激发了选民的投票意愿,拉高了蓝绿对决的热度;另一方面加深了蓝营支持者危机意识,意外地催化了国民党原本低迷的选情,特别在泛蓝优势明显的"北二都"起到关键作用,在台北市,民进党内部原本评估微弱取胜,但枪击事件发生的当天,民调即发生逆转,最后郝龙斌大赢苏贞昌约 16.9 万票;原本选情胶着的新北市,结果朱立伦多出蔡英文 11 万余票。选后民调显示,5% 的选民表示枪击事件影响了其投票意愿。

(三)"五都"总体选民结构蓝大绿小是民进党难有突破的关键原因。在五个"直辖市"中,总体选民结构蓝大绿小,台北市、新北市和台中市的基本盘是蓝大于绿,台南市和高雄市的基本盘是绿大于蓝。其中,台北市蓝绿基本盘一直在五五比四五和六比四之间,从历史来看,除了 1994 年陈水扁因国民党分裂而当选之外,历次选举民进党都无法取胜,而且得票率从未过半;新北市蓝绿基本盘比较接近，蓝稍大于绿，2005 年县市长选举民进党输掉 20 万票，2008 年"大选"则是大输 50 万票；台中市蓝绿基本盘为六比四，差距明显，2005 年县市长选举国民党在大台中地区大赢民进党约 23 万票。"北二都"和台中市蓝大绿小的基本盘，使民进党处于劣势，民进党意图在一比一对决的选举态势中获胜非常困难。

（四）成功吸收中间选民是民进党得票数大幅上升的重要原因。民进党深知"北二都"及台中市是"蓝大绿小"的局面，只有吸收中间选民才能赢得选举，因此在"北二都"采取与传统截然不同的选举策略，在路线上走浅绿路线，绝口不提两岸政策和"反中"，在造势手法上则以小型、面对面的基层拜票取代大型晚会和游行，在竞选基调上非常柔软、低调，刷新民进党参与大型选举的记录，吸引了众多中间选民和青年族群的支持。据民进党内部民调显示，民进党在中间选民和青年族群中拥有较大的优势，这是民进党得票率、选票大幅增加的重要原因。

二、影响分析

"五都"选举维持了"北蓝南绿"的政治格局，但蓝绿势力出现了较大幅度的消长，对岛内政局和两岸关系将产生深远影响。

（一）马英九在党内的政治地位得以巩固，但其 2012 年连任之路充满严峻挑战。马英九上台后，施政绩效不彰、决策失误、用人不当等原因，导致其面临内外交困的境地，政治声望及支持度迅速下降，接连遭遇败选。"五都"选举国民党顶住了民进党猛烈的攻势，保住了原有 3 个席次，避免了"骨牌效应"发酵，稳住了蓝营基本盘，备受争议的"马（英九）金（溥聪）体制"惊险通过了"中期考试"，极大地降低"五都"败选的政治风险。马英九将继续担任党主席，秘书长金溥聪将继续主导党务，掌控接下来的"立委"和"总统"提名等事宜，其既行的"执政路线"将继续推行，党务改革将继续推动，马英九个人意志将得到进一步贯彻，吴伯雄、连战等党内大佬的地位将进一步边缘化，凡此都有利于巩固马英九在党内的政治地位，从目前看党内暂时还无人能挑战其在 2012 年代表国民党参选"总统"的地位，在副手人选上马英九也将拥有更大的自主权。但在"五都"选举中，国民党气势低迷，基本处于被动挨打的境地，无法激发蓝营支持者的热情，虽然维持 3 个市长席次，但总得票数大幅下降,从 2008 年"总统"选举时大赢民进党 113 万票,到此次选举被民进党反超 40 万票以上,一来一去国民党流失了 150 多万选票。说明马英九的政治光环正在褪色,蓝消绿长态势还在继续,中间选民正朝绿营挪移,这对积极争取连任的马英九来说是非常危险的信号,其连任之路将充满挑战。

(二)民进党重新执政的信心增强,转型和改革步伐将进一步加快。虽然民进党在此次选举中未能增加市长席次,但整个选举过程中气势非常强盛,得票数比以往大幅增加,高出国民党 40 万票,得票率超出 5.33%。这对民进党来说是一大突破,说明其整体气势正在快速上升,实力大幅增强,两党的实力正在拉近,从而也燃起民进党重新执政的信心。同时,蔡英文出任民进党主席以来一直推动民进党向务实理性转变,在意识形态上淡化"台独"色彩,在两岸政策上主张务实交流,取得了较好的效果,使民进党短期内便摆脱颓势。表现在"五都"选举中民进党改变传统的选举做法,包括刻意回避两岸议题、不提"反中"、不升高蓝绿对决等,主打治理能力,提出民众关注的民生议题,得到了不少中间选民特别是青年族群的认同,使其支持率和满意度获得大幅提升。这都将激励民进党加速转型和改革,加快党内世代交替的步伐,其所推动的"十年政纲"将更自信、更稳健、更务实开放,可能将放宽两岸政策,并提出一些新的论述,为民进党今后的发展做铺垫。

(三)基本维持原有政治格局,但将促使蓝绿两大阵营内部政治生态发生变化。选举结果显示,绿营未能在"北二都"实现突破,基本维持"北蓝南绿"、蓝三绿二的格局,但蓝绿两大阵营的实力在接近,政治理念在趋同,而且通过选举的激烈较量,政治板块的分化组合,促使蓝绿两大阵营内部政治生态发生变化。蓝营方面,朱立伦以 111.6 万票击败来势汹汹的蔡英文当选为最大票仓新北市市长,强劲的实力和完整的资历让其在国民党接班梯队中的名次扶摇直上。国民党在南部选举严重失利,在内部反弹压力和 2012 年"大选"考量双重因素下,马英九势必加大对中南部地区的投入,加紧扶植国民党地方精英,以打破民进党的垄断地位;亲民党主席宋楚瑜在选战关键时刻,放弃蓝营的黄昭顺改挺无党籍的杨秋兴,政治影响不俗,选后杨可能与宋结盟,成为游离于蓝绿之间的另一股政治力量。绿营方面,民进党的"总统"热门人选苏贞昌由于在台北市市长选举中输给对手近 17 万票,未来前景不容乐观。党主席蔡英文虽输掉新北市长选举,但带领民进党打了一个漂亮的选战,党内地位巩固,未来将利用"十年政纲"带领民进党继续向国民党挑战执政权。高雄市市长陈菊在三强争夺的情况下仍取得过半的 82 万票，台南市的赖清德则大赢对手 22 万票，台中市的苏嘉全只输给强劲对手胡志强 3 万票，展现了强大的政治实力，加上他们形象较好，有地方大型选举经验，善于操作选举，能协调党内派系，未来前景看好，是民进党未来的领军人物。目前台湾媒体就评论，蔡英文、陈菊、苏嘉全和赖清德将取代民进党曾经的"四大天王"，成为新"四大天王"。另外，由民进党籍和无党籍等扁系势力组成的"一边一国连线"共有 41 人参选市议员，结果 36 人当选，政治实力强劲，或将取代正走向泡沫化的"台联党"，成为深绿代表。

（四）两岸交流合作趋势将延续和深化，但是短期内难有大的突破。国民党在"五都"选举中成功保住"北北中"三个"直辖市"，大大缓解国民党面临的政治压力，特别是缓解马当局推动两岸政策所面临的压力，国民党推动两岸政策的信心和动力增强，将继续推进两岸在 ECFA 等议题上的合作与协商。但是，两岸关系短期内也难有大的突破。如同马英九前机要秘书张雅屏所言，由于 2012 年连任之路面临严峻的挑战，马英九的两岸政策不大可能有大的突破和进展，马当局不会在连任前与大陆展开政治谈判，也不会推动军事互信和和平协议等议题，只会维持目前的稳定局面，保持当前的交流态势，既不收紧也不放松。

2010 年 12 月

2012 年台湾"二合一"选举结果评析

张文生

经过将近一年激烈的对抗和竞争,台湾地区领导人选举和民意代表选举终于顺利落下了帷幕。选前各界所担心的突发事件或选举"奥步"都没有发生,马英九终于以 51.60% 得票率的较大优势胜出,超出蔡英文的得票数近 80 万票。正如"美国在台协会前台北代表处"处长包道格在选前所言,马英九连任,岛内外社会各界都大大松了一口气。台湾地区民意代表选举结果表明,国民党依然固守了台湾民意机构的过半优势,获得了 64 席,民进党成长到 40 席,亲民党和"台联党"各获得 3 席,无党团结联盟获得 2 席,无党籍获得 1 席。选举结果基本上真实有效地反映了台湾社会的民众心态,和平、稳定、发展依然是台湾大部分民众的诉求。

表一　2012 年 1 月 14 日台湾地区领导人选举结果

	马英九、吴敦义	蔡英文、苏嘉全	宋楚瑜、林瑞雄
得票率	51.60%	45.63%	2.77%
得票数	6891139	6093578	369588

一、对于选举结果的评析

影响这次台湾选举的,既有政治认同的因素,也有经济诉求的因素,这两者又相互联系相互交错。因此,选举最后阶段出现了社会各界尤其是工商界纷纷表态支持"九二共识"的局面,选举几乎发展成为"九二共识"对"台湾共识"的竞争。从某种程度上可以说,马英九的胜利,就是"九二共识"的胜利,也是两岸关系和平发展的胜利。

1. 蔡英文为何败选？

蔡英文之所以败选，关键是民进党无法消除广大台湾民众对民进党重新上台执政的疑虑。

第一，蔡英文不承认"九二共识"，台湾民众无法相信蔡英文上台可以顺利有效地处理好两岸关系。蔡英文曾经试图通过提出"台湾共识"来化解台湾民众的疑虑，但是蔡英文自始至终否定"九二共识"，强调所谓"台湾就是中华民国，中华民国就是台湾"，拒绝承认"九二共识"客观存在，也因此无法取信于民。选前台湾工商界的企业家如郭台铭、王文渊、张荣发、徐旭东、尹衍樑、宣明智、林文伯、汪秉龙、王雪红等先后表态支持"九二共识"，他们旗帜鲜明地指出："台湾共识就是台独"，"没有企业就没有就业"，"很难想象没有九二共识的两岸关系"。甚至"美国在台协会前台北办事处"处长包道格在选前接受媒体访问时指出："九二共识是解决歧见的有效方法"，"美国把台湾共识看成是不可能的事"。

第二，没有和平稳定的两岸关系，台湾民众也无法相信蔡英文和民进党端出的包括《十年政纲》在内的一系列施政规划和方案。2011年8月份，民进党抛出《十年政纲》全文，包括总纲和其余十九章，全面阐述了民进党对于台湾社会、经济、文化建设与发展各方面的主张。然而在如何处理大陆政策与两岸关系的关键问题上，无法端出让台湾民众满意和放心的主张。民进党在两岸政策中处处体现出旧思维和旧视野，一方面标榜"超越旧的历史框架，追求共同利益"，另一方面又主张"对台湾未来发展的选择"，"应遵行民主的原则与程序来决定，以建立民主的社会共识"，俨然是民进党长期以来的"住民自决"主张的翻版。蔡英文主导下的民进党丝毫没有放弃和改变"台独"主张的迹象，也无法消除台湾民众对于民进党主张"台独"和恶化两岸关系的疑虑。

第三，没有彻底反省民进党施政8年的得失，台湾民众也难以消除扁家弊案留下的政治阴影。蔡英文接任民进党主席以后，忙于选举，受制于"基本教义派"，对扁家弊案采取了同情与声援的态度，在选举团队中也大量使用扁团队的成员，使得陈水扁执政8年在台湾民众心中留下的阴影始终无法消除。国民党在选举中紧紧抓住"清廉对贪腐"的主轴，使民进党处于被动应对的态势中。9月份，苏嘉全作为蔡英文的搭档出线后，陆续被邱毅等人揭发出祖坟占用农地、违建搭盖铁皮屋、农舍像豪宅、农地出租经营商场、妻子看猛男秀等等丑闻，几乎使得"蔡苏配"被打得抬不起头来。12月份，国民党猛攻蔡英文涉及的"'国发基金'投资宇昌生技公司与台懋生技创投公司案",使得蔡英文难以摆脱外界对其有图利之嫌的质疑。

表二 选前表态支持"九二共识"的企业家

时间	企业家	主张
2011 年 12 月 14 日	鸿海集团总裁郭台铭	将包机载员工回台投票,他本人搭专机全台走透透和青年座谈,专攻首投族。
2011 年 12 月 28 日	台塑集团总裁王文渊	在"九二共识"基础上,扩大两岸良性交流;支持对台塑集团友善的"总统"。
2012 年 1 月 3 日	长荣集团总裁张荣发	直言若有人当选后说没有"九二共识",台湾经济会很惨。
2012 年 1 月 5 日	远东集团董事长徐旭东	要选在两岸和平稳定上最不冒险的人,并比手势"V"。
2012 年 1 月 5 日	润泰集团总裁尹衍梁	砸大钱在各大报买半版广告,呼吁台湾需要开放稳定的政策环境
2012 年 1 月 11 日	联电荣誉董事长宣明智、矽品董事长林文伯、宏齐董事长汪秉龙等 5 人	联合开记者会,强调"九二共识"有良好发展并共创双赢,为何要停掉并改变?
2012 年 1 月 13 日	威盛、宏达电董事长王雪红	开记者会强调无法想象没有"九二共识"后的两岸关系,且支持清廉的政府。

资料来源:台湾《苹果日报》2012 年 1 月 14 日 A12 版

2. 马英九为何胜选?

马英九能够胜出,主要在于三个方面的原因。

第一是马英九个人清廉的政治形象得到台湾民众的肯定,相对于民进党未能消除扁家弊案的影响,以及蔡英文和苏嘉全在选战过程中出现的形象争议,马英九的形象仍然得到多数人的肯定。当然,马英九执政四年并非没有缺失,经济建设的成效有待进一步扩大,失业率高、房价高、物价高的问题仍未得到缓解,台湾民众的不满仍然相当普遍。但是,台湾民众也认识到,马英九当局发展经济的努力值得肯定,马英九倡导清廉、改革的方向应当延续。

第二是台湾当局这四年推动两岸政策的开放得到多数台湾民众的肯定。两岸政策的调整不仅带来和平稳定的台海局势,使台湾民众减少许多心理上的不安；两岸政策的开放也给台湾民众带来经济上的实惠，使台湾民众认识到台湾经济的发展离不开紧密联系的两岸关系。尤其是马英九旗帜鲜明地坚持"九二共识"，并在此基础上开启两岸两会的谈判协商，先后达成16项协议和两项共识，其中两岸两会签署的ECFA为两岸经贸交流的进一步发展打开了机会之窗。没有"九二共识"，两岸两会的协调谈判无法延续，ECFA的后续谈判难以为继。"九二共识"成为马英九和国民党当局处理两岸关系的重要资产。

第三是"弃宋保马"的效应成功发酵。连战、吴伯雄等人在选举最后阶段号召选民集中选票支持两岸和平，宋楚瑜分票的企图未能成功，使得泛蓝群众集中选票支持马英九，促成了马英九的胜选。宋楚瑜选前民调支持率曾经达到10%，选举结果得票率不到3%，宋楚瑜的得票率还没有亲民党的得票率高，他的得票数甚至不到连署票数。泛蓝选民最后选择了"弃宋保马"，只能说缺乏政治智慧的宋楚瑜再一次无情地被台湾民众抛弃了。

3.台湾"立委"选举结果，有意料之内，也有意料之外

国民党席位仍然过半，民进党席位也有增长，这是意料之中的。但是在政党票部分，"台联党"居然获得9%的支持率，亲民党也获得5.5%，这是意料之外的。这说明，台湾民众的投票行为确实有分裂投票的倾向，台湾民众有补偿的心理，也有同情的心理，他们不希望选票过度集中于某个政党。从区域"立委"选举的结果来看，有两个特征表现得比较明显。第一是北蓝南绿的结构没有改变。国民党在执政的中北部地区优势明显，民进党虽然在台北市、新北市有个别当选，但是在桃竹苗等区域仍然无法突破。而民进党在南部执政县市的优势也非常明显，国民党虽然在高雄屏东有个别当选，但在台南市仍全军溃败。第二是地方实力非常重要。台湾"立委"选举制度改为单一选区两票制之后，每个选区只选出一名"立委"，就要求"立委"候选人与选区紧密结合，与选民密切联系，因此，有全台知名度的候选人不一定能当选，如揭弊英雄邱毅就不幸落选了，扁家代表陈致中也落选了；与选区结合不紧的候选人也不一定能当选，如国民党在台中的候选人黄义交，以及在选前提名空降台中的候选人郑丽文等，知名度很高，但也落选了。

表三 2012 年台湾民意代表选举结果

政党	区域当选人数	台湾少数民族当选人数	不分区当选数	全部席次	席次率%	政党票得票数	政党票得票率 %
国民党	44	4	16	64	56.64%	5863379	44.55%
民进党	27	0	13	40	35.40%	4556526	34.62%
亲民党	0	1	2	3	2.65%	722089	5.49%
无盟	1	1	0	2	1.77%	—	—
"台联党"	0	0	3	3	2.65%	1178896	8.96%
其他	1	0	0	1	0.88%	1298290	—
合计	73	6	34	113	100%	13162373	—

★注：1. 得票率及席次率小数点第二位以下四舍五入。
2. 如有出入以台湾当局 "中选会" 公布为准。

二、选举结果的影响分析

1. 蓝大绿小的局面得以维持，绿营巩固了在南台湾的支持率

从选举结果看，绿营的支持率比 2008 年增长了不少，但是蓝大绿小的局面依然如故。国民党不仅在 "总统、副总统" 选举中取得胜选，"立委" 选举结果，国民党总席位是 64 席，虽然比上一届少了，但是国民党维持了过半席位，这对国民党未来四年的施政是有利的。不仅王金平稳住了 "立法院" 龙头的地位，马、王可以更加紧密合作，而且马英九当局也可以充分利用 "立法院" 过半席位的优势，推动相关政策的调整。如果马英九有足够的魄力，他也可以利用 "立法院" 的优势在两岸政治关系上有所作为。民进党在 "总统、副总统" 选举中的得票和 2008 年相比成长不少，民进党的 "立委" 席位增长也很明显，总共是 40 席。民进党也坚守和巩固了在南台湾及宜兰县的执政基础，并且将政治地盘扩大到澎湖县和嘉义市。民进党在整体政治实力上和在 "立法院" 加强了对国民党的制衡能力。

虽然台湾第三势力力量不强，但是蓝绿色彩分明的小党小派还是可以在 "立法院" 找到舞台，亲民党 3 席 "立委" 要发挥作用还得依靠国民党的支持，未来宋楚瑜的影响越来越式微，亲民党 "立委" 何去何从面临选择。"台联党" 3

席"立委"当然是紧靠民进党团。随着民进党在"立法院"席次的增长,多党派"立委"在"立法院"的表演,未来四年的"立法院"会更加热闹。

2. 民进党转型的机遇与挑战

民进党再一次败选了,而且超出预期的大幅差距败选。蔡英文在选后辞去党主席,公开表示:"民进党必须要再对两岸政策整体好好反省"。面对败选的结果,党内炮声隆隆,民进党内要求反省、检讨的声浪高涨,各界要求民进党严肃反省,包括两岸政策、选战策略、党内文化等诸多方面。赖清德、段宜康都表示,民进党要正视"九二共识",谢长廷也表示:"党纲要改也能改"。游盈隆指出,民进党必须严肃思考并深刻反省,否则2016"大选"恐仍陷入"不可能赢的情境",饱尝无止境的挫败与悔恨。陈淞山则认为,民进党不能走回头,必须就"台独党纲"、"台湾前途决议文"做必要的处理。

事实上,每次选举结束,民进党都会面临党内要求反省、检讨的声音,但是往往最终不了了之,再深刻的批评都成了过眼云烟。之所以会出现这样的结果,一是民进党内向来派系众多,众声喧哗,难以取得一致性的意见,有人承认这次败选的关键原因是民进党未能正视"九二共识",也有人认为败选原因是民进党对"九二共识"的批判不够有力。二是台湾选举频繁,一次选举的结束是下一次选举的开始,民进党没有时间也没有空间来开展足够的辩论、检讨和反省,更别说形成党内具有主导意义的共识意见。三是民进党面临"台独基本教义派"的强力牵制,民进党领导人顾及党内团结,难有魄力进行彻底、全面、切实的政治反省。这次选后,我们看到民进党内虽然要求反省的声音不低,但是要落实反省难度依然极大。民进党台北市议员梁文杰甚至因为HTC董事长王雪红选前表态支持"九二共识"而公开表示拒绝使用HTC手机,反映了民进党内多数人仍有不从自身找原因而是归怨他人的习惯。

因此,民进党败选后的政治转型既有机遇,也有挑战,可以静观其变,从三个方面观察民进党检讨和反省的方向。第一是政治路线。第二是世代更替。第三是权力分配。败选后蔡英文请辞党主席,由谁来主导民进党下一阶段的发展成为舆论关注的焦点。新任党主席如果仍由四大天王之一如苏贞昌来出任,即使新任主席有意调整政治方向,但是旧的从政风格和历史的延续性恐难以打破,外界对民进党政治转型的期待会更加失望。如果是中壮世代出任党主席,多少会给民进党带来一些新的气息、新的风格、新的动力,各界也会期待新的面孔端出新的路线。同时,民进党内斗的过程中如果高举"台独"意识形态,把"台独"当作相互杀伐的政治工具,那也将逼使党内氛围转向保守顽固的"台独"方向。

3. 马英九连任有利于台海和平和亚太局势的稳定

马英九连任的结果使各方都比较满意。美国可以期待未来四年稳定的台海关系而不必花太多心思。而稳定的台海关系对中国大陆尤其重要,使我们可以专心处理内部问题,有利于确保我们发展的战略机遇期。未来四年大陆对台政策的重心仍旧放在促进交流合作融合方面,可以大力推动 ECFA 的后续协商,推动两岸教育文化交流协议的签署,而在政治议题上,则需要谨慎、有序地推进。

马英九的大陆政策在选举中受到多数台湾民众的肯定,是马英九胜选连任的重要因素,马英九在两岸政策上会更加有信心。再加上马英九未来四年没有了连任的压力,我们相信,未来四年不仅台湾当局现有的大陆政策可以得到维持和延续,两岸关系和平发展的局面得以巩固,而且马英九可以更加自信、大刀阔斧地推进海峡两岸在经贸、文化、教育以及政治上的交流合作。

当然,马英九的得票和 2008 年的选举比起来流失了不少。原支持马英九的选民一部分转向投票给蔡英文,一部分转投票给宋楚瑜,他们用拒绝继续支持马英九来表达对马英九的不满,他们的不满主要是对马英九施政风格与经济政绩方面的不满,这也说明,马英九的施政并非没有需要检讨的地方。当然,马英九也认为虽然他自己没有连任的压力,但是他有历史评价的压力,国民党仍有连任的压力。马英九当局必须更加谨慎、更加努力,用政绩而不是用绿营人事和绿营论述来巩固支持,留住民心。由于选民用选票表达了更多的对于经济发展和经济建设的诉求,马英九在两岸关系上可能仍会把政策的重心放在经贸交流方面,对大陆提出的经济诉求会更多更直接,而未来两岸经贸关系的结合会更加紧密,在两岸关系中依然占据主导地位。

和平稳定的周边环境也有利于台湾社会、经济、文化等各方面的建设。未来四年,两岸经贸关系的结合和社会文化层面的交流会更加紧密,台湾可以充分利用两岸关系紧密结合的机会,建设"黄金十年"的长远规划。两岸关系越来越紧密,两岸交流越来越频繁,未来四年两岸关系发展有无限的想象空间,也将给海峡西岸经济区提供了前所未有的机会,海西区在两岸经贸和社会文化交流合作中应当充分发挥既有的优势,并在未来四年实现质的飞跃。

2012 年 2 月

马英九第二任期任重而道远

曾建丰

5月20日马英九即将开启第二任期。在1月14日"大选"获胜之后，马英九曾表示：第二任期他自己没有连任的压力，但有"历史评价压力"，而国民党则仍然有连任的压力。也就是说，在第二任期内，马英九不仅要引领其执政团队再创佳绩，争取选民继续支持国民党执政，而且还要开拓创新，为自己青史留名。这是马英九站在相当高度的自我期许以及对未来的美好憧憬，但要达成如此美好的愿景，必然得下大决心、花大力气，大刀阔斧，再创新局。

一、"全面执政"、基础厚实

马英九的第二任期是在第一任期各项施政得到多数选民支持与肯定，并经历"大选"考验而取得的。因而，第二任期自然是在第一任期的基础之上继续向前推进。

1. 依然保持"全面执政"态势。1月14日"二合一"选举结果，马英九以689万多票、51.6%的得票率胜选；在"立委"选举中，国民党获得64席，比过半数57席多出7席。尽管此次选举较之2008年，马英九的得票数、得票率以及国民党在"立法院"的席位数均有一定幅度的下滑，但马英九仍是以过半数的"绝对多数"当选，国民党在"立法院"也仍然保持过半数的"稳定多数"优势；加之2009年和2010年地市选举，国民党在"五都十七县"拥有"三都十二县"过半数的地方县市执政权，可以说，目前国民党在台湾仍居"全面执政"态势，民进党在体制内的抗衡力量是有限的，亲民党及"台联党"虽然在"立院法"成立了"党团"，但因席次太少也难以扮演"关键少数"角色。因此，"全面执政、全面负责"的国民党，如果对政策法案宣导得力、在"立法院"运作得当，包括预算案、法律案、人事同意权案等等，马英九当局均应能顺利通关，付诸实施。

2.赢得岛内主流民意支持。马英九在选后表示：选举结果表明，台湾人民对国民党2008年执政以来拒绝贪腐、坚持清廉，开放松绑、振兴经济，搁置争议、争取两岸和平、把危机转为商机的努力，给予肯定。马英九及国民党执政当局能获得多数选民支持与肯定的主要原因大致有三个方面：其一，经济成长。2008年执政以来，马英九当局以推动经济成长为主轴，实行营造台海和平环境、争取大陆支持、扩大对外招商、刺激货币与财政等策略，增强岛内民众和岛外商人对台湾投资的信心，推动了台湾经济迅速恢复成长。在此期间尽管受到金融海啸、"八八水灾"等因素的严重冲击与影响，但总体上仍取得了亮丽政绩。最近四年台湾平均经济成长率为3.42%，高于同为"亚洲四小龙"的韩国与香港，仅次于新加坡的5.01%，人均所得也一直都在"亚洲四小龙"中排名第二；其中2010年台湾经济成长率高达10.82%，创下近23年来的新高，当年人均所得达18175美元，比2009年增加1774美元；在2010年高成长的基础上，2011年台湾经济仍取得了4.04%增长，人均所得达到20139美元，首度突破2万美元。其二，两岸政策。2008年马英九当局执政以来，始终以"反对'台独'"、坚持"九二共识"为基础，与大陆一道积极推动两岸关系和平发展，让台湾海峡由军事热点变为和平大道，为台海稳定与亚太和平作出了积极贡献。两岸关系和平发展不仅得到了岛内主流民意的普遍支持，也受到国际社会的广泛赞同。岛内多家媒体所做的民调均显示：民众对马英九当局执政最为肯定的是务实、开放的两岸政策以及两岸交流合作所取得的重大成就，有70%以上的台湾民众支持马英九的两岸政策。其三，廉洁勤政。马英九自2008年执政以来，尽管"个人魅力"和"明星光环"有所减退，但其"清廉、理性、谨慎、勤政"的人格特质给人们留下了深刻的印象。厦门大学台湾研究院院长刘国深表示：马英九的胜选首先在于其个人形象，"他是一个理性、沉稳、忠道的人，非常敬业、廉洁"，大多数民众相信马英九是可以托付重责大任的人。岛内民调也显示：马英九的个人支持度在台湾台面政治人物中始终保持最高支持度。

3.明确两岸和平发展大方向。2008年马英九当局执政以来，两岸建立了反对"台独"、坚持"九二共识"的政治互信，在此基础上海协、海基两会依据"对等互惠"原则，迄今已经举行了七次会谈，签署了16项协议，内容涉及两岸金融合作、"三通"、开放陆客赴台旅游、两岸经济合作框架协议（ECFA）、农产品检验检疫、司法互助、知识产权、渔船船员劳务合作、标准计量检验认证等等增进两岸人民福祉的重要协议。随着这些协议的实施，两岸关系朝向正常化、制度化、机制化方向发展，呈现大交流、大合作、大发展的良好势头，为两岸实现长期的稳定、交流、合作、发展奠定了坚实的基础。台湾"中央日报"网络版1月17日刊文表示：在台湾"大选"中，马英九阵营与蔡英文阵营的决战点无疑是两岸关系，多数选民在维持台海现状、促进两岸和平的考虑下，把票投给马英九；于此形势下，两岸关系和平发展已获得台湾主流民意的完整背书，民意不容其有所逆转，两岸都应更有信心、更具耐心地开展良性互动。

二、大刀阔斧、为所当为

马英九曾对自己两个任期的定位表示：第一个四年定位为"拨乱反正、跟上世界"；第二个四年要台湾"脱胎换骨，迈向卓越"。然而，在当前国际金融形势危机四伏、岛内经济尚未完全脱离衰退、推进各项改革困难重重、推动国民党革新转型引发多方反弹、两岸关系发展进入更为关键时期的背景之下，未来四年，马英九当局能否顺利达成"脱胎换骨、迈向卓越"的宏愿，显然面临极为严峻的考验。具体而言，马英九在去年9月推出全力打造台湾"黄金十年"的竞选纲领中，提出"活力经济、公义社会、廉洁政府、优质文教、永续环境、全面建设、和平两岸、友善国际"八大愿景施政理念，这可谓面面俱到，但就其重中之重或当务之急而言，大致有三：

1.内政优先，拼经济、重社福。金溥聪曾经表示：经济就是一切，拼经济才是重中之重，真正最重要的还是要过好日子，也就是要岛内经济繁荣。马英九成功连任后，迅速组成陈冲领导的"财经内阁"，这显示马英九第二任期施政目标将以"内政优先"，兑现竞选承诺，以拼经济重民生、落实公平正义为主轴，带领台湾迈向"黄金十年"，还给台湾民众一个"有感经济"。就"内政优先"而言，马当局势必大刀阔斧推动经济、赋税、民生、文教、党务等领域的改革，包括在经济问题上，如何应付欧债及美债风暴、如何处理物价上涨及贫富差距问题，如何平息近期热炒的"美牛风暴""禽流感风暴"以及其他突发危机；社会问题上，例如应该如何解决失业率及社会正义等分配问题；"宪政"问题上诸如"宪政体制"问题、"立法院"运作及其与"府院党"间的关系、选举制度检讨、人事布局及许多制度是否有恢复及修正的必要性等；其他诸如环保问题、产业政策及永续发展问题、消弭政治对立、寻求"朝野"对话之共识基础及蓝营未来接班问题及人才培养等等问题。诚然，内政与民生问题是为政之基，不仅攸关竞选承诺与政治诚信，而且攸关社会观感与民众支持度，更将直接影响2016年"大选"国民党能否继续执政。

2. 坚持"九二共识"、深化两岸交流。胡锦涛总书记曾经明确指出："保持两岸关系发展势头，乃至今后破解政治难题，需要在反对'台独'、坚持'九二共识'的基础上不断增强两岸政治互信。反对'台独'，意味双方都反对分裂国家；坚持'九二共识'，意味双方可以在一个中国的基础上求同存异。"2008年以来，两岸正是在"反对'台独'"、坚持"九二共识"的基础上，搁置争议，求同存异，开展经济、文化、旅游等方面的交流合作，才走上了和平发展之路。马英九也极为清楚地意识到这一点并多次强调：和平的两岸关系对台湾的安定、繁荣、稳定都有密切关系，两岸和平对台湾至关重要。3月22日，国民党荣誉主席吴伯雄访问北京，在与胡锦涛总书记会晤时再次强调：国民党在大陆政策上坚持"九二共识"、反对"台独"，"两岸同属一中"，"台湾人也是中国人"，这些政治宣示无疑对未来四年两岸增加政治互信，继续巩固和不断深化两岸和平发展大局具有积极意义。马英九进入第二任期，随着深化两岸关系和平发展大环境的进一步改善，更应维护好反对"台独"、坚持"九二共识"这一两岸共同的政治基础，并在此基础上进一步聚同化异、增进互信，为两岸关系的长久稳定发展提供更为坚实的保障，进而全面推进两会协商开辟新领域，推动两岸经济、文化、社会交流与合作朝全面化、深入化、制度化、稳定化方向发展。当前要务：一是加速落实已签署各项协议，积极落实两岸经济合作框架协议早收计划，深化两岸金融与产业合作，逐步松绑陆客自由行、陆资赴台投资、陆生赴台就学，让更多岛内民众对"和平红利"真正有感。二是有序推进两岸经济合作框架协议后续协商，推动投资保障、货品贸易、服务贸易、争端解决、海关合作、货币清算等议题的协商，推动两岸经贸关系制度化，逐步完善两岸关系和平发展的经济架构。三是加强两岸文化、教育交流合作，协商推动签署两岸文教协议。两岸关系和平发展、两岸各项交流持续深化，无疑将给台湾"迈向卓越"、打造"黄金十年"带来积极的助力和正面的影响。

3. 拨乱反正、肃清"文化台独"遗毒。郝柏村日前针对台湾中、小学的史地教科书中所潜藏的"台湾、中国，一边一国"立场，大声呼吁各界重视。目前台湾使用的仍是陈水扁执政时的"9年一贯"课纲，该课纲偷用"两国论"

或"一边一国"论述，等于在叫嚣"中国不包括台湾，'我国'不包括大陆"，完全把中国放在台湾的对立面，赤裸裸地宣扬"台独"思想。"中国统一联盟"主席纪欣在一份声明中呼吁：从血缘、文化或历史而言，两岸本来就同属一个中国，马英九当局首要之务应在史地教育上，完成尚未完成的拨乱反正，彻底扫除"去中国化"、"文化台独"的遗留毒素，从意识形态上"让台湾脱胎换骨"。台湾"中央日报"网络版2月24日发表评论文章说：任由民进党上次八年执政在教育、文化领域所推动的"台独"思想继续存在，长远来说，绝不利于两岸关系的改善与发展，从而也就不利于台湾的安全与繁荣。香港一著名媒体也郑重呼吁马英九当局及时纠正问题，不要让教科书问题演变成"马英九在历史上最大的失职"。坦率地说，不仅仅是教科书问题，肃清潜藏在意识形态领域中的各种"台独"思想，本应是马英九第一任期就应进行的一项"拨乱反正"工作，但这一问题至今仍未得到很好的解决，情况仍相当严重，因而也时常引发蓝营选民的不满与抗议，马英九当局不可不慎。

三、顺应潮流、再创新局

台湾"中央日报"网络版2月2日发表社评《历史评价：对马英九的期待》一文表示：虽然马英九说目前仍然是"先经后政、先易后难、先急后缓"，但在这个基础上再往前推进，则皆是属于量变而非质变的举措；从两岸经贸关系的正常化迈向两岸和平关系的制度化，将是马英九开创历史评价的一个契机。换言之，马英九第一任期，两岸关系实现了历史性转折，在经济社会领域取得了丰硕的成果；但两岸政治互信还有待深化，两岸之间一些政治、军事等方面的难题尚未取得进展，这也是马英九在第二任期有机会突破创新、取得历史定位的领域。

马英九第二任期，尽管仍将面临各种挑战，但较之第一个任期初始，执政环境已大为改观，其中最重要的就是，两岸关系实现历史性转折，台海地区处在60多年来最为和平稳定的时期，认同"九二共识"、支持两岸关系和平发展已成为台湾主流民意，两岸关系和平发展的一系列突破性进展，已经成为马英九在第二任期有效应对各方面挑战的坚实基础。马英九要青史留名，就应当顺应民意潮流、兑现竞选承诺，在强化内政改革与经济发展的同时，把重点放在两岸政治互信的强化与两岸关系发展新境界的开拓上，在破解两岸政治难题方面有所作为，适时展开两岸政治对话，结束两岸敌对状态，启动两岸签署和平协议的进程。

从两岸关系及岛内政局发展观察，目前确实是一个难得的机会之窗。其一，自 2005 年以来，签署两岸和平协议始终是国民党及马英九的执政纲领和政策主张。2005 年 4 月"胡连会"时国共两党便达成包括"促进终止敌对状态，达成和平协议，建构两岸和平发展架构"在内的"五项共同愿景"，这"五项共同愿景"随后被列入国民党"十七全""十八全"的政纲中；2007 年在马英九萧万长竞选白皮书中，也将和平协议议题列入其中；2011 年 10 月马英九在竞选期间再度表示：为了让和平现状能够持续，有制度化、法制化的必要，所以提出签署两岸和平协议的构想。

其二，台湾最大反对党民进党也主张两岸构建"和平稳定互动架构"。陈水扁曾在 1999 年 11 月 15 日表示"主张两岸透过长期对话，以签订和平协定"；在陈水扁执政时担任"陆委会主委"的蔡英文，曾经在 2004 年 2 月 26 日称"即使两岸和平稳定架构公投没有通过，还是会继续推动"；2011 年 8 月，在民进党的"十年政纲"之中，也明列了要透过多层次对话"建构两岸和平稳定互动架构"，蔡英文也如此表述。2011 年 9 月 13 日，蔡英文在美国企业研究所的演讲中称，"尽管两岸各有主张，但不应影响双方达成一个有利于和平与发展的互利协议"。2012 年 3 月中旬，民进党发言人罗致政以学者身份出席在云南腾冲召开的第 10 届两岸关系研讨会时表示，"中国共产党和国民党可以求同存异，民进党和共产党之间也有求同存异的可能性，而两岸和平就是共同的语言"。

其三，岛内主流民意支持两岸签署和平协议。在去年 10 月马英九再度提出签署和平协议构想，该议题成为岛内舆论焦点之际，19 日"中时民调"公布的调查显示，59% 受访者认为：签订和平协议，有助于两岸稳定交流，避免兵戎相见。选举结果，马英九的得票率为 51.6%，而赞同签订和平协议的民调还更高些。这其实就是最新、最真实的选民针对"和平协议"的表态。马英九胜选，既代表着得到主流民意支持，同时也代表着接受了选民托付。

因此，台湾政治大学前校长、陆委会主委张京育认为：当前是两岸启动和平协议进程的最好时机。未来两年，台湾没有重大的选举，是认真思考开启政治性和平协议进程的机会之窗；如果这个时间没有把握好，2014 年以后台湾又开始有选举，困难会更大。这样的好时机来之不易，稍纵即逝，必须分外珍惜。新党主席郁慕明近日表示："期盼马英九第二任能够大刀阔斧、脱胎换骨，不要再怕，连民进党都要跟大陆打交道，两岸的和平协议不正好是时候来推动吗？"

　　鲁迅先生曾经说过：世间本无路，走的人多了，也就成了路。马英九的第二任期，是选择"只经不政"，原地踏步，或是迈开大步、再创新局，这既考验着马英九的决心与魄力，更决定着马英九的"历史评价"。

2012 年 4 月

2014 年年底台湾"九合一"选举结果的分析

罗　清　康华林

11 月 29 日,台湾"九合一"选举在各方阵营激烈竞争中揭晓。此次选举国民党遭遇 2000 年"总统"选举以来最大的挫败,民进党出乎预料取得大胜,岛内政坛重新大洗牌,引起岛内外及国际社会强烈关注,其结果将对岛内政局及两岸关系走向产生巨大影响。

一、结果分析

此次选举具体结果如下:"直辖市长"及县市长部分,在 22 席应选"直辖市"及县市长中,国民党只取得 6 席,包括"直辖市"新北市长朱立伦,新竹县长邱镜淳、苗栗县长徐耀昌、南投县长林明溱、台东县长黄健庭、连江县长刘增应等,总得票数 4990677 票、得票率 40.7%;民进党 13 席,包括"直辖市"桃园市长郑文灿、台中市市长林佳龙、台南市市长赖清德、高雄市长陈菊,基隆市长林右昌、新竹市长林智坚、彰化县长魏明谷、云林县长李进勇、嘉义市市长涂醒哲、嘉义县县长张花冠、屏东县长潘孟安、宜兰县长林聪贤、澎湖县长陈光复,总得票数 5830106 票、得票率 47.55%;无党籍 3 席,包括"直辖市"台北市市长柯文哲、花莲县长傅崐萁、金门县长陈福海,总得票数 1434851 票、得票率 11.7%。"直辖市"及县市议员部分,在 907 席应选名额中,国民党拿下386 席,总得票数 4488789 票、得票率 36.86%;民进党拿下 291 席,总得票数4515532 票、得票率 37.08%;"台联党"拿下 9 席,总得票数 224904 票、得票率 1.85%;亲民党拿下 9 席,总得票数 190107 票、得票率 1.56%;新党拿下 2席,总得票数 129634 票、得票率 1.06%;绿党拿下 2 席,无党团结联盟拿下 2席,树党拿下 1 席,台湾第一民族党拿下 1 席,劳动党拿下 1 席;无党籍或未经政党推荐者拿下 203 席，总得票数 2442281 票、得票率 20.05%。乡镇市长及"直辖市"山地少数民族区长部分，在 204 席应选名额中，国民党拿下 80 席，总得票数 1148838，得票率为 33.71%；民进党拿下 54 席，总得票数 1081083，得票率为 31.72%；树党和台湾第一民族党各拿下 1 席；无党籍或未经政党推荐者拿下 68 席，总得票数 1166907 票、得票率 34.24%。乡镇市民代表及"直辖市"山地少数民族区民代表部分，在 2137 席应选名额中，国民党拿下 538 席，得票率为 22.55%；民进党拿下 194 席，得票率 12.66%；中华统一促进党拿下 2 席，树党、台湾第一民族党及劳动党各拿下 1 席；无党籍或未经政党推荐者拿下 1400 席，得票率为 64.44%。村里长部分，在 7838 席应选名额中，国民党拿下 1794 席，得票率为 23.83%；民进党拿下 390 席，得票率 6.55%；"台联党"、亲民党、人民民主阵线各拿下 1 席；无党籍或未经政党推荐者拿下 5649 席，得票率为 69.39%。

综观此次选举，具有以下鲜明特征：一是选举规模空前，参选人数最多。这次选举"直辖市长"、县市长、"直辖市议员"、县市议员、乡镇市长、乡镇市民代表、"直辖市"山地少数民族区长、"直辖市"山地少数民族区民代表及村里长等 9 项合并进行，是台湾有史以来项目最全、规模最大的一次地方选举，应选席次有 11130 个，候选人高达 19761 人。二是蓝绿攻防激烈，呈现"绿攻蓝守"局面。蓝绿双方都视此次选举为 2016 年"大选"前哨战，国民党视为检验执政的"期中考""政权保卫战"，民进党视为实现"地方包围中央"目标，进而重返执政的关键战役，双方在辅选造势、拉票固桩、政策宣传等方面展开激烈争斗，岛内连续爆发包括叶世文、黄景泰等贪腐弊案，以及馊水油、澎湖坠机、高雄气爆等食安和公安事件。但总体态势上看民进党从一开始就摆出咄咄逼人的架势，主动出击，与第三势力结盟，国民党处于被动挨打、混乱不堪的状况，"绿攻蓝守""绿强蓝弱"的态势明显。三是选举过程平和，选情呈先冷后热态势。整个选战过程候选人总体表现理性平和，选民比较冷静，未发生暴力冲突事件，贿选现象有所减少；选情一开始比较冷清，选民关注度较低，选举广告牌较少，但在选举后期，选情不断升温，尤其台北、台中、彰化、基隆等选情被迅速炒热，选举招数百出，造势现场热闹非凡。四是选举结果出乎预料，出现"蓝溃败绿大胜"局面。受大环境的影响，此次选举一开始就出现国民党会输的一边倒声音，但大多认为至多可能失掉台北市、台中市，其他县市也会出现一定程度的下滑，但结果仍让外界大跌眼镜，始料未及，国民党全面溃败,直辖市从 4 席降为 1 席,特别是丢掉了执政 16 年的台北市,其他县市从 11 席降为 5 席。

从选举结果可以看出:一是"北蓝南绿"格局被彻底打破。长期以来台湾都呈"北蓝南绿"的政治格局,民进党难以攻破浊水溪以北县市,此次选举不仅夺得首善之区台北市,还一举拿下桃园市、基隆市、新竹市国民党长期执政的县市,新北市、新竹县、苗栗县的得票率也大幅上升,而高雄市、台南市等民进党执政县市得票率更是拉大了与国民党的差距,形成"北蓝溃败、南绿变深"的局面。二是"蓝大绿小"状况被有效打破。从 2008 年国民党的马英九以 765 万票、58.45% 得票率当选"总统",大赢民进党的谢长廷 220 万票,2010 年"五都"选举后国民党与民进党的执政县市是"15:6",形成"蓝大绿小"的局面,随着马当局执政不力,施政失误连连,内部斗争不断,蓝营支持者大量流失,直至此次"九合一"选举,国民党丢掉台北市、桃园市、台中市 3 个"直辖市"及基隆市、新竹市、嘉义市、彰化县、澎湖县和金门县等 6 个县市,执政人口萎缩到约 582 万人,仅占全台人口的 24.85%,民进党的执政县市从 6 席倍增为 13 席,执政人口扩大为 1444 万人,约占全台人口的 61.67%,已经形成"绿大蓝小"的政治格局。三是"蓝绿两大阵营"被无形打破。长期以来,台湾政坛被"蓝绿"两大阵营把持,台湾民众也基本在两大阵营中选边站,"第三势力"难有生存空间,此次选举柯文哲虽然与民进党结盟,但以无党籍身份参选,最终以 85 万余票、57.16% 得票率当选,比连胜文高出 24 万余票,再加上花莲县、金门县,无党籍有 3 席,蓝绿两大阵营已被无形打破,可以看出台湾民众对"蓝绿对立""蓝绿对决"已十分厌恶,台湾正在孕育超越蓝绿的新兴势力。

二、原因分析

此次选举,国民党全线溃败,民进党大获全胜。主要原因如下:

(一)国民党惨败原因。一是马当局执政无能。马英九进入第二任期以来,执政毫无章法,经济提振乏力,民众生活艰困,物价全面上涨、民生经济恶化,台湾社会怨声载道。执政团队高层无担当,走马灯更迭;贪腐弊案频发,林益世、赖素如等要员涉入贪污受贿;降低军公教福利待遇、伤了铁杆支持者的心,铁票生锈。即便执政当局聊以自慰的两岸政策,在相继爆发"反服贸太阳花学运"和"张显耀泄案事件"后，也遭到重创。马英九领导威信和执政声望已荡然无存，民意支持度和陈水扁执政后期相近，长期在10%左右徘徊，这些都使国民党在此次选举中气势严重受挫。二是国民党积弊太深。国民党"马金体制"与传统国民党貌合神离、渐行渐远，"独台偏安"思想严重，丧失原则理想性；"马王恶斗""府院不和""令不出行政院"，内耗严重；治理地方派系等党务改革往往未蒙其利、先受其害；马与连战、吴伯雄等党内高层心结难解、做不到相互补台；不注重青年政策、缺乏青年人才选拔机制，年轻选票流失严重。国民党执政县市大多施政成效不佳，在历次评比中大多处在"掉车尾"位置，且选前桃园、基隆、彰化、南投等县市连续爆发贪渎弊案，重伤国民党地方县市执政品牌。三是选举策略严重失误。主要包括：候选人提名不当，连胜文权贵身份倍受诟病，无法得到年轻选民的认同，台中市已经执政13年的胡志强执意参选，无法推出新人接棒，致使台北市、台中市惨败；在新北市、桃园市优势选区则盲目乐观，辅选工作不到位，丢失了原本选情乐观的桃园市，原本以为可以大赢的新北市也只是险胜；整合不力，不仅无法争取原本同属蓝营的亲民党支持，还导致其倒戈相向，选前一天宋楚瑜还呼吁"应该要用败选提醒国民党改革"；竞选策略老套，寄希望在台北、台中打"蓝绿对决"，却未能感动蓝营选民、激出基本盘。

（二）民进党大胜原因。一是候选人特质较好。民进党在全岛各县市提名的候选人大多形象清新，学历经历俱佳，在地经营耕耘较深，相较于国民党整合占了较大优势。如台中的林佳龙年轻有为，学历高，家世好，耕耘台中已达十年；基隆的林右昌形象良好，有"中央部会"和党部多重历练，出身于基隆市，为民进党在选举艰困地区脱颖而出立下汗马功劳。二是成功联合"第三势力"。此次选举，民进党为争取政治利益最大化，注重联合"第三势力"，在全岛展开合纵连横，放弃台北市和新竹县提名，支持柯文哲以"超越蓝绿""在野大联盟"之姿参选台北市市长，成功制造"柯P效应"；支持脱离国民党的郑永金参选新竹县，牵制国民党选战精力。三是竞选策略灵活。民进党以"县市长过半，其他席次大幅增加"为目标，以"全面绿动、扭转未来"为主轴，不仅重视使用具有传统优势的文宣战，而且重视运用越来越熟稔的组织战，采取包括聚焦打弊，固化"马团队贪腐成风"负面印象；区域联合，"决战中台湾"；锁定重点，选择有翻盘机会的县市集中选举资源逐个突破；南北联动，以南部绿色执政品牌拉抬中北部选情等各种选战策略，取得很好的效果。

三、影响分析

此次选举虽然是地方性选举，但其规模之大为历史之最，政治版图的变化之大让各界出乎意料，距离 2016 年"大选"只有一年半时间，其结果深刻影响着台湾政局走向和两岸关系发展。

1.马英九提前"跛脚"，内忧外患交织，未来执政困难重重。此次"九合一"选举被称为是马当局的期中考试，是民众对马英九执政投信任票，国民党在选举中一败涂地，不仅是台湾民众对国民党地方县市执政表达不满，更是对马执政的强烈不满。选后马实际上已提前成为"跛脚总统"，难以掌控党内矛盾、岛内局势、"朝野"纷争，各种矛盾将集中迸发，剩余任期施政将极为艰困。一是国民党内"反马"势力加速反弹，冲击其领导地位。马"不粘锅"政治特质、"小圈子"用人风格，特别是排除异己、揽权夺势的粗糙手法，早已引发党内强烈不满，"反马"声音一浪高过一浪。面对选举大败，"反马"势力必将迅速集结，以追究败选责任为借口，加大对马施压力度，要求其释放党务权力、调整人事布局，交出党主席的位子。这将重伤马在党内的领导地位，严重削弱其在党内的号召力和控制力，使其面临雪上加霜的不利形势，选后马的亲信江宜桦已宣布辞去"行政院长"职务，马也在内外交困情况下辞了党主席。二是国民党接班卡位加速，分散执政精力。随着国民党败选，围绕 2016 年接班人选的竞争将提前浮上台面，吴敦义、朱立伦、郝龙斌等有意角逐下任"总统"的各路人马势必加紧布局，拉拢人脉、彼此卡位，累积"更上一层楼"的政治能量，从而无暇顾及支持马施政，甚至在关键问题上消极远离，必将削弱马对岛内政局和党内权力的控制，使马遭遇"后院失火、顾此失彼"难题。三是"立法院"王金平势力牵制掣肘，迟滞法案审议。去年 9 月爆发"马王政争"以来，"马王心结"未解，行政与立法系统龃龉事不断，马当局许多法案无法过关，甚至出现"令不出行政院"的尴尬局面。选后，王金平势力不仅不会放松对马当局牵制规制，更可能强化与绿营勾结，拖延"两岸协议监督条例"、"政府年度预算案"、"自由经济贸易示范区特别条例"等重大法案，使马意志无法实现、施政难有作为。四是在野势力全力杯葛，施政效率降低。近年来，民进党利用马当局执政绩效不彰、民怨沸腾之机，依靠"打马"攫取政治利益，整体声势持续高涨。选后，民进党必然食髓知味，坚定"逢马必反""为反对而反对"的信心，采取"立法院"和街头运动两手策略，进一步升级"朝野"对立和蓝绿对峙，掀起一波又一波"反马"高潮，使马疲于应对，持续弱化马政治根基。

2.民进党实力大幅上升，蔡英文成为党内派系"共主"，赢得2016年"大选"概率大增。民进党在此选举中大获全胜，强化了"蓝消绿涨"政治趋势，政治声势和实力进一步壮大，重返执政概率大增。一是民进党执政版图迅速扩大，政治实力进一步壮大。通过此次选举，民进党执政"直辖市"由2席剧增至4席，台北市的柯文哲还是民进党的盟友，执政县市由4席增至9席，乡镇市长、村里长席次实现大幅增长，各级民意代表席次也有较大涨幅，实现了"地方包围中央"的目的，其地方执政版图已成功跨过浊水溪，还在台岛北部基隆市扎根，打破了传统"北蓝南绿"政治结构，整体政治实力已超过国民党。二是蔡领导权威确立，民进党凝聚力增强。2012年"大选"后，民进党长期陷于"两个太阳"之争，蔡英文和苏贞昌被视为民进党的两个领导中心，党内各派系各有盘算、跟风押宝，团结危机时隐时现。选后，蔡凭选举战功毫无争议地成为党内唯一领导中心和各派系"共主"，再无人能挑战其权威地位，几乎确定代表民进党参选2016年"大选"。蔡的领导力和号召力大幅增强，有利于其摆平党内各种矛盾，内部的各种阻力将减少，而各派系基于自身利益最大化，也将会向蔡靠拢，以蔡为权力核心，有利于增强民进党凝聚力，其战斗力、执行力将得到有效提升。三是民进党完成世代交替，整体战力提升。代表民进党中生代的蔡英文当选党主席后致力于推动党内世代交替，但苏贞昌、谢长廷、游锡堃、吕秀莲等老一代迟迟不肯退出权力核心，仍与蔡争权夺利，瓜分党内资源，甚至还准备与蔡争夺2016"总统"参选人。此次选举由蔡英文一手主导，获得大胜后，蔡在党内领导地位得到极大的提升，在岛内政坛的影响力迅速扩大，老天王再难以与蔡抗衡。同时，一批形象良好、年富力强的民进党中生代，包括台南市长赖清德、台中市市长林佳龙、桃园市长郑文灿，以及宜兰县长林聪贤、基隆市长林右昌、屏东县长潘孟安等开始走上政治舞台，代表着民进党新的权力核心，必将加速党内世代交替，有利于改善民进党内权力结构，提升其整体战斗力。四是民进党与"第三势力"结盟，支持基础更加广泛。此次选举，民进党采取与"第三势力"结盟的选战策略，在台北市支持柯文哲成功当选，在新竹县支持脱离国民党参选的郑永金，在"直辖市"和县市议员部分支持"太阳花学运"人士参选。这种策略不仅成功牵制国民党优势选区选战精力，使民进党政治利益获得最大化，而且有利于民进党扩大支持基础，在未来2016

年"大选"中吸纳"第三势力"的选票。所有这些都有利于民进党重返执政之路,有利于蔡英文在 2016 年"总统大选"中获胜。

3.马当局在两岸议题上难有作为,两岸关系发展陷入停滞期,但总体将维持和平稳定。2008 年马英九上台以来,两岸关系进入和平发展阶段,两岸"两会"实现制度性协商,签署了 21 项协议,经贸关系和人员往来取得飞速发展,但马坚持"不统、不独、不武""维持现状"和"只经不政"的保守政策,也使两岸关系发展错过"解决政治问题"的最好时机。2014 年 3 月,台湾爆发以反两岸服贸协议为主题的"太阳花学运",事实宣告两岸关系发展开始停滞不前。而随着国民党在"九合一"选举大败,马提前"跛脚",在民进党的强力杯葛下,马当局处理内政议题必将困难重重、疲于应付,在两岸关系发展上难有新的作为。即使马当局有心推动"货贸协议""互设办事处"等事务性议题协商、签署,但在"两岸协议监督条例"未通过情况下,这些协议也将同"服贸协议"一样被卡在"立法院"内无法施行。作为在野的民进党,由于在"九合一"选举中获胜,将自信"两岸政策无须调整也能胜选、重返执政",调整两岸政策的动力明显不足,不可能对现行两岸政策和主张进行实质改变,但基于 2016 年"大选"争取中间选民和避免美国弹压,民进党也不会在两岸关系上重回"急独"路线,或采取刺激大陆的行为。可以预期,在 2016 年"大选"前,两岸关系将难再有进展,但总体将维持和平稳定。

2014 年 12 月

2016 年台湾"二合一"选举结果评析

张文生

2016 年 1 月 16 日，台湾举办了新一届的"总统、副总统"和"立委"选举。选举结果显示，国民党惨败，而民进党大胜。民进党不仅赢得了"总统、副总统"选举的胜利，而且实现了"立委"过半的目标，达到了 68 席。台湾即将进入民进党全面执政的新时期。

一、2016 年台湾"总统""立委"选举结果分析

2016 年的"总统"选举是一场没有悬念的选举，早在 2014 年底"九合一选举"结束后，舆论就普遍认为，民进党主席蔡英文作为"总统"候选人将赢得此次选举。正如台湾作家罗致强指出的："对国民党来说，2008 年是顺势选举；2012 年是均势选举；而 2016 年则是劣势选举。"

表一 "总统、副总统"选举得票

号次	"总统　副总统"候选人姓名	得票数	得票率 %	登记方式
1	朱立伦 王如玄	3813365	31.0409	中国国民党推荐
2	蔡英文 陈建仁	6894744	56.1234	民主进步党推荐
3	宋楚瑜 徐欣莹	1576861	12.8357	亲民党推荐

表二 "立委"政党席次

政党	区域当选名额	不分区当选名额	当选名额	比率 %
民主进步党	50	18	68	60.18
中国国民党	24	11	35	30.97
时代力量	3	2	5	4.42
亲民党		3	3	2.65
无党团结联盟	1		1	0.88
无	1		1	0.88

2016 年"总统""立委"选举结果虽然不出所料,民进党实现了"总统"得票、"立委"席次双过半的目标,但仍然有些数据是值得关注的。

(1)"总统、副总统"选举投票人 18782991 人,投票数 12448302 张,投票率 66.27%,远远低于前几次的"总统、副总统"选举的投票率,至少有 100 万选民没有出来投票。朱立伦的得票加上宋楚瑜的得票总共是 5390226 票,这说明未投票的选民中大多数是泛蓝支持者。

(2)朱立伦大败 300 万票以上,这种失败是前所未有的,从选票流失的方向来分析,主要是两个原因,一是还有大量的泛蓝支持者没有投票,二是宋楚瑜瓜分了大量票源。国民党在"立委"选举中的得票率 26.9%,也远远低于民进党的得票率 44%。蓝消绿涨是大趋势。

(3)民进党候选人蔡英文、陈建仁获得 6894744 票,略多于 2012 年马英九的 6891139 票,比蔡英文在 2012 年的得票 6093578 票成长了约 80 万票。岛内分析指出,蔡英文成长的 80 万票中有 50 万是首投族的选票,另有 30 万是转向的中间选票。这也说明,真正由蓝转绿的比例不高,不到 3% 的比例,虽然蓝消绿长,但是蓝绿的结构依然如故。

(4)民进党"立委"席次过半,获得 68 席,成为"立法院"的多数党。民进党不仅夺得行政权,也夺得了立法权,民进党全面执政,也必须全面负责。

(5)第三势力虽然参选的政党众多,达到 18 个政党,但得票达到 5% 门槛的只有"时代力量党"和亲民党。新兴的"时代力量党"的政党得票率为 6.1%,成为"立法院"的第三大党。宋楚瑜的参选带动了亲民党的政党票,得票率为 6.5%;但亲民党在区域"立委"部分没有建树,亲民党难改宋楚瑜个人政党的性质。第三势力两个小党的意识形态相反，是否会走上合作的道路值得关注。

二、国民党败选的原因分析

国民党惨败是事前意料到的，原因在于：

1. 台湾社会、经济、政治发展的大环境对国民党不利，尤其是马英九当政8年未能有效提升台湾经济，没有给民众带来"有感"的民生福利，是台湾民众对国民党失望的主要原因。

2. 泛蓝支持者对国民党失望，也不完全是经济原因。国民党从"九合一"选举以来就弥漫着失败主义的情绪，国民党高层畏战怯战，毫无斗志，许多支持者失去了投票的热情，这是导致投票率低落的重要原因。

3. 从候选人形象对比来看，朱立伦与蔡英文的学历经历条件相当，都是留洋博士，都是党主席，朱立伦甚至在2010年年底的新北市长选战中挫败过蔡英文，但是这次选举中朱立伦背负着马英九当局执政8年的包袱。

4. 从政党形象对比来看，泛蓝不团结、不能吸引青年是国民党的致命伤。

(1)宋楚瑜参选，瓜分泛蓝选票。

(2)王马政争，余波荡漾。王金平原本有意参选，但受马英九挤压未能登记参选，双方权力斗争的心结未解。

(3)国民党精英和人才选拔途径局限在官二代和地方派系出身，青年一代难以出头，国民党对青年一代的吸引力丧失。

5. 民进党通过长期的"去中国化"意识形态的灌输与介入学运，操控了青年选票，尤其是掌握了首投族的选票。首投族129万人，其中绝大多数认同民进党。

6. 社运介入选举，"时代力量"、绿党社民党联盟、自由台湾党等形成围攻国民党的合力。

7. 国际环境不利于国民党当局的亲中政策。(1)美国再平衡战略不希望两岸走得太近；(2)在钓鱼岛问题上马英九当局与日本有矛盾；(3)马英九当局在南海政策上也不符合美日的要求。

8. 选战前一天发生的周子瑜事件在网络和舆论中发酵，激发了绿营支持者尤其是青年选民的投票热情。

三、选后台湾政治格局的新变化

选举体现了台湾新民意的产生，必然导致台湾政治格局的调整，从 2014 年初 "太阳花学运" 开始，到 2016 年台湾地区领导人选举结束，台湾政治格局的盘整时期完成，台湾政治的新格局出现。

1. 民进党成为台湾新民意的代表者和台湾内外政策的主导者，民进党不能忽视台湾民意的经济诉求，也必须回应台湾民意的不满与焦虑，但也不能忽视台湾民意和平安定的要求。因此，民进党不会修改 "台独党纲"，也不会承认 "九二共识"，但为了台湾经济的发展，会在具体政策上表达善意。

2. 民进党执政后会把打击、清算国民党当作施政的重要目标。但国民党仍是台湾社会牵制民进党的主要制衡力量，国民党会有一些内部的纷争，国民党还不至于全面崩溃。由于泛蓝的基本盘并没有大规模流向绿营，如果国民党能够改革以凝聚支持者，如果民进党执政引发民怨，国民党在 4 年或 8 年后仍有可能卷土重来，重新上台执政。

3. 第三势力有所收获，虽然第三势力试图发展壮大，图谋取代国民党作为最大在野党的地位，但是第三势力派系林立，难以整合，蓝绿对抗的局面不会改变，柯文哲、"时代力量" 均摆脱不了民进党的牵制与支持。

4. 台湾民意和台湾政局将很快进入新的一轮盘整时期。民进党改变不了台湾本身面临的困境，民进党上台后很快就会面临如何回应台湾新民意的经济诉求问题，但是民进党满足不了台湾民意的要求，很有可能很快就面临台湾民意的对抗和反弹。

四、选后两岸关系的新变化

2016 年 "大选" 是两岸关系的重要转折点。蔡英文当选台湾地区领导人，民进党成为 "立法院" 最大党，蔡英文有能力主导台湾当局的大陆政策。但是蔡英文曾经为李登辉策划 "两国论" 和为陈水扁推行 "一边一国" 的从政历史，以及她所代表的仍坚持 "台独党纲" 的民进党，使得她无法取信于大陆。民进党上台，蔡英文当政，将使两岸政治互信急剧流失。

1. 蔡英文的大陆政策有三个方面的核心内容：维持现状、"中华民国现行宪政体制"、求同存异。蔡英文说她承认"九二新加坡会谈的事实""九二精神",并且解读成"求同存异",但问题是她不承认"九二共识"的核心内涵——"一中框架"。可见,蔡英文只想要"求同存异",不想要"一中框架"。如果没有以"一中框架"作基础,所谓的"九二会谈""九二事实""九二精神"就会变成空中楼阁。因此,蔡英文的大陆政策显示出局限性、策略性、暂时性的三个方面特点。

2.没有"九二共识",两岸关系就会"基础不牢、地动山摇",主要表现在五个方面:(1)两岸两会谈判中止;(2)两岸在国际上的外交斗争激化;(3)两岸在军事上的对抗加剧;(4)两岸在政治上的对立升高;(5)两岸经济、文化、教育、社会交流受影响。

3.政治对立加剧与经济往来密切、官方关系疏离与民间交流频繁、在野的国民党亲大陆而执政的民进党亲美日的二元结构是未来两岸关系的主要特征。同时,大陆对台政策会从交流合作的主调转向以"反台独、反分裂"为主调。

4.未来一段时期,经济竞争而不是政治较量是两岸关系的主流。在高科技产业领域,大陆本土企业将逐渐取代台资企业。两岸贸易失衡的状态逐渐得以调整。台湾经济面临丧失大陆市场的重大危机。然而,台湾经济发展得好,台湾会找回自信;台湾经济发展得不好,台湾会怨恨大陆。因此,大陆不必刻意打压台湾经济,但是由于政党恶斗和意识形态对立,台湾经济衰退不可避免。

五、对策建议

台湾政党轮替是台湾政治发展的新常态,我们不可能改变它。而是要客观理性,实事求是地来对待。

1.和平统一难度增大,但仍要有信心和耐心。

2.要客观理性地看待台湾的政党轮替,选举政治背景下,政党轮替是常态。

3.客观理性地看待国民两党。国民党的统一不是真心的,民进党的"台独"也是打折扣的。现阶段,"维持现状、中华民国"是台湾的主流。民进党上台后也不会有太大的改变。我们可以扶蓝,但也要拉绿,要争取民进党内的务实转型派。

4.冷眼旁观民进党当政。大陆要谨慎应对,不能让民进党把台湾经济衰败的责任推给大陆,不必主动出手刻意打压台湾经济,也不必急于出手挖台湾当局的"邦交国"。采取冷处理的方式，让民进党、让台湾社会自己去折腾。不冷不热、不温不火、不急不躁、不理不睬、不斗不和。

5.两手策略应交替应用。利用民进党当政时机，适时调整某些对台政策，停止对台采购，停止执行某些效果有限的惠台措施，加强交流的同时加强军事斗争准备。

6.重视台湾新民意、新生代、新媒体。

7.发挥闽台交流的地方优势。在冷处理民进党当局的同时，将两岸交流地方化，不反对闽台交流。可进一步促进闽台经济、文化、民间信仰、地方县市、两门两马之间的交流。

2016 年 1 月

民进党转型的困境及前景

曾建丰

一般而言，政党政治的发展很大程度反映所在国家或地区政治与社会的变迁，政党转型则是政党为因应社会变迁的要求，在自身发展以及与社会的关系等领域作出重大调整。2008 年 5 月，台湾政局发生重大变化，实现了"二次政党轮替"，国民党重新执政，民进党则在经历了陈水扁 8 年"失政败德"的执政后，重回"在野"地位，同时也陷入自创党以来最为严重的危机之中。5 月 21日，形象清新且仅有 4 年党龄的蔡英文临危受命，出任民进党主席。蔡英文表示要带领民进党转型，让民进党重新站起来，台湾社会也期待民进党能与时俱进、及时转型。然而，令人失望的是，两年多过去了，民进党根本无法跳脱既有窠臼，更谈不上成功转型，其所走的仍然是一条没有陈水扁的"陈水扁路线"。本文拟以政党转型理论为分析依据，就民进党转型的困境、原因及前景等问题进行探讨。

一、民进党转型的契机

政党的转型是政党面对已经并正在继续发生的社会变化所造成的各种困难或失败，主动或被动地做出的反应，是政党在新环境中寻求继续生存所进行的选择。政党轮替是现代政党政治的常见现象，从某种意义上说，2008 年 5 月的"二次政党轮替"，对于已经走入绝境的民进党而言并不是一件坏事，因为这同时也给民进党提供了一个难得的"反省"与"转型"的时机。

在陈水扁执政的 8 年里，民进党在经济建设、社会治理方面完全是外行，而在利用"一边一国""废统""正名""制宪""公投""去中国化"等"台独"言行巩固权力方面却不遗余力，其结果是经济停滞不前、族群关系恶化、两岸关系紧张、贪污腐败盛行、社会道德沦丧，政绩乏善可陈，失望与不满的民众最终用选票唾弃了民进党。蔡英文接任党魁之时，正是民进党处于思想混乱、人心涣散、士气低迷之际，民进党急需改革与转型，急需新的方向与路线。台湾知名政评家江春男曾一针见血地指出：经过陈水扁的8年实验，民进党如不调整政策、体质和方向，则必被主流社会边缘化。蔡英文也曾承认，当前的民进党思想、灵魂、运作体系必须改造，否则即使2012年重新执政，仍会重蹈过去执政的悲剧与失败。

转型意味着革故鼎新，革故鼎新必须从检讨与反省过去出发，才能找到着力点；转型意味着重新选择，重新选择必须以时代与社会变迁为依据，才能找到正确的目标与方向。从社会变迁与时代脉动来看，台湾已逐渐步入公民社会，民粹激情开始消退，主流民意是求和平、求安定、求发展，人心思治、人心思安。台湾社会因"省籍""蓝绿""统独"对立而引发的激情开始逐渐减弱，社会伦理规范系统和价值系统开始向正常的状态回归；体制外的、非理性的抗争将越来越不能被民众接受，体制内的理性竞争已经成为社会普遍认同的价值。从外部环境来看，冷战硝烟早已淡去，和平发展成为当今世界的主题，两岸关系也发生了根本性变化，两岸联系、沟通、交流、合作越来越紧密，两岸对立与对抗已经不合时宜、不得人心。

事实上，下野两年多来，民进党内对陈水扁执政8年的检讨与反省也始终没有停止。民进党前主席许信良指出："对民进党来讲，今天最严重的危机是把台独基本教义当作超过一切的最高价值"；有民进党"理论大师"之称的林浊水发表专著《历史剧场——痛苦执政八年》对陈水扁执政进行了全面检讨，他表示："从选举结果可以看出，民进党的激进台独路线已经遭到扬弃"；前民进党籍"立委"李文忠称："台湾的民主是在二千三百万人中实现，但民进党却一直在操纵族群对抗"。尽管对陈水扁路线的各种检讨与反省众说纷纭，角度与切入点不尽相同，但相对集中的问题则明确指向"贪腐无能"、"意识形态挂帅"、"操纵族群对抗"、"急进台独"、"恶化两岸关系"等等。这些问题既是民进党2008年败选下台的重要原因，也正是民进党急需改变与转型的目标与方向。

2008年民进党败选下台，党内对陈水扁执政8年也不乏深刻反省与检讨，加之岛内外各种形势的发展变化，事实上为民进党迎来了变革与转型的契机，也为民进党永续与良性发展开启了机会之窗。

二、民进党转型的困境及原因

具体而言，所谓政党转型，是指一个政党的意识形态、政党财政、政党组织内部分化、政党与国家和社会的关系发生重大变化等（这也是政党组织模式演变的分析依据），具体也可以表现为一个政党的组织纲领、战略或策略、政党组织等方面的重大变化，其中政治理念的转型是政党转型的关键环节。

蔡英文上任之初，当时民进党青壮派成员称："她有民进党现在最欠缺的特质，就是干净、清廉、超派系"；许信良更是明确表示：蔡英文社会形象清新、很理性，个人没有太多民进党的包袱，适合带民进党转型。蔡英文也反复强调：民进党"未来不走深绿路线"，要"建立新的中国论述"，要转型成为"有执政经验的在野党"，成为一个有效率的政党，与执政党理性竞争、政策攻防、甚至是合作；"不要当为反对而反对的刺猬"。但事实上，两年多来，人们所期待的、也是蔡英文自我期许的政党转型不但未见成效，民进党所走的仍然是一条"没有陈水扁的陈水扁路线"。依政党转型一般指标观察，两年多来，民进党在意识形态、策略路线、政党体质等方面，均无根本性变化。

首先，"台独"理念与主张仍然是民进党政治思想的核心。民进党下台之后，出任党主席的蔡英文不仅没有对陈水扁的"急独"做检讨与反省，反而还在为陈水扁"台独"路线辩护，2009年3月15日，在东京的一场演讲中，蔡英文称：民进党过去执政8年来，确立了台湾"主体"意识、"主权独立"和由2300万民众决定自己前途的共识。蔡英文曾表示：要"重新定义台湾本土论述、建立新的中国论述"。2008年9月26日，在民进党22周年党庆活动中，蔡英文表示：台湾在"主权"议题的处理上应该要确保三个原则：第一，未来任何的选项都应该开放，任何选项都不能预先排除，包括"独立"；第二，"台湾人民有权为自己的未来做出决定"；第三，"台湾的未来，只应由台湾人民自己做出决定"。2009年3月22日，蔡英文在《以新本土观捍卫台湾》一文中称：民进党有三大责任：一是必须有承担守护"国家"的责任，二是必须坚持理想性，三是必须以包容性来扩大社会基础；强调："我们是生命共同体，这个生命共同体的'主权'是我们自己的"。民进党近期正在研拟并计划在今年9月党的"临全会"上通过所谓"十年政纲"，其中对"两岸关系定位"问题，民进党中央明确表示：不会碰触"国家定位与两岸定位"，有关"国家定位、两岸定位"，"台湾前途决议文"处理过的就不必再重抄一遍。蔡英文还明确宣称：民进党当初写下"台独党纲"的"前辈"，用意是要确保2300万人有一个"独立的主权"；"不会宣示放弃'台独党纲'"。由此观之，民进党在野两年多来，虽然陈水扁执政时期强力推行的急进"台独"主张与路线明显收敛，取而代之的多为所谓的"台湾主体性""本土主权""台湾主权""自决权"等论述，其"台独"理念与主张作为党的政治纲领在本质上没有发生任何改变。同时，也正是由于"台独"主张与意识形态没有改变，民进党在对待两岸关系改善与推进两岸交流合作方面，仍呈现出"逢中必反"的非理性态度。两年多来，无论马英九当局提出什么样的两岸开放交流政策，如开放陆客入岛旅游、开放两岸"三通"、开放陆生赴台就学、两岸金融合作、陆资入岛、两岸签订ECFA等等，民进党均一律持反对态度。

其次，激进的焦土抗争仍然是民进党策略路线的主轴。虽然蔡英文曾表示民进党未来"不走深绿路线"、要"理性问政"，做"有执政经验的在野党"，但在野两年多来，民进党实际上走的却是一条"议会与街头双管齐下"、"为反对而反对"的焦土抗争路线。由于"台独"意识形态作祟，民进党"反中""反马""反国民党""反ECFA"、反对两岸各种交流，在议场上，"捆巴掌""勒脖子""锁大门"直至打得"头破血流"等抗争花样不断推陈出新；在大街上，"推倒张铭清""追打郭冠英""台北围城"乃至发动"暴力流血"等抗争运动先后轮番上演。2008年，民进党先后组织或参与了"8·30百日呛马"、"10·25反黑心、顾台湾"、"11·06台北围城"等大型街头运动；2009年又发动了"5·17保台湾、顾主权"大游行，2010年6月26日，也就是第四次"陈江会"两岸即将签署ECFA之前数日，民进党再次发动"反一中市场、人民要公投"大游行，并扬言要进行"反ECFA，十年抗争"。其中，2008年"11·06台北围城"酿成台湾近十年来最严重的流血暴力事件；2010年7月8日，针对ECFA审议，蓝绿"立委"再次暴发严重肢体冲突，终至血洒议场。在此期间，蔡英文曾扬言：民进党"未来走上街头抗议可能变成常态"，"为了捍卫人民权利必须冲撞"，"不保有革命性格就无法改变与抵抗"；民进党"立法院"党团总召集人柯建铭也直言未来将采取"焦土抗争"。上述事实说明，在野两年多来，民进党的策略路线仍然是操弄民粹，进行非理性的政治煽动，挑动族群对立、"统独"对立、"朝野"对立、两岸对立，基本上没有扮演过"忠诚的反对党"的角色，与民主政治中的"理性问政""良性竞争""建设性反对党"等理念完全背道而驰。

其三，派系共治动态平衡仍然是民进党权力结构的特色。民进党的前身即所谓的"党外"，实际上是各种反国民党势力的大联盟，因此，民进党建党之后，长期维持派系山头林立、理念路线歧异、利益争夺凶狠的党内生态。2008年民进党处于政治谷底之际，民进党内扁系、谢系、苏系、新系、游系、"急独"势力和年轻世代等各派系势力都以不同方式投入党主席之争，在派系争持不下、相互妥协后，"形象清新"的蔡英文在"新潮流"及年轻世代的支持下顺利出任党主席。蔡英文出任党主席后表示要推动政党组织的改革与改造，要合理解决人头党员问题、重建党的社会形象；引导派系政治从利益分配转向对政策路线的探讨与思辨；加强党部与社会运动的联结等。2008年7月20日，民进党主席蔡英文上任后第一次全代会，通过八个党务改革案，扩大中执会、中常会的参与范围，"廉政条例"和公职提名办法有重大变革，党中央权力将大幅增加，其中"廉政条例"，将"起诉就停权、一审有罪除名"的规定修改为"一审有罪停权、二审有罪除名"。2009年2月，蔡英文提出民进党必须走向民主开放的结构，具体内容包括：第一，要重新整理党中央的组织结构，让它接触并吸纳各方意见与声音。第二，透过在野"国是"会议及各种平台，与社会各个层面互动。第三，在许多重要政策上，形成民间的共识。第四，在各项选举提名作业里，考虑范围扩大，广纳贤才，不限于民进党内部及党员。第五，加速党务改革，纳入政党研究专家及非民进党精英，检讨党的结构（柔性或刚性政党）、初选制度等。2010年1月24日民进党临全会上，敲定年底"五都""直辖市长"选举以协调与民调为主，不用党员投票；"直辖市"议员提名采完全民调，也不进行党员投票。经过以上一系列党务改革，民进党在陈水扁时代"扁系一派独大、人头党员充斥"等现象有所缓解，中央党部基本上是青壮派接棒，权力核心仍大体维持"派系共治、动态平衡"格局。随着整体实力的逐步恢复，党内各派为了争夺政治资源的内斗又明显抬头，如年底"五都"选举候选人之争，各派系势力之间甚至同派系内不候选人之间的竞争厮杀依然是刀刀见骨。总体而言，在野两年多来，民进党在党务方面进行了一系列改革，但组织体系、权力结构并没有根本性变化。

毋庸置疑，政党适应性转型的过程是痛苦的，并可能充满着斗争，更不可能一蹴而就；从某种意义上说，政党本身在本质上是抗拒变革的。民进党下野两年多来，来自党内基层尤其是青壮派要求改革与转型的呼声相当强烈，但碍于各种因素制约，从实际情形看，可谓"雷声大、雨点小""小调整、无转型"。

民进党未能顺利转型的原因主要有四个：

其一，蔡英文因素。2008 年民进党下野之际，对于深陷危机泥潭的民进党而言，"形象清新"、没有派系背景的蔡英文是一个最佳选择，因为民进党急需一位能为各派系接受并能让民众耳目一新的人物，以便使民进党不至于分裂并让民众看到民进党有改革的希望。然而，蔡英文所谓的"形象清新"主要是指其没有派系背景、没有贪渎案底以及都会型知识女性等方面，但在"台独"意识形态方面，众所周知，蔡英文曾经是李登辉"两国论"的主要炮制者之一，陈水扁执政时抛出"一边一国论"及"正名""制宪"等一系列急进"台独"政策时，蔡则是扁政策重要的捍卫者与执行者之一，蔡英文接任党主席后还曾自我表白"立场坚定"。因此，希望蔡英文以壮士断腕之姿"颠覆自我"，带领民进党与陈水扁"急独"路线做彻底决裂与切割，显然是不切实际的。蔡英文也了解，"陈水扁共犯结构"不仅是陈水扁个人贪腐的问题，而是民进党的结构性问题，包括政治运作方式、政治文化以及"台独"意识形态问题。作为"陈水扁共犯结构"的一员，蔡英文至多也只能在"维持现状"的情况下对民进党进行微调，重大改革与转型几乎是不可能的。

其二，派系因素。民进党组织与权力结构"派系共治"的特点，使得政党运作的实际情形则是：若不出现类似陈水扁式的"强人"，派系之间相互牵扯制约便是常态，政党任何重大政策、路线、组织体系变革都将举步维艰。蔡英文不是"强人"类型的党魁，在党内也没有明确的派系归属，她实际上是依靠"新潮流"的支持以及各派系相互斗争妥协才顺利当选并连选连任。目前对外以"台湾新社会智库"名义公开运作的"新潮流系"，其强调的三大主张包括"台湾独立""群众运动"及"社会民主主义"等，在意识形态与策略路线方面正居于党内主流地位；另一方面，以辜宽敏、蔡同荣以及扁系人马等为代表的"台独基本教义派"，虽非党内具体派系，却因激进"台独"主张成为"深绿"代表，并俨然已成为民进党的"政治正确"，并深刻影响着民进党的政治主张与策略路线，任何想要改走温和路线的主张，都将遭到无情的批判。

其三，政党属性因素。民进党前身是反国民党威权统治的"党外势力"，性格上本来就具有极为强烈的反体制特质；后来"台独"主张逐渐演变成为民进党的"基本纲领"，推动"台独"运动、建立所谓"主权独立自主的台湾共和国"，就是要摧毁现行体制，这也清楚地表明民进党的反体制属性。蔡英文称"中华民国"为"流亡政府"也是"反体制属性"的表露。正是因为具有反体制属性，使得民进党为了实现"台独"主张与目的，可以不惜破坏社会和谐与经济发展，走激进路线、作焦土式抗争。

其四，选举因素。在台湾"选举挂帅""胜者全拿"的政治文化中，政党成了选举机器，理念与主张变成是与对手形成区隔甚至是攻击对手的口号。为了胜选，民进党常常使用"统独"、族群、省籍等意识形态议题作为攻击对手的利器，其结果是使台湾选民分裂成"蓝绿"两大板块，整个社会被无情地撕裂并隐藏着不稳定的因素。因此，每当选举临近，民进党一方面为了"巩固泛绿基本盘"，便会伺机向"深绿"表忠，冒出一些出轨言行；另一方面，为了向中间选民示好，又会喊出一些"良性竞争""理性问政"之类的口号。也正因为如此，人们可以看到蔡英文及其他民进党政要经常是"见人说人话、见鬼说鬼话"，前后不一、自相矛盾均可以全然不顾。两年多来，台湾依然选举不断，蔡英文领导的民进党急需通过胜选来巩固政党团结、稳住泛绿选民、提升士气实力，只能继续走操弄意识形态的老路，政党改革与转型大多停流于口头甚至成为争取中间选民的幌子。

三、民进党转型的出路与前景

政党转型理论认为：政党在社会变化的压力下主动或被动地实行转型，其实质是为了使党摆脱正在到来的已经可以感觉到的危机或者避免未来可能出现的危机，防止党的衰落甚至是衰亡。政治危机理论认为危机分为三种情况：能够被解决的短暂的政治问题，长期的政治困难，政党发生无法解决的内部矛盾而解体。选择转型的政党所遇到的危机，基本上属于前两种情况。

从下野两年多来的实践看，在蔡英文领导下，民进党只不过做了党务方面的些许改革，根本谈不上政党的全面转型。党务方面的改革，部分解决或暂时缓解了一些能够被解决的短暂的政治问题，如"清廉形象"问题、"人头党员"问题、"派系斗争"、"世代交替"问题等，但长期的政治困难并没有得到有效的或根本的解决，如"台独"意识形态、暴力激进路线、反体制属性等问题。然而，吊诡的是，没有全面转型的民进党，却相继获得 2009 年年底县市长选举和四次"立委"补选的"五连胜"，基本上稳住阵脚，止住了下滑的趋势。究其原因有四：其一，岛内"两党制"格局基本形成，岛内民意需要一股制衡国民党"一党独大"的政治力量，民进党作为制衡国民党最大政治势力的地位在相当长的时期内难以取代；其二，岛内选民结构"蓝绿对峙、蓝稍大于绿"，精于选举的民进党通过包括改革提名方式、取消党员投票、推荐实力参选人、加强文宣攻击等方式，激发泛绿选民的投票热情，稳住了基本盘；其三，马英九执政绩效未能如选民预期，加之民进党利用"八八水灾""美国牛肉风波"等事件，给马团队贴上"无能"标签，甚至宣扬"陈水扁无赖，马英九无能，无能比无赖更可怕"等论调，使得选民对国民党失望情绪明显上升；其四，国民党加大党务改革力度，与地方黑金、财团、派系等势力脱钩，屡屡造成整合失败，也给了民进党乘虚而入坐收渔利的机会。也就是说，民进党下野后并未进行全面转型，其所取得的"五连胜"并非因为重获岛内民众认可，而主要是拜泛蓝民众因对国民党执政不满而不投票所赐，民进党在这几次选举中的得票数始终局限泛绿基本盘即是证明。如果民进党以为无须转型也能取得胜选，甚至2012年或2016年即有可能获得重新执政的机会，那么，民进党很可能错失全面转型的好时机，而无法解决"长期的政治困难"。

如果说过去的两年多时间，民进党的首要任务是完成党内整合，避免分裂，走出低谷，那么蔡英文已经做到了。但从长远看，其实民进党仍然站在一个历史的关键点上，依然面临拒绝转型或彻底转型的抉择。

民进党如果选择拒绝转型，那么，有可能成为永久的反对党。如拒绝转型，民进党可以继续用"台独"基本教义作为党的"政治正确"，通过"议会与街头"相结合的焦土抗争路线，来达到团结党内各派系、稳住泛绿基本盘的目的。毕竟在岛内"两党制"基本确立、选民"蓝绿对峙"的结构下，民进党只要固守基本盘，就足以成为制衡国民党的最强大政治势力，甚至是国民党最强有力的竞争对手。但问题是如果不转型，民进党将难以突破基本盘，很可能沦为永久的反对党。正如民进党前主席许信良所言：民进党有40%坚定的基本盘，这是铁板一块、打死不跑的支持群；蔡英文带领民进党要争取到10%有可能支持民进党、但也可能转向支持国民党的中间选民。如果不能争取到10%中间或不确定选民，民进党将永远在野。大陆知名学者陈孔立也明确指出：民进党如果坚持深绿路线，就可能守住基本盘，延续"台独"的香火，继续充当泛绿的盟主，但也就可能长不大，8年执政被深绿"绑架"无法扩大社会基础，不能得到过半选民的支持。如今在国民党当权的条件下，民进党如果甘守"深绿"的基本盘，而不去争取中间选民，则可能沦为长久的反对党，难有再上台的机会。

民进党如果选择全面转型，那么，就有望重新获得执政机会。显然，民进党并不会甘于做"永远的反对党"，蔡英文表示，"五都"之战是民进党"第二次地方包围中央"，民进党下阶段希望重回中央执政。民进党若想重新执政，则必须脱胎换骨、进行彻底转型。而彻底转型必须正视现实，正视岛内主流民意"求和平、求安定、求发展"的现实，正视大陆和平崛起、两岸关系快速发展的现实，正视当今世界主题是"和平、合作、发展"的现实，必须彻底抛弃"台独"基本教义，重新调整两岸思维与大陆政策，必须彻底放弃激进暴力路线，回归体制内进行"理性竞争"，唯有如此，民进党才有可能突破泛绿基本盘，争取到半数以上选民支持，重新获得执政的机会。

何去何从，做何选择，尽在民进党一念之间。

2010 年 7 月

民进党大陆政策调整的基本特点及其前景预测

陈先才

　　2012 年由蔡英文领军的民进党在台湾地区领导人选举中败北，这是民进党自 2008 年丢失执政权以后再一次惨败，这对于急欲重返执政之位的民进党及其支持者而言，无疑又是一次重大的信心挫败。民进党的失败无疑加剧了党内各方政治力量在两岸政策上的分歧，特别是党内的务实派与交流派不断发声，要求民进党对大陆政策进行调整，以便增加民进党重新执政的机会。尽管要求改革大陆政策的声音不断高涨，尤其是党内的务实派加大了与大陆的交流与互动，以前主席谢长廷为首的重量级政治人物开始登陆中国大陆，试图与大陆进行沟通与交流，并掀起了新一波的民进党人士与大陆互动的浪潮，但党内保守派的阻力仍然很大，民进党大陆政策调整的难度仍然相当大。从目前党内总体情势发展来看，民进党内部在两岸政策方面尚未形成完全的共识，分歧仍然相当严重，"基本教义派"对民进党两岸政策的牵制力还相当严重。因此，当前民进党大陆政策调整仍然面临诸多的制约因素。下面就此问题进行深入的剖析与解读。

一、民进党大陆政策调整的背景因素

　　影响民进党大陆政策调整的因素有很多方面，既有岛内因素，又有党内因素，也有两岸因素，还有国际因素，不一而足。然从总体上来观察，在上述诸多因素中，就对民进党大陆政策调整而言，可以从有利因素与不利因素两个方面来进行分析：

（一）有利因素

2012 年民进党失利后党内之所以掀起新一波要求调整大陆政策之声音，特别是党内的务实派和交流派不断发声，要求调整大陆政策的声势不断高涨，其主要原因在于：

（1）民进党的大陆政策越来越遭遇到现实的选举压力。在民进党继 2008 年及 2012 年两次"大选"挫败后，内部政治生态出现重大变化，党内要求调整两岸政策的压力增大，特别是党内的改革派与保守派公开叫板的态势正在形塑之中，这是推动民进党内部不断调整其两岸政策的重要动力所在。

（2）两岸关系和平发展也对民进党大陆政策调整提供了重要的推力和压力。2008 年以来，随着国民党在岛内重新执政，两岸关系快速改善，两岸关系和平发展局面不断形成，两岸在"九二共识"的基础上签署了十多项协议，两岸各方面的交流也日益拓展，深入发展，两岸关系进入 60 年多年最好的历史时期。两岸关系的快速改善客观上当然对民进党大陆政策有重大影响。一是两岸因素对台湾选举的影响力越来越大。由于两岸利益的结合和联系不断增强，台湾选民特别是经济选民的态度至关重要。这自然使两岸因素对台湾选举的力道不断增强。二是两岸和平之观念已深入两岸民间社会之中。民进党原先的大陆政策论述显然已不能适应当前的两岸关系发展之现状，已与两岸现实完全脱节。民进党如果继续坚持其原来的"台独"分裂意识形态，则越来越与台湾社会的主流民意相脱节相对抗。

（3）民进党大陆政策也越来越受到国际因素的影响和制约。由于民进党的"台独"分裂论述是台海区域稳定的重大隐患，国际社会当然对此高度警惕。这也是陈水扁执政后期美国与其关系闹僵的重要原因。尽管美国不愿意看到一个统一强大的中国存在，但台海区域和平稳定显然最符合美国的最大利益。而民进党要改变破坏台海现状麻烦者之标签，也需要对其大陆政策进行某种程度的调整。

（二）不利因素

尽管当前驱动民进党调整大陆政策的有利因素不少，但客观而论，限制和阻碍民进党大陆政策调整的不利因素仍然很多，这也是当前民进党大陆政策调整始终无法迈出正确一步的重要原因所在。

（1）民进党内部在两岸政策上的分歧与保守现状，是制约民进党大陆政调整的主要限制性因素。当前民进党内部在大陆政策上远未形成共识，尽管不反对两岸交流已成为党内的最主要共识，但在如何与大陆交流互动等问题上，党内的分歧仍然相当严重。

（2）民进党党内政治生态也在某种程度上限制民进党大陆政策的转型。长期以来，民进党一直是派系政治文化盛行，而大陆政策则是党内各大派系进行权力博弈的重要筹码。虽然"独"派在党内人数不多，但其声势却相当大，党内各大政治势力基于权力斗争之需求，皆不敢与"独"派翻脸，更不断与"独"派进行政治切割。这也是民进党大陆政策各种论述始终无法跳出"台独"论述困境的重要原因所在。

（3）当前民进党内部特别是重量级政治人物对两岸政策的认识仍然有相当程度的误区，这是限制民进党大陆政策调整无法真正走出实质性一步的关键障碍：一是党内仍然有不少政治人物不愿意面对两岸议题，仍然希望采取模糊策略来应对；二是有些政治人物认为民进党应该把重点放在做美国人的工作，而不是调整两岸政策上；三是还有一些政治人物不需要调整两岸政策，只要国民党做得不好，民进党就有机会执政，完全不断调整两岸政策。

二、民进党大陆政策调整的基本特点

2012 年以来，民进党大陆政策调整及走向呈现出以下几个基本特点：

（一）主张两岸交流已成为民进党内部的最大共识

当前，主张两岸交流已成为民进党党内的最普遍共识，即使是"独"派政治人物也不太公开出面批判两岸交流，特别是民进党执政的地方县市首长也积极增强了与大陆的交流与互动。例如无论是高雄的陈菊，还是台南的赖清德，抑或是其他绿营县市首长，2012 年以来都加强了与大陆的互动与交流。此种状况在 2008 年以前完全不敢想象，这说明过去几年两岸关系和平发展局面的不断形成，客观上已对民进党内部的两岸思维产生了重大的影响，民进党也越来越无法阻碍两岸交流。

（二）民进党内部主张两岸交流互动的政治力量不断壮大

从 2012 年以来民进党内部政治生态来观察，党内要求加强两岸交流与互动的声音不断增大，要求推动两岸互动的政治力量也在不断增强。例如，随着谢长廷访问大陆后，谢系已成为党内要求推动两岸交流的最重要政治力量之一。在这种情况下，民进党党内的务实派政治力量正在积极整合并壮大之中，基本上逐渐形成了以交流派、务实派为阵营的集体性力量。这种力量的出现对民进党未来大陆政策调整有重要推动作用。

（三）民进党仍然不愿意放弃传统的"台独"分裂之政治立场

2012年以来，尽管民进党内部大陆政策思维有很大的改变，但民进党内部仍然不愿意放弃"台独党纲"，仍然不愿意放弃"一边一国"之核心思维，这是当前民进党仍然无法与大陆进行良性互动的重要原因。当前民进党大陆政策思维基本上仍然是采取坚持基本政治立场与推动交流互动相结合的策略。

（四）民进党的两岸论述仍然模糊并回避两岸核心议题

2012年以来，民进党中央及政治人物也提出了不少的大陆政策论述，但这些论述基本上仍然采取模糊策略，并刻意回避两岸关系中的核心议题，例如在两岸到底是一国关系还是"两国"关系之焦点议题上，无论是苏贞昌还是蔡英文，至今采取了回避的态度，不愿意直接表态。

三、民进党大陆政策调整的前景预测

未来民进党大陆政策如何走下去，直接对民进党2016年选举有若干重大的影响。各界都在关注之中。如果民进党不进行实质的调整，恐怕无法说服。其两岸政策要走出最后一里路，关键还是在不能回避两岸关系定位，是一国还是"两国"之定位。从目前民进党内部政治生态及基本意识形态来观察，当前民进党大陆政策调整的前景仍然不容乐观。下面就民进党未来大陆政策调整的基本前景进行某些预测：

（一）民进党在两岸政策论述方面，会强调民进党大陆政策不会改变现状，试图让台湾中间选民放心

未来不管是苏贞昌还是蔡英文领导民进党，民进党两岸政策调整仍然将以"台湾前途决议文"为政治基调，以所谓的"台湾前途由2300万人民决定"为

基本价值底线。也就是说民进党在 2016 年台湾地区领导人选举中,其政治人物的两岸论述始终无法跳出或绕开"台湾前途决议文"的框框,苏贞昌做不到,蔡英文也无法突破。民进党不会公开接受"九二共识"和"一中"框架,但民进党仍然会强调不会改变现状。

(二)民进党在两岸交流方面可能会采取更为灵活务实的策略,甚至会强调两岸可以举行政治谈判

由于民进党在两岸互动上仍然不愿意放弃其基本的政治立场,不愿意接受"九二共识"和"一中"框架,但为了向岛内民意交代,因此希望透过推动两岸交流来改变台湾民众对民进党在两岸关系上的封闭与保守印象。同时,民进党也看到过去几年虽然两岸关系有很大的突破,但两岸关系特别是国共两党在政治谈判上仍然没有什么进展,民进党认为民、共本无历史恩怨,完全可以进行政治议题的谈判,试图以此来打开与大陆的直接互动。

(三)民进党会对大陆政策论述进行某种包装,希望最终能够达到大陆虽不满意但可勉强接受之效果

由于中国大陆对民进党的"台独"论述以及"台湾前途决议文"等论述持排斥立场,民进党未来会继续强调其"台湾共识"论述,但会对其进行某种包装和掩饰,例如也会把谢长廷的"宪法共识"等论述内容填充进去,试图以此来不断充实其"台湾共识"的内涵。

2014 年 2 月

民进党两岸政策策略性调整及其对 2016 年"大选"的影响

曾建丰

2014 年年底台湾"九合一"选举之后，民进党为因应即将到来的 2016 年"总统大选"，对两岸政策进行了一番策略性调整，即以"维持两岸现状"为核心论述、以"战略模糊、战术清晰"为基本策略、以"打赢选战、平稳执政"为阶段目标，试图在不放弃"台独"立场、不承认"九二共识"的前提下，突破"最后一里路"，夺取执政权并实现平稳执政。民进党的两岸政策策略性调整，将对未来一个时期两岸关系发展及 2016 年台湾"大选"产生重要影响，值得关注。

一、策略性调整的核心论述："维持两岸现状"

2014 年 5 月蔡英文重新出任民进党主席以来，尤其是 11 月底"九合一"选举大胜之后，为因应 2016 年"大选"以及可能再次上台"执政"的新形势，民进党对两岸政策进行了较为全面的策略性调整，提出了与以往有所不同的新论述、新策略以及阶段性目标，未来一个时期民进党两岸政策的基本框架大抵成形。

（一）以"维持两岸现状"为核心论述。最近一个阶段，蔡英文在多个场合反复宣称：民进党处理两岸关系的基本原则是"维持两岸现状"。其相关论述内容包括："要维持台湾 2300 万人拥有的自由与民主的现状"，"维系台海和平及持续两岸关系稳定发展的现状"，"与中国建立一个固定的、可持续的两岸关系"；"如果民进党明年有机会执政的话，会尽一切的力量，确保台海局势的稳定。我们会和周边国家，包括中国，保持顺畅的沟通，尽最大的努力增进了解、消弭歧见"，"有信心可以处理好两岸关系，避免意外，更不会挑起矛盾、冲突和对立"。2015 年 6 月 3 日，蔡英文访美在"战略与国际研究中心"（CSIS）演讲时对"维持两岸现状"作出相对完整的论述，表示："如果当选'总统'，将在'中华民国现行宪政体制'之下，依循普遍民意，持续推动两岸关系的和平稳定发展，并向对岸释出善意，强调两岸应珍惜、维护二十多年来的协商与交流成果。将在这个坚实基础上，持续推动两岸关系的和平稳定发展，建立具一致性、可预测且可持续的两岸关系"。

（二）以"战略模糊、战术清晰"为基本策略。蔡英文及其幕僚团队提出：民进党应相应采取"战略模糊、战术清晰"的基本策略。其主要内容是：战略上，在不修改"台独党纲"、不改变"台独"立场的情况下，淡化和模糊"台独"主张与色彩，并以"维持两岸现状""现行宪政体制""既有交流基础""概括承受"等模糊论述，让各方"各自想象""各取所需"；战术上，以"政经分离"以及"稳定、透明、对等"的两岸交流交往策略，强调维持两岸稳定与两岸交流现状，明确全党要以正面、积极的态度面对和推展两岸关系发展，并以所谓"三个有利于"和"三个坚持"的方向处理两岸关系：即未来推动两岸关系，必须有利于台湾自由民主发展、区域和平安全稳定、两岸互惠互利交往；坚持决策须充分民主和透明化、交流过程须多元参与和机会平等、交流成果须维护公益和社会共享。"民进党希望两岸更稳定、更优质互动，因此在做法及态度上，会更自信、积极、务实，同时展现出稳定与一致性"。要让美国、大陆及台湾民众相信民进党有能力处理好两岸问题，有能力维护台海和平及两岸关系和平稳定发展。

（三）以"打赢选战、平稳执政"为阶段性目标。蔡英文表示：无论在野或"执政"，民进党终归必须认识中国、了解中国并与其展开交流、对话与沟通，这是民进党无可回避的政治选择。同时，民进党内高层大多数也认同："党有长期追求的价值与目标，路线与主张不能随意更动，但执政有任期限制，可提出短期施政目标，做法可以更弹性与灵活"。蔡英文一方面表示："台独党纲"是民进党创党时期所揭示的目标，也是民进党及台湾人民的"追求与理想"，"台湾前途决议文"已成为民进党内部对台湾"主权"、台湾前途及两岸定位的共识，甚至已成为台湾人民的"共识"；民进党会继续坚持，任何两岸互动，都不能伤害到台湾民主、"国家主权"和台湾人民当家做主的意志，这个"原则"不会改变；另一方面又宣称：两岸关系必须以人民意志为依归，领导人在决策时，必须超越政党的主张，包容不同的声音和立场，寻求内部最大的共识，而台湾内部已有了广泛的共识，就是"维持现状"，这也将是民进党重新"执政"后的重要目标。由此可见，民进党、蔡英文两岸政策调整，是将"打赢选战、平稳执政"作为阶段性的目标和任务，"台独"仍然是其长远的目标。

二、策略性调整的政策意图："突破最后一里路"

民进党、蔡英文对两岸政策进行策略性调整的政策意图十分清楚，就是为2016年"大选"积极备战，并希望重新上台后能够平稳执政并维持两岸关系和平稳定的现状。为实现这一政策意图，其具体做法是：

（一）以柔性诉求争取主流民意支持。民进党深知两岸政策是其"罩门"，必须调整以适应台湾岛内主流民意，亦即争取让大多数台湾选民认同和满意，才有机会突破"执政"道路上的"最后一里路"，"执政"之后也才可能安稳并有足够的筹码与大陆周旋与抗衡。同时，民进党也认识到台湾岛内民意普遍支持两岸关系和平发展，赞成广义的"维持现状"（包括永远"维持现状"、"维持现状"未来走向统一、"维持现状"未来走向独立、"维持现状"以后再决定等），认同"中华民国国号及现行宪政体制"等。民进党、蔡英文此番以"维持两岸现状"为核心论述的策略性调整，正是刻意淡化"台独"主张与立场，希望通过向主流民意靠拢的办法，争取多数选民的支持。

（二）以模糊论述包裹"台独"主张。民进党、蔡英文知道"台独"立场与主张不可能获得岛内主流民意认同，也不利于其在2016年"大选"中争取中间选民的认同，因此抛出模棱两可的"维持两岸现状"论：一方面回避"九二共识"议题，安抚"台独基本教义派"，稳住绿营基本盘；另一方面又可隐藏"台独"字眼，压低"台独"调门，骗取中间选民的选票。蔡英文拒不承认"九二共识"、"两岸一中"，也不对"两岸现状"的定义及如何维持"两岸现状"说清楚、讲明白，实质上是试图用"立场不变、策略调整"的方法为"台独党纲"、"台独"立场包裹上一层"理性、中道、务实"的外衣，试图蒙混过关。

（三）以胜选执政"倒逼"各方调整政策。2014年年底"九合一"选举大胜之后，民进党、蔡英文对2016年"大选"自信满满，甚至认为"只要民进党选得好，中国会倾向民进党，美国会因中国的倾向而倾向"。因此，在2016年选情总体上对民进党有利的情况下，党内高层普遍认为：两岸政策无须作实质性调整也能够轻松当选，而且只要蔡英文胜选"执政"，美国、大陆都会不得不接受现实，调整对民进党的态度与政策，继续与台湾交流互动，共同维护台海和平、维持两岸关系和平稳定发展。

三、策略性调整的本质特征："换汤不换药"

为了打赢 2016 年选战以及上台之后能够平稳"执政"，民进党、蔡英文对两岸政策进行的策略性调整，本质特征是"换汤不换药"，民进党的"台独"立场与主张不仅丝毫没有变化，而且更具隐蔽性和欺骗性。

（一）民进党的"台独"立场与主张纹丝不动。众所周知，民进党是典型的"台独"政党，其于 1991 年通过的"台独党纲"明确主张要"建立主权独立自主的台湾共和国"；其后于 1999 年通过的"台湾前途决议文"，主张"台湾是一主权独立国家，其主权领域仅及于台澎金马与其附属岛屿"、"台湾，固然依目前宪法称为中华民国，但与中华人民共和国互不隶属"；2007 年又通过"正常国家决议文"，主张"台湾是'主权独立的国家'，与中华人民共和国（中国）互不隶属，互不治理"、"'国号'应正名为台湾"、"尽速制定一部台湾'新宪法'，破除'宪法一中'迷障"。虽然 2008 年民进党下台之后，党内一直有政党转型或冻结"台独党纲"的呼声，但总是"有雷声、没下雨"。2014 年 7 月 20 日，约有 40 名党代表向党代会正式提交冻结"台独党纲"提案，最终也是不了了之。民进党、蔡英文近期为了 2016 年"大选"，提出的所谓"维持两岸现状"，完全没有对以上三个"台独"文件做任何处理，不仅表明其"台独"的基本立场与主张并没有任何改变，而且其对"两岸现状"的认定也是"台湾是主权独立的国家"、两岸"互不隶属"等"台独"论述。

（二）蔡英文的"台独"理念与主张依然如故。蔡英文是典型的理念型"台独"分子，她是李登辉"两国论"的重要策划者，在陈水扁时代更是不遗余力地参与推动"去中国化"与"法理台独"等活动。2008 年以来，两度担任民进党主席的蔡英文不仅没有对民进党"台独纲领"进行矫正，反而宣称自己的"台独"立场坚定，并且坚决否认"九二共识"，以"暴力小英"的姿态"反中""反马""为反对而反对"。蔡英文此番为 2016 年"大选"提出"在中华民国现行宪政体制下""维持两岸现状"的同时，却始终坚持"台湾是一个主权独立国家"、"台湾是国家"，"中华民国是台湾，台湾是中华民国"，甚至公开向岛内"台独"势力表白自己对"两岸现状"的认定与他们完全相同。

四、策略性调整对选情影响："西线无战事"

经过一番精心策划与包装，民进党、蔡英文为因应 2016 年"大选"以及重新上台"执政"可能面临的局势而进行的两岸政策调整已基本完成。随着 2016 年"大选"选情升温，民进党势必以"维持两岸现状"作为"两岸议题"的"止损点"，并把选举主轴从"两岸议题"转向"内政议题"，尽可能让"两岸议题"降温。

（一）试图"乱中取胜"。民进党、蔡英文提出的所谓"维持两岸现状"并非新名词，但其对内涵与核心思想与其他各方所说的"维持现状"有着本质的不同。国民党、马英九 2008 年上台以来反复声明"在'中华民国宪法'架构下，维持两岸'不统、不独、不武'现状"，其对两岸现状的定义是"宪法一中"；美国方面强调"维持台海现状"，是在中美关系"三个公报"（认同"一中原则"）基础上主张两岸共同维护台海和平局势；大陆方面也主张两岸共同维护"两岸同属一中"的现状并在此基础上推动两岸关系和平发展。民进党、蔡英文对"两岸现状"的定义却是两岸"一边一国"或"两国论"。民进党、蔡英文正是想利用"字面相同、本质迥异"、模棱两可、含混不清的"文字游戏"来欺骗选民，试图"乱中取胜"。

（二）设定"止损点"。民进党、蔡英文在总结 2012 年败选原因时明确指出，自己正是输在两岸议题上。2016 年"大选"如果继续在"两岸议题"上与国民党纠缠，仍有可能出现于己不利的局面。于是，民进党、蔡英文便早早设定"止损点"，利用"维持两岸现状"论述的模糊性与欺骗性，让对手或反对者难以找到"攻击点"或"着力点"，争取在两岸议题攻防上"尽可能不失分或少失分"。因此，在接下来的选战中，无论是"政策白皮书""政见辩论会"，还是候选人之间的文宣战，蔡英文都将以"维持两岸现状"论为"挡箭牌"，左闪右避、虚与委蛇、"严防死守"，尽可能避免两岸议题升温、甚至出现蓝绿对决、"统独"大战的局面。

（三）主攻"内政议题"。相较于平时"逢中必反"、操弄"两岸议题"，民进党面对 2016"大选"却刻意回避，转而主攻"内政议题"。郭正亮表示：目前两岸关系的实质是，台湾要面对自己内部的很多问题，在台湾的选举中，内政议题会超过两岸关系议题。蔡英文的选战幕僚也表示："选战主轴锁定内政与民生议题"，包括法政、"国家安全"、经济与社会发展以及建设等五大领域，重点主攻马英九执政 7 年多来 "经济衰败、青年失业与低薪化、社会公平、分配正义" 等问题。

五、结语

民进党在拒不承认 "九二共识"、拒不改变 "台独" 立场的情况下，对其两岸政策作策略性调整，大大增强了隐蔽性、欺骗性，加之台湾岛内政局其他方面因素，如台湾民众对马英九当局 "执政" 不满情绪持续高涨以及国、民两党候选人（洪秀柱与蔡英文）实力悬殊、泛蓝整合破局而绿营整合成功等等，综而观之，2016 年 "大选"，民进党卷土重来、重新上台势必成为大概率事件。届时，大陆将不得不再次面对 "台独" 政党在台湾 "执政" 的局面，两岸关系和平发展也将面临新的困难与挑战。

2015 年 9 月

民进党在两岸关系上面临的主要矛盾

林　劲

一个时期以来，民进党的实力及气势逐步上升，在 2014 年年底"九合一"选举中取得空前的胜利，更坚定争取 2016 年重返执政地位的信心。蔡英文的地位进一步稳固，不仅继续担任党主席，而且成为 2016 年候选人。从台湾政治发展趋势及两大政党的气势来看，民进党似乎看到重新走上执政之路的前景。正因如此，该党已经再次面对和必须着手处理所谓的"坚持基本立场和核心价值"与"让台湾民众相信本党有处理两岸关系的能力"的尖锐矛盾。如果民进党继续坚持其原有的两岸政策立场，一旦重返执政地位，势必严重冲击两岸关系和平发展局面，这也正是大陆在推动两岸关系和平发展进程中面临的严峻挑战。

一

在 2012 年"总统大选"失败后的检讨中，蔡英文提出"距离执政最后一里路"的问题，外界普遍认为是指民进党的两岸政策。综观 2012 年选举之后民进党关于两岸政策的讨论和争议，虽然党内多数人认为败选与两岸政策有关，但是在到底应该从主观方面还是客观方面进行检讨，则存在明显的分歧，而不可否认的是，党内主流意见认为必须与大陆展开交流互动，通过交流互动以加强双方的相互了解。而后持续半年多的"华山会议"专题研讨并未能解决这一可能影响其重新走上执政之路的问题。

此后民进党在两岸关系方面仍然表现为两面性，一方面以多种形式展开与大陆的交流互动，另一方面，指责马英九"倾中卖台"，持续杯葛执政当局两岸政策的推动，从而干扰两岸关系和平发展的巩固深化；民进党在两岸关系方面仍然抱持"逢中必反"的情绪和固有的敌视态度，未能摆脱冷战思维，二者相当情绪化地影响民进党理性处理两岸关系事务及冷静思考两岸政策的调整，因此难以较为客观平实地对待两岸关系的相关议题。尽管民进党许多高层人士经常宣称"民进党与共产党无冤无仇"，从历史上看不无道理，但是自2000年民进党执政乃至下台及经历两次换届选举以来，民进党实际上与大陆结下极深的怨恨，相当程度与其认定大陆对台湾内部选举的介入影响密切相关。民进党坚持分离主义立场，这是与大陆无法进行党际交流的障碍，而其如果上台执政无疑又将冲击两岸关系和平发展的进程，因此大陆必定千方百计防止及阻止，从而形成循环反复的过程，积怨日深。其实，大陆何尝不希望台湾内部的政党竞争及其轮替不至于冲击两岸关系，何尝不希望不用费心介入台湾内部的选举。民进党未能正确认识这一矛盾产生的因果关系，未能正确认识两岸关系的实质及历史，因此不仅影响其两岸政策的调整，而且时常将党内权力资源斗争和台湾政坛"朝野"抗争转移到两岸关系议题上，甚至时常将社会民众对执政当局的不满引导到两岸关系方面，与之捆绑一并抨击，以至于有重量级人物主张联手美国和日本共同对抗大陆。这一系列作为有着一定国际形势变化的影响自不待言，更为重要的是有着相适应的台湾政治社会环境，其中不仅包含有两岸关系的结构性矛盾，更重要的是台湾内部各种矛盾的综合反映，这必须引起足够的重视，才能减少、化解乃至排除民进党对于两岸关系和平发展进程的干扰。

　　2014年5月蔡英文再次就任民进党主席之后，在涉及两岸政策方面较为谨慎，比之于以往冷静和温和，也释出一定的善意。然而，去年7月蔡英文在接受媒体专访时表示，如果民进党在2014年"九合一"选举中获胜，则中国大陆会朝民进党方向来调整，她进而认为，只要民进党在2016年赢得执政权，中国大陆会自动创造条件来改善民共互动。倘若这一不切实际且一厢情愿的看法成为其思维定式，势必影响民进党两岸政策的调整，将成为未来两岸关系和平发展的一大隐忧。

二

　　在2014年"九合一"选举中，民进党获得出乎意料的大胜，也就意味着国民党遭遇惨败，政党实力发生剧变甚至逆转。这一结果对于民进党两岸政策的调整产生了两个方面的影响：一方面，民进党更加坚信2016年重新上台执政在望，两岸政策的检讨和调整似乎不再是重要因素，压力大幅度减小。党内部分人士认为，如果不需要改变两岸政策就可以胜选，那为什么要改变？那又何必去碰触这一议题，反而可能引发内部争议乃至内讧；同时也将受到党内外"台独基本教义派"的强力掣肘，如果因此在"大选"中失去部分基本选票，则是不可承受之重。另一方面，民进党既然更为坚定走上执政道路的信心，那么就不能不思考如何向台湾民众显示该党具有处理两岸关系的能力，以取得选民的信任从而在 2016 年"大选"中赢得胜利；不能不思考如何面对美国基于维护自身的战略利益及亚太地区的稳定而在 2016 年"大选"前施加的压力及其对选举的影响；同时不能不思考如何在"大选"前后处理与大陆的互动关系。

早在 2013 年年底，美国官方就通过其"在台协会"理事主席薄瑞光对民进党两岸政策调整的进度表示关切。根据相关报道，美国智库及中国问题专家在 2014 年"九合一"选前就把蔡英文看作是民进党在 2016 年"大选"的唯一候选人，选后更强化这种态势，美方亟待了解蔡英文的两岸政策、如何处理两岸关系及未来民共如何互动；了解其有无维持台海稳定的决心与处理两岸和平的能力。因此，选后美国相关智库的学者密集地发表谈话，对蔡英文及民进党的两岸政策表示质疑。

"九合一"选举获胜后，蔡英文在两岸政策上提出"三个有利""三个坚持"的原则，而后在多方压力下进一步提出所谓"维持两岸现状"的原则。她所提出的这一原则应是代表现阶段民进党的集体表述，颇有仿效柯文哲谈"一个中国"的意味，但蔡英文似乎包袱沉重，讲得模糊不清，既没有提到"九二共识"，也没有涉及任何"一中"的含意。倘若是指维持"宪法"的现状，那就是"一中"，"九二共识"也可以认定为现状。外界普遍质疑其"内涵"的含混模糊，需要将"维持两岸现状"进一步明晰化，而忽视了既有的基础，又如何"维持两岸现状"？没有具体的政策，又如何实现"维持两岸现状"？

从"维持两岸现状"的表述来看，民进党调整两岸政策的方向似乎是回归1999 年的"台湾前途决议文"，这相当程度反映了一个时期以来党内的主流意见，民进党多位大佬都曾经宣称这是两岸政策调整的底线，美国著名的中国问题专家容安澜和葛来仪也曾经表达类似的看法。"台湾前途决议文"是在 1999 年 5 月召开的八届二次全代会通过的，其核心主张即："台湾是一个主权独立的国家，其主权领域仅及于台澎金马与其附属岛屿，以及符合国际法规定之领海与邻接水域。台湾，固然依目前宪法称为中华民国，但与中华人民共和国互不隶属，任何有关独立现状的更动，都必须经由台湾全体住民以公民投票的方式决定"。

倘若有意回归1999年的"台湾前途决议文"，民进党则必须应对及处理以下几个问题：

1. 必须解决2006年通过的"正常国家决议文"的去向，因为按照民进党党章规定，党代会决议文等同于党纲，且新法优于旧法。

2. 必须重新定义"维持两岸现状"，而不能仍然停留于《台湾前途决议文》中对所谓"台湾现状"的定义，既然依照"中华民国宪法"参选"总统"，就不能不恪遵"中华民国宪法"。

3. 必须处理"台湾前途决议文"中"违宪"的部分。因为"台湾前途决议文"将"中华民国的主权领域"界定为"台澎金马与其附属岛屿"，明显违反现行的"中华民国宪法"，而且与党内的"宪法各表""宪法共识""维护中华民国宪政体制"等主张不相符合、无法接轨，因此才有党内人士建议应该订定"中华民国决议文"。

诚然，回归"台湾前途决议文"，将意味着搁置"台独党纲"，倘若能公开宣告冻结"台独党纲"，其宣示性意义及其影响力则是不言而喻的。

三

2015年5月底至6月上旬，作为民进党提名的"总统"候选人，蔡英文依照惯例访问美国，此行她自认为达到预期成效。但是考察她在美国相关谈话所宣示的两岸政策，仍然停留于表面的口号宣示，依旧缺乏实质的内涵，更没有提出相关的具体政策。

蔡英文6月3日在美国战略与国际研究中心演讲中宣称，"近月来，我已表达并多次重申对维持现状的立场，我坚信，这符合各方的最佳利益。因此，在当选总统之后，我将在中华民国现行宪政体制下，依循普遍民意，持续推动两岸关系的和平稳定发展"。

蔡英文6月7日在旧金山凯悦饭店与媒体茶叙时表示，过去一段时间民意的表现与民调，"维持现状"是台湾主流民意、符合多方最佳利益，"维持现状"就是在"中华民国宪政体制"下，以及两岸20多年协商基础上，维持"自由民主的现状"、维持"和平安全的现状"。

分析蔡英文的两岸政策主张，存在的问题主要包括两个方面：

首先，蔡英文未能阐明两岸之间到底是什么关系，亦即关于两岸关系的定位问题。实际上这个问题已经困扰了两岸二十多年，从李登辉时期的"特殊国与国关系"，到陈水扁时期的"一边一国论"，再到马英九的"九二共识，一中各表"，也就是"一个国家、两种表述"。两岸从关系紧张到冲突一触即发，再从危机边缘转变为和平发展，这涉及两岸关系互动的政治基础。如果蔡英文明年果真能赢得"大选"获取政权，那么她必然要面对这个根本性问题，且无论如何是无法回避的。

其次，蔡英文之前提出"维持现状"的说法，显然她是想安抚各方，使之相信她无意也不会改变台海的和平现状。她此次访美时所谓"遵守中华民国宪法"的说法，明显是试图塑造一种没有"九二共识"的论述方式，仿佛在往"宪法一中"的方向靠拢。可是如何达成这个目标，具体政策是什么？却没有给出具体答案。这是否表示蔡英文在两岸政策思维上似乎已经有既定目标，但却没有政策方法，这就难怪政坛上普遍质疑她是"空心菜"。无疑，"维持现状"必须依靠两岸双方通过良性互动才能达成，但如果双方没有确立前述的共同政治基础，又如何展开良性互动，又如何达成"维持现状"的目标呢？

在西方民主政治体制下，许多政治人物都会在选举中以趋向中间路线为胜选之策略，因此必然选择以"维持现状"为竞选诉求。但是，选民必须清醒地认识到，"维持现状"是开放性、动态性的，而"现状"本身是一个不确定的概念，即使现状表面看来不变，但支撑某种现状的若干基本条件却是在不断地变化之中。一旦这些条件的变动达到了一定质的界限，原来所认定的现状很可能发生以人们所未预期的方向与速度变化乃至崩解，从而出现一种新的现状。此外，候选人是否具备"维持现状"的诚意、能力和条件也是值得选民慎重考量的，是否"口惠而实不至"？

种种迹象显示蔡英文所谓的"维持现状"是一种消极的、被动的策略，这只能在支撑的背景及条件不变的情况下有效。这些条件包括两岸良性互动的政治基础、国际格局的改变、美中实力的消长以及关系的变化、两岸经贸关系的变化、台湾经济发展的情况、台湾政党的轮替、乃至于"台独"势力的消长等等因素。如果不承认"九二共识"，两岸显然失去"维持现状"的共同政治基础，那么蔡英文的"维持现状"则只能视作投选民之所好，纯粹为了在选举中捞取选票，其所宣称的"维持现状"，是一种极度不稳定的现状，甚至可能是一种倒退的现状。

从 2012 年败选迄今，蔡英文不可能不思检讨且回避两岸关系议题，而轻松地赢得 2016 年"总统大选"。至于如何面对及处理才能够最终取得民众的信任，获得稳定且多数的选票？仅仅依靠国民党的软弱无力及马英九执政的低满意度，绝对不足以取得大多数选民的信任。

可以看出，蔡英文此次访问美国的谈话已经对以往那种强硬态度有所改变，也开始面对两岸之间的敏感现实，虽然这还远远不够，但是也毕竟有了开端。她访问美国的相关谈话，似乎重新回到 2012 年败选的"最后一里路"的检讨和反省，对于两岸关系似乎有了较为接近"现状"的认识。虽然她仍然不承认"九二共识"，恐怕也不会轻易提出"宪法一中"，但她真正要体现的东西，到底与上述两个概念的内涵有多大的差距和区别呢？她能否继续往改变的道路前行，摆脱模糊、含混、暧昧的窠臼，尚有待观察，诚然这将取决于两岸关系能够稳定发展的客观情势，同时取决于各方势力综合作用的结果。

四

现行的两岸政策是民进党重新走上执政之路必须克服的障碍，应当积极主动作为，而非消极被动应对。因此必须对现阶段台湾政治发展和两岸关系的历史与现实有较为清醒的基本认识。

1. 政党的意识形态必须集中围绕和体现政党的根本利益（在各个历史时期有其阶段性利益）和所代表的民意要求，必须服务于政党的利益，具体反映在政党的政治目标和纲领（政治主张及其实现手段）。在实施政党政治的国家及地区，政党的目标及利益在于最大限度地获取政治资源，夺取或执掌社会公共权力，即最终取得执政地位，同时必须持续排除任何阻碍实现这一目标的因素，当然包括不合时宜的政治主张。

政党政治无疑是一种责任政治，执政党如何将政党主张与政府政策截然分开呢？这实际上是不可能的，任何以此将蔡英文的竞选诉求与民进党政策主张作区隔，企图为蔡英文解套的，都是自欺欺人的。此次蔡英文访问美国的相关谈话就体现这一特点，时时处处以民进党的代表自居。因此要处理所谓的"基本立场和核心价值"与"让台湾民众相信本党有处理两岸关系的能力"的尖锐矛盾，民进党必须调整现行的两岸政策。"华山会议"期间曾经有人建议宣告冻结"台独党纲"，2014 年"党代会"召开之前，党内再度讨论冻结"台独党纲"议题，40 多位党代表联署相关提案，即是这种氛围所形成心态的集中体现。鉴于台湾政治发展与两岸关系的特殊关联性，不管是过去，还是现在，乃至未来，两岸关系议题一直是台湾"大选"的重要议题，势必影响选举过程和结果，2016 年"大选"也不可能例外，而且随着大陆实力不断增强，这种影响将会越来越大。必须让民进党一而再、再而三地认识和体会到，倘若不调整其既有的两岸政策立场，将难以重返执政地位，即使重返执政地位，也将难以维持台湾政治经济局势的稳定，因为其首要的外部条件，即两岸关系稳定的基础遭到严重冲击。

2. 应当克服"九合一"选举获得大胜后党内对于路线及两岸政策调整认知的偏差。一方面，因为选举获胜，民进党内路线调整的压力大幅度减小，普遍认为已经取得大多数选民的认可，证明其路线基本正确，并没有检讨和调整的必要。另一方面，殊不知，部分民众因为对马英九执政团队的不满或者为了惩罚国民党而不出来投票，或者将选票投给其对手，其中别无选择投给民进党，不等于表示对民进党的信赖和支持，民进党如何调整自身发展的路线，而不能仅仅停留于"为反对而反对"的在野党状态，应当思考如何成为一个与社会支持基础及当今实力相匹配的"负责任"政党，即以追求全体台湾民众福祉为政党活动的依归。

与此同时，一方面，因为选举获胜，民进党内调整两岸政策的压力大幅度减小，既然不用调整政策也可以获胜，那又何必去碰触这一议题，而调查可能引发内部争议乃至内讧；另一方面，民进党高层应当清醒地认识到，"九合一"选举为地方性选举，与两岸关系没有直接联系，没有理由一厢情愿地与两岸关系挂上钩，以为选举获胜是民众认可其现行的两岸政策。正是由于选举获胜，似乎看到重新走上执政地位的前景，如何克服"距离执政最后一里路"的障碍，时机的把握相当程度考验着民进党高层的政治智慧。

3. 调整两岸政策已经成为民进党重新走上执政地位面临且无法回避的重要议题。诚然，现任的民进党高层能否审时度势，把握形势和时机，则是由多种因素所决定的，当然也包括马英九团队的执政绩效和民众满意度以及国民党内部的整合状况，而主观因素无疑起着决定性作用。现阶段大陆对台政策的底线是国家核心利益所系，不可能再作妥协让步，亦即领导人一再宣示的"不可动摇"。其实民进党的大多数人都清楚地知道"台独"是"做不到就是做不到"、无法实现的目标，其中许多人实际上是把"台独"主张作为获取政治利益的工具，民进党内冻结"台独党纲"的主张及研拟"中华民国决议文"的呼声反映的就是这种理性而务实的心态。倘若以为，只要民进党在 2016 年赢得执政权，大陆会自动创造条件来改善民共互动，这种不切实际且一厢情愿的看法，一旦成为其战略判断，势必影响民进党两岸政策的调整。作为一个政党领袖，应当与时俱进，以发展、变化的思维方式观察问题。必须看到，时移势易，2016 年大陆坚守底线的实力、自信与意志已是今非昔比，不是 2000 年民进党首次上台执政时的状况可以同日而语，那么冲击这一底线的风险及所必须付出的代价将会越来越大。

4. 调整两岸政策首先必须调整其基本心态，即在两岸关系方面抱持的"逢中必反"的情绪和固有的敌视态度，摆脱冷战思维方式。调整两岸政策不仅需要实质性的讨论、形成有效力的共识、采取相应的举措，而且需要形式上的态度及动作，尤其在现阶段该党与大陆严重缺乏互信的状态下更是如此，任何象征性、策略性的善意宣示都将有助于改善双方的关系，并且需要通过以一定方式与大陆展开互动，逐步解决双方关系的症结。可以认为，党内的有识之士建议宣告冻结"台独党纲"，就是属于类似的动作。倘若能够宣告冻结"台独党纲"，作为展开与大陆互动的起点，从而在与大陆交流、沟通及相互了解的过程中逐步形成新形势下该党的两岸政策，这显然是一种理性务实且政治成本较低的选择。处理解决"台独党纲"，是民进党直面与大陆互动障碍的核心问题，可以认为，提议冻结"台独党纲"是现阶段在民进党内较有可能被接受且可行的处理方式。

综上所述，民进党当前面临的重要矛盾能否得以解决，取决于该党现行两岸政策的调整及付诸相关作为，并且得到广大民众的相信和信任，而广大民众的相信和信任，根本上是由切身利益所决定的，此外大陆及美国等方面的相关反应，势必对广大民众的"相信和信任"起着不容忽视的影响。

2015 年 11 月

蔡英文的政策取向与影响

曾建丰

蔡英文上台执政，民进党卷土重来，蔡英文"520"就职演说避而不答两岸关系性质这一根本问题，提交了"一份没有完成的答卷"，两岸关系进入高度不确定状态、甚至是复杂对抗的时期。民进党既是"完全执政"，就必须完全负责，因此，蔡英文的政策取向势必成为一个重要的检视指标，其对台湾岛内政局走向及两岸关系发展所产生的影响值得关注。

一、蔡英文的政策取向

从蔡英文2015年2月投入选战，到今年1月胜选、"520"就职演说以及近来的一系列政策宣示与施政作为看，其政策取向大体呈现为"内政优先、固守两岸、对外突破"三个方面：

1. "内政优先"：从1月16日胜选到5月20日就职以来，蔡英文反复强调的重点都是要解决台湾内部的问题。蔡英文在"520"就职演说中以大量篇幅强调要追求"多元、平等、开放、透明、人权的价值"、"坚持和平、自由、民主及人权的普世价值"，推动"经济结构转型"，打造一个以创新、就业、分配为核心价值、追求永续发展的新经济模式，解决环境污染、食品安全、贫富差距、人口老化、社会安全等发展中的问题。具体政策措施包括：其一，在经济政策方面，提出"五大产业创新研发计划"，借由打造包括绿能科技、亚洲矽谷、智慧机械、生技医疗和军工产业等五大产业聚落，推动产业升级与转型，提高企业利润、竞争力以及劳工薪资和待遇，希望尽快提振台湾经济，让民众有感；其二，在民生福利方面，通过推动"国民年金"、退休金、老人长期照护、托育制度、司法制度、食品安全、社会住宅等社会制度变革，兑现向选民承诺的

"分配正义"与社会福利；其三，在推动"转型正义"方面，通过推动"促进转型正义条例"及"不当党产处理条例"等草案，设立专责机构，"对过去威权政府不正义行为进行调查、矫正与赔偿"，"处理国民党不当党产"，"清除威权象征及保存不义遗址"等等；其四，在推动"文教政策"方面，通过废除马英九时期的"课纲微调"、废除孙中山遗像等系列"去中国化"政策，计划在2018年推出"12年基本教育课纲"，全面强化所谓的"台湾主体性"教育。

2. "固守两岸"："固守两岸"是指蔡英文顽固坚持其本人以及民进党固有的"台独"立场，不惜与大陆抗衡。蔡英文从2015年2月投入选战直到目前为止，在两岸政策方面始终在玩弄"两手策略"：一方面顽固坚持自己以及民进党固有的"台独"立场，拒不承认"九二共识"及"两岸同属一中"的核心意涵；另一方面，却又表示希望"维持两岸现状"、承诺"积极沟通、不挑衅、无意外"、要"建立具有一致性、可预测和可持续性的两岸关系"，除此之外，便再也没有更多具体或有建设性的政策措施。蔡英文在"520"就职演说中，仍然没有正面、直接回答两岸关系性质这一根本性问题，两岸议题是夹杂在"区域的和平稳定发展及两岸关系"中来讨论，除表态要在20多年来双方交流、协商所累积形成的现状与成果这个既有的事实与政治基础上，持续推动两岸关系和平稳定发展，会依据"中华民国宪法"、"两岸人民关系条例"及其他相关法律处理两岸事务之外，没有提出如何"维持两岸现状"的具体政策措施，与"内政问题"相比，内容明显虚泛、空洞。蔡英文声称要"维持两岸现状"，却又拒不承认已经是两岸事实与现状一部分的"九二共识"与"两岸同属一中"，实际上就已经是对两岸现状的公然挑衅与严重破坏，其所坚持的"台独"立场更是与"维持两岸现状"南辕北辙。

3. "对外突破"：蔡英文一向否定与反对马英九当局"两岸政策位阶高于对外政策"以及两岸"外交休兵"的总体思路，而是要积极寻求"外交突破"，"让台湾走向世界，也要让世界走进台湾"。其中重点是要深化与美、日、欧、东南亚、印度的实质关系，要与美国、日本、欧洲建立"民主价值同盟"，推动全方位的合作，要以"新南向政策"和区域成员广泛交流合作，尤其是增进与东盟、印度的多元关系。在对美关系方面，蔡英文在2015年5月底、6月初访美期间曾明确表示："台湾始终是美国可靠的伙伴"、"将持续寻求美国国会的支持，采购符合台湾战略的国防项目，以建立不对称的军事能力、增强'吓阻侵略'的能力"、"要与美国及美国盟友携手，应对传统安全挑战及网路攻击等非传统安全挑战";"台湾对于参加跨太平洋伙伴协定（TPP）有迫切需求";"南海问题需要美国调停"。在对日关系方面，蔡英文早就公开表示要建立"最亲日的政权"，争取参与"美日军事同盟"。蔡英文一上台就迫不及待地推出一系列"媚日"政策，如废除"课纲微调"（涉及"日据与日治"、"慰安妇是否自愿"问题）、拟开放福岛附近县市核污染食品入台、宣称"冲之鸟是礁还是岛有待联合国认定"等等。在"新南向政策"方面，除加强台湾与东盟及印度经贸合作关系外，还将建立双方的民间交流、科技、文教等多方面联结，具体措施包括：与菲律宾签订"台菲渔业协议"；开放对马来西亚、泰国、印尼、菲律宾等国的"免签"，以吸引更多游客来台以缓解大陆游客骤减带来的压力；恢复早在2000年至2008年民进党执政期间就与印度建立的包括智库交流、情报交换、军事合作等交流往来。

二、影响蔡英文政策取向的主要因素

政治人物的政策取向，与其既有的思想理念、政治历练、现实环境以及政策目标设定等因素密切相关。蔡英文也不例外，其内外政策取向也与其理想信念、所处政治环境及其所追求的政策目标等紧密关联。具体而言，影响蔡英文政策取向的主要因素包括：

1. 个人理想信念。蔡英文在2015年2月15日宣布参选时就表示："我有我的理想，我有我的坚持"。蔡英文的理想与坚持是什么呢？从家庭背景、所受教育以及从政历练看，蔡英文出生于极少数能够在日据时期发迹的本土家庭加上完全西化的个人教育，其形成"媚日""亲美"的价值观可以说是"天然的"；步入政坛后，她既是李登辉时期"两国论"的重要策划者，也是陈水扁时期"一边一国论"以及"激进台独"活动的参与者或执行者，更是在国民党执政8年中诸多"暴力事件"的策划者或领导者，还是台湾年轻人"天然独"的鼓吹者。如果说陈水扁是"工具型台独分子"，那么蔡英文则是根深蒂固、彻头彻尾的"理念型台独分子"，其"台独"立场与信念要比陈水扁更加坚定和执着。因此，指望蔡英文承认"九二共识"、认同"两岸同属一中"是不现实的，因为这与其"台独"理想和坚持是矛盾冲突、无法兼容的。

2. 现实政治环境。"内政优先、固守两岸与对外突破"，是蔡英文权衡岛内外现实政治环境而采取的应对策略。首先，台湾岛内民众最关心的是经济发展与民生改善，蔡英文也很清楚其胜选的主要原因在很大程度上有赖于选民对马英九执政期间经济陷入迟缓的不满，经济发展与民生问题同样是关系到民进党能否长期执政的关键问题。蔡英文选择"内政优先"的政策，是希望尽快在改善经济民生方面拿出亮丽的成绩单，从而化解民众对民进党能否搞好经济的疑虑，强化其执政的合理性与正当性，构筑长期、平稳执政的经济社会基础；其次，蔡英文很清楚大陆对台政策的底线，在拒不承认"九二共识"及"两岸同属一中"核心意涵的情况下，大陆不可能与其"维持对话与沟通机制"；如果贸然推动"法理台独"或"激进台独"，则必然招致战争风险。因此，在两岸综合实力对比悬殊的情况下，蔡英文只能选择"固守两岸"的策略：即采取两手策略，"说一套、做一套"，一方面，继续与大陆虚与委蛇，试图用模棱两可的模糊概念蒙混过关，无论如何就是不承认包含"一中原则"的"九二共识"；另一方面，不再公开大声叫嚷"两国论"与"一边一国"等"台独"主张，但也绝不调整既定的"台独"立场与目标，在施政上仍然继续推行"去中国化"与"台独化"政策。蔡英文及民进党的如意算盘是：只要两岸不出现剧烈的冲突与碰撞影响其"平稳执政"即可，在其预期范围之内的两岸官方沟通与协商机制中断、民间交流交往降温则是可以忍受的，而且也正好可以降低两岸联结与依存度，保持台湾的"主体性"，为最终实现"台独"预留更大的活动空间；其三，蔡英文也很清楚由于两岸实力对比悬殊，台湾根本不可能单独与大陆抗衡，因而只能选择"外交突破""争取外援"，希望通过"亲美、媚日"政策，争取加入"美日军事同盟"，跻身美国亚太再平衡战略布局；通过"新南向政策"以及"全球及区域的联结"，"减低对中国大陆经贸依赖"，增强与中国大陆抗衡的筹码。蔡英文也看到了美国、日本等国出于遏制与迟滞中国大陆快速崛起的考虑，希望通过提升与台湾的实质关系，继续以"台湾牌"来制衡中国大陆，而台湾在地缘与区域安全战略中有其独特的价值，双方是有可能形成"价值同盟"的。事实上，蔡英文拒不承认"九二共识"，也是得到美国方面默认与暗助的。

3.政策目标设定。从蔡英文政策目标设定的先后顺序与轻重缓急看，当务之急是"平稳执政"，其次是"争取连任"，再次是民进党"长期执政"，最后才是追求"台湾独立"。为了能"平稳"渡过"520就职演说"这一关，蔡英文及其谋士们也确实动了不少脑筋，千方百计要达到让大陆"不满意、但可以忍受"的效果，避免出现"地动山摇"、不可收拾的局面。因此，蔡英文在"520"就职演说中加入了"中华民国宪法"、"两岸关系条例"等元素，其目的就是要先

"稳住大陆"、"稳住两岸关系"。两岸关系稳住了，蔡英文才有可能"平稳执政"，也才有可能对内"拼经济"、对外"求突破"，"争取连任"，同时继续追杀、削弱国民党，届时即使经济、内政搞不好，已经是"一党独大"的民进党仍然可以"长期执政"，而只要民进党能够"长期执政"，便可运用手中的权力，以"切香肠"的方式和"宁静革命"的模式，在政治、经济、文教、法律以及思想意识形态等各个领域进行全方位的"去中国化"和"台独化"，最终完成"事实台独"与"法理台独"的建构。

三、对台湾政局与两岸关系的影响

蔡英文的政策取向无疑将对未来四年台湾政治生态与政局走向以及两岸关系发展产生重大影响，值得深入探究。

1.岛内"蓝消绿长"趋势将进一步加速。民进党在2014年"九合一"选举与2016年初"大选"中取得绝对优势的胜利，岛内政治生态"蓝大于绿"基本结构已经出现松动或者变盘。民进党实现"从中央到地方的完全执政"后，未来通过"行政权"与"立法权"的高效配合，在经济转型与社会改革政策上，以推动"转型正义"之名进行政治追杀，持续炒作国民党所谓"不当党产"与"威权统治"问题，实际上是在进一步打击、削弱国民党，要让国民党成为无足轻重的、永远的在野党。面对民进党的步步进逼，国民党似乎还没有找到有效的应对之策，因此，在一段时间内"蓝消绿长"的趋势仍将持续演进。

2.岛内"台独"意识形态将进一步抬头。民进党、蔡英文上台"执政"，实际上意味着"台独政权"复辟，只是迫于现实政治压力，蔡英文只能选择一条"柔性台独"或"隐性台独"的路线。蔡英文一上台，就迫不及待地宣布废除"课纲微调"，撤告"反服贸"运动肇事学生，推动降低"公投"门槛并纳入"领土变更案之复决"，任命"台独"色彩浓厚的郑丽君、潘文忠担任"文化部长"、"教育部长"，预计将于2018年推出全盘"台独"理念的"12年国民基本教育课纲"等等，这一系列政策，都将进一步刺激岛内"台独"意识形态的快速上扬，同时还会刺激"时代力量"等更为激进的其他"台独"政党与组织加紧推进各种"台独"分裂活动，如鼓噪台湾"正名""制宪""入联"和"台湾国家正常化"等，为最终实现"法理独立"造势铺垫、创造条件。

3.岛内各种社会矛盾将进一步加深。蔡英文的政策取向明显是为"个人寻求连任""政党长期执政"以及谋求"台独"服务的，具有"一己之私""一党之私"的特点，其终究是得不到多数民意支持的。其政策中借"转型正义"之名行政治追杀之实、借"文教改革"推动"柔性台独"、拒不承认"九二共识"搞僵两岸关系、"亲美媚日"试图"挟洋抗中"等等做法，不仅完全无助于经济发展、民生改善、社会和谐与两岸和平，反而会进一步加深岛内固有的族群隔阂、"蓝绿"对立、"统独"分歧等社会裂痕与矛盾分歧。

4.两岸间矛盾冲突将进一步加剧。蔡英文"固守两岸"的政策是一厢情愿的，其拒不承认"九二共识"及"两岸同属一中"的核心意涵，就已直接摧毁了两岸关系发展的政治基础，直接破坏了两岸制度化沟通与协商的政治基础，使得国台办与台湾陆委会联系沟通机制、海协会与台湾海基会协商谈判机制无法延续。没有了这些沟通与协商机制，两岸之间原本存在的结构性矛盾包括"政治分歧""涉外冲突"以及两岸民间交流交往所产生的各种矛盾分歧，都可能因无法得到及时沟通与协商解决而更显尖锐和复杂。更有甚者，蔡英文若在"内政"上选择持续推动"去中国化"、"台独化"运动，在对外政策上选择"亲美媚日""挟洋抗中"，则必然与大陆完全背道而驰、形成全面对抗，两岸间各种矛盾冲突势必进一步恶化。

5.两岸关系和平发展将出现曲折波动。民进党、蔡英文上台执政，其顽固的"台独"分裂立场对国家主权和领土完整、对两岸和平统一前景始终构成威胁。未来两岸在政治上的对抗势必逐步升级，在涉外事务上的摩擦势必趋于激烈，在经济文化社会层面的交流交往也难免会受到影响。由此，两岸关系将进入高度不确定的状态、甚至是复杂对抗的时期，未来四年两岸关系势必围绕是否承认"九二共识"、是否坚持一个中国原则、甚至是在搞"台独"与反"台独"之间展开较量，两岸关系和平发展将出现暂时性的曲折波动。

四、结语

种瓜得瓜，种豆得豆。不同的道路选择决定不同的发展前景，不同的政策取向产生不同的政策后果。蔡英文内外政策所造成的一系列恶果，终将由"始作俑者"蔡英文自己来负责与承担。

2016 年 7 月

民进党重新执政后"台独"意识扩张对两岸关系的冲击

杨仁飞

"5•20"以来，民进党蔡英文当局打着重构"历史正义"的旗帜，以文化、教育着手，加速推动以"台独、分离主义"为长远目标的"柔性台独"意识形态。由于"台独"意识形态均以争夺民心为手段与目标，且具有强烈的欺骗性、渗透性、延展性，因此"台独"意识形态一旦成为台湾社会的主流意识，势必对未来台湾政治格局及社会生态产生重大而深远的影响，也将对两岸关系产生不可估量的冲击。因此我们需要清醒地认识到蔡英文当局推进"柔性台独"意识形态的危害，及早因应。

一、民进党新一轮"柔性台独"意识形态扩张的手段、策略

1. 提升"文化台独"在蔡英文当局决策系统的地位。"5•20"就职以来，蔡英文将推动"历史正名""文化台独"纳入其对内施政的重心与政策优先。郑丽君一入"文化部"，就说服"行政院院长"林全设立"文化汇报"，进而提升了"文化台独"在台决策部门的地位与影响力。在执政团队人员布局层面，蔡英文向台高校、文化机构、学术团体安插有明显"台独"立场与意识形态的人员，如"文化部长"郑丽君、"教育部长"潘文忠、"国史馆"馆长吴密察、亚太和平基金会执行长林文程、远景基金会副执行长赖怡忠等，形成一道道控制绵密的"台独"文教圈。

2. 加大对文化、教育"台独"组织、团体的资金扶持，加快培植"文化促独"力量。目前台教育部门加紧编列预算，准备投入10亿新台币配合"新南

向"政策及"课纲改革"。如"文化部"在郑丽君强势领导下,以快跑的形式要求增加文化预算,包括争取"国发基金""国科会"对文化产业的支持,计划增加数亿的预算,联合"经济部"、NCC等部门,启动"台湾主体性"影视文化营销计划,强化"台湾文化国家队"世界行销台湾的力度。

在党务层面,民进党不断开办"青年小草""青年接棒""后生寻庄"培训班及"新文化研习营""春雨台湾新青年领袖营"等活动,重在培植长期支持民进党的新生力量。而相关培训课程,除了如何履职、应对媒体、批判蓝营外,每一场培训都有一个宣扬"台湾主体性与自主性"的课程,旨在向年轻人灌输"抗中独立的台独思想"。

在民间团体层面,蔡英文当局全力扶持、资助如闪灵、灭火器等"台独"倾向明显的艺术团体,使之快速成为台湾的主流文化乐团;加大对绿营执政县市文化设施的经费投入与团体资金支持,造成"靠向我有糖吃、非我族类必排斥"的政治氛围。

3. 树立"台独"典范,颠覆传统价值伦理。对"台独教父"级的人物史明,蔡英文除了在赢得"大选"时唯一公开单独感谢外,还称颂史明是"一位永远保持理想主义色彩的革命家"。对于今年8月9日因病去世的民进党"新潮流系"大佬王拓,"文化部长"郑丽君称"他的离世是台湾重大损失",要求蔡英文下令表彰,表彰其推动"台湾民主"的贡献。

民进党、蔡英文将一个个推动"台独"的人物树为台湾社会典范的做法,折射出他们为"台独"历史正名的强烈企图心以及构建"台独"意识形态的险恶用心。

总而言之,蔡英文当局正在构建一个具有较强排他主义的"柔性台独"力量以及"台独"意识形态至上的制度环境与社会气氛。

二、民进党重新上台执政后"台独" 意识形态呈现新特点

民进党重新上台执政后,在蔡英文当局的授意、支持下,台湾思想界、文化界、教育界弥漫"台独"思潮,而不断扩张的"柔性台独"意识形态,反过来为民进党的"台独"政权提供新的文化、艺术乃至教育上的土壤。

这一轮"台独"意识形态扩张呈现以下几个特点:

1.公开无遮掩。以"民主自由"为名，在立法机构层面，民进党通过修改立法机构议事规则，将民意代表的质询、提案直接公开，从而使得直接与间接宣扬"台独"的言论合法化、公开化。如"时代力量"的民意代表黄国昌、林昶佐等公开主张"台湾独立"，如民进党民意代表主张"台湾是一个国家、反对一个中国"，如此等等与台湾"宪法"不符的声音堂而皇之地出现在议会殿堂、社交网络与媒体上，显示出"台独"思想与意识形态的泛滥是台官方纵容的结果。

2.全面无遗漏。自民进党 2016 年赢得台湾地区"大选"之后，他们迫不及待地、全面性地推进"台独"意识形态。在政党语言系统上，民进党推翻马英九执政时期确立的大陆地区、台湾地区的两岸关系定位及文字称谓，"中国"一词再次取代中国大陆或大陆。在重大历史问题论述上，民进党将自己塑造成"正义"的化身，提出一系列清算一切与中国、与国民党有任何历史联结、对民进党不利的事件、人物与历史，旨在从根源上切断或疏远台湾与大陆绵密长远的文化、历史关系，淡化台湾年轻世代对中华文化与传统的记忆。

可见这一轮民进党推动的"台独"意识形态，不再是单一领域，而是面向台湾各个领域的一场全面性的意识形态扩张，呈现出全方位无遗漏的特征。

3.手段快准狠。相比民进党第一次上台执政，这次蔡英文当局可谓充分掌握了行政大权，控制了立法进程，对推动"台独"的意志更加坚决，速度更加迅速，手段更加阴柔狠毒。"5·20"之后，民进党占绝对优势的台立法机构，在短短两个月不到的时间强行通过了针对国民党的"政党及其附随组织不当取得财产处理条例"，而且以林全为首的行政部门迅速核准此"条例"，确定于 8 月 13 日起生效。这部以迅雷不及掩耳之势通过的"条例"，不仅包含将国民党埋葬的"鸭霸"心理，还隐藏民进党强烈排斥"中华民国"1945 年从日本收复台湾历史正当性的政治企图。台教育部门为配合蔡英文当局快速"去国民党化""去中国化"，已决定于今年 8 月底提出 5 年内军事教官撤离中学、高等学校的具体计划。NCC 也以终结"匪区心战任务"为由，下令停播"中广音乐网"。

蔡英文当局这一波有强烈针对性的历史清算，背后隐藏深深的"去中国化""去国民党化"的政治算计，其速度之快，下手之重、手段之柔狠，前所未有，令人不得不警惕蔡英文当局利用执政优势，全力推进"柔性台独""文化台独"，全面实现"台独"意识形态至上的决心。

4."台独意识"巧妙包装重新出发。2016 年 1 月以来，赢得多数席次的民进党与"时代力量"打着"反省与和解"的旗号，在台立法机构提出多个"转型正义与历史正义"法案,试图以政治法律手段解决国民党的问题以及台湾历史上曾经出现过的各种各样问题。蔡英文上台以来,以向台湾少数民族道歉、高调推广学习东南亚语言,一一落实台湾在经济、文化上与大陆疏离、脱离的战略与政策,可以说,这些战略与政策背后充斥着强烈的"台独"意识形态与"台独分离主义"狂想。可以说,民进党及蔡英文当局深知公开推行"法理台独"不得人心,便将"台独"重新以温情动人的言辞进行装饰,以致蔡英文推动的"台独"呈现出半弹琵琶半遮掩的特点。

5. 亲美媚日彻底亲西方化。相比民进党第一次上台执政,未来四到八年,甚至更长的时间,"台独"意识形态与西方反共意识形态合流将成为必然的趋势。为了不得罪日本,蔡英文8月1日在向台湾少数民族道歉的大戏里,将台湾少数民族的苦难推给郑成功,推到清政权上,却对日本殖民台湾时期屠杀几十万台湾少数民族的惨痛历史毫无谴责之意。台立法机构负责人苏嘉全在访日期间公然宣称"台日是夫妻关系"。这些没有骨气、没有原则、没有是非的媚日言论,显示出蔡英文当局是赤裸裸的亲美媚日政权。一位研究日本问题的新加坡学者蔡教授指出,台湾新当局的亲日、亲美立场是在骨子里的,是在意识形态里的,全面倒向美日不仅仅是政治利益使然,而且与台日、台美拥有共同的反华反中价值观密切相关。她认为,台日执政群体中有不少人对日本殖民台湾历史抱着无限怀念与同情的情结,这种情结泛滥直接影响了台日关系以及两岸关系。

因此,民进党重新上台执政后,"台独"意识形态与西方反华反中意识形态合流,将形成与大陆意识形态对抗的局面,绝非危言耸听。

三、"台独"意识形态扩张
对未来两岸关系冲击与影响

1. 进一步加剧台湾民众与大陆的疏离感

民进党长期向台湾青少年灌输"台湾不属于中国"、"台湾人不是中国人"、"台湾史就是国史"、"台湾是台湾、中国是中国,彼此不隶属"的"台独"思想与"台独"史观,已产生一定的效果。而蔡英文当局从赢得"大选"开始,进一步推进与落实"台独"目标,如此下去,台湾民众受"台独"意识的影响将更大,对大陆的疏远感将会加深,从而导致两岸人民之间的隔膜日益加深。

2.两岸对抗过程意识形态较量的分量加重，加剧我和平统一的成本

蔡英文上台仅三个月，已彻底显示出其柔性"台独"、"文化台独"的明显信号，这将对台湾原本以中华文化为主流的文化形态与社会思想带来一定程度的冲击。

总的来说，随着民进党全面、快速推动"文化台独"，新一轮的"台独"意识形态将以强势姿态占据意识形态高地，长期、深刻地影响台湾社会，并使本已紧张的两岸关系带来浸冷刺骨的寒意。如何破解"文化台独"下"台独"意识形态蔓延，加强两岸民心的联结，以两岸共同的文化与价值争取广大的民众，将是未来大陆文教科研工作者必须加强研究、思考的领域。

2016 年 7 月

二、两岸交流互动

马英九两岸政策的核心思想

曾建丰

在 2012 年 1 月 14 日台湾"二合一"选举中，马英九成功连任，其中重要原因之一就是马英九当局在过去四年间所推行的务实、开放的两岸政策获得了大多数台湾民众的肯定与支持。然而，过去四年，两岸关系和平发展实际上是呈现出一种"政经分离"（"政治冷、经济热"）的格局：即两岸在经贸交流层面快速发展、成果斐然，但在政治关系层面却是冰封未解、依然如故。5 月 20 日，马英九步入"执政"生涯的第二个任期，其第二任期的两岸政策如何，是一成不变，还是创新求进，对未来一个时期两岸关系发展将产生重要影响，值得密切关注、深入探析。

一、马英九两岸政策的核心思想是"维持现状"

2008 年国民党重新上台执政以来，马英九当局以"反对'台独'"、坚持"九二共识"为基础，与大陆共同推动两岸关系和平发展，两岸两会（海协、海基）先后举行了七次会谈，签署了包括"三通"、开放陆客赴台旅游、两岸经济合作框架协议（ECFA）等在内的 16 项重要协议。随着这些协议的实施，两岸经贸文教交流与人员往来确实呈现出大交流、大合作、大发展的良好势头，但是，这都只是在经济层面，在政治层面，马英九当局在政治议题与意识形态领域基本上是一成不变、维持原样的，表现为其两岸政策的核心思想就是主张"维持现状"，固守"中华民国法统"，并且希望"两岸现状"长期化、固定化、法制化。综观马英九在第一任期形成并付诸实践的两岸政策，主要内容涉及两岸政治定位、两岸互信基础、两岸关系现状、两岸政治议题、两岸交流进程与原则、台湾未来前途等方方面面，而其核心思想就只有一个，就是要在两岸政治关系定位上"维持现状"。

1. 对两岸政治定位，主张"一国两区"，并称"一国"是指"中华民国"，强调"互不承认主权、互不否认治权"。2005 年马英九首次当选国民党主席时即表示：对于未来国民党的两岸论述、路线，都将以"中华民国宪法"为本，"宪法"增修条文第十一条，很明显定好框架，"既非一边一国，也不是两个国家"，而是"一国两区"：大陆地区、台湾地区。2011 年 5 月 30 日，马英九在一场国际法学术会议中表示："两岸互不承认对方的主权，但也互不否认对方的治权，因为两岸主权主张相互重叠，涵盖彼此全部领域，无法相互承认主权；但又不能否认对方的治权，则是务实的承认现实"。2012 年 5 月 20 日，马英九在第二任期就任演说中再次表示："'中华民国宪法'是'政府'处理两岸关系的最高指导原则"，"二十年来两岸的'宪法'定位就是一个'中华民国'，两个地区，历经 3 位'总统'，从未改变。这是最理性务实的定位，也是'中华民国'长远发展、保障台湾安全的凭借"。

2. 对两岸互信基础，主张以"九二共识"为基础推进两岸和平发展，但认为"九二共识"就是"一中各表"。2007 年 2 月，马英九接受 CNN 专访时表示："我们接受'一中原则'，但两边（大陆与台湾）有权对'一中'的内容做出不同的解释，我们把'一中'解释作'中华民国'"。2011 年 8 月 27 日，马英九表示："'九二共识'是根据'中华民国宪法'定义过来的，支持'九二共识'就是支持'中华民国'，就是支持'中华民国宪法'对两岸关系的定位。"2012 年 5 月 20 日，马英九在第二任期就任演说中再次表示要在"九二共识、一中各表"的基础上，推动两岸和平发展。马英九将"九二共识"解释为"一中各表"，其重点是在"各自表述"，强调"'一中'是指'中华民国'"，这与马英九将两岸政治关系定位为"一国两区"是完全一致的。

3. 对两岸关系现状，主张维持目前台海"不统、不独、不武"现状，希望"不武制度化"。2011 年 10 月 26 日，马英九在中常会上表示：他对两岸关系的立场很清楚，就是在"中华民国宪法"架构下，坚持"不统、不独、不武"现状，而"两岸和平协议"的立场其实就是"不武"，无关"统独"，目的是将两岸"不武"的现状制度化，以确保两岸长期的和平和稳定。2012 年 5 月 20 日，马英九在就任演说中再次表示：两岸政策必须在"中华民国宪法"架构下，维持台海"不统、不独、不武"的现状。马英九的"三不政策"是建立在他所认定的两岸政治定位（"一国两区"或"一中各表"）基础之上的，并希望在"中华民国宪法"架构下永久维持台海现状，这也是马英九两岸政策的基本内容与核心思想。

4. 对两岸政治议题，如两岸商签"和平协议"等，均认为"时机不熟"、"没有急迫性"。近年两岸政界、学界所提及的两岸政治议题，主要是指两岸结束敌对状态、建立军事互信机制、签署和平协议、两岸领导人互访等等。2008年选举时马英九将推动两岸结束敌对状态、签署"和平协议"列为竞选政见。2008年5月，马英九上台"执政"后，便以"先经后政"、"时机不成熟"、"没有急迫性"等等理由，避而不谈政治议题。2011年3月8日，马英九在接受英国《金融时报》专访时表示：两岸政治对话没有时间表，任内不会和大陆谈统一议题，也未曾思考或规划两岸定位问题；两岸目前在经济、文化各类问题上已经忙不过来，根本没有时间去讨论包括政治在内的其他问题。2011年10月17日，马英九在记者会上再次提出："未来十年当中，两岸在循序渐进的情况下，审慎斟酌是不是洽签两岸和平协定"。在该议题受到民进党等"台独"势力强烈质疑与反对之后，马英九又多次强调：唯有满足"十大保证"的各项条件，才会与大陆洽签和平协议，而且之前一定先经过"全民公投"。2012年5月20日，马英九在第二任期就任记者会上表示：目前没有与中国大陆讨论和平协议的计划。政治议题似乎只是马英九的选举操作，选后避而不谈，这已经是老套路了。

5. 对两岸交流进程，主张"先急后缓、先易后难、先经后政"，循序渐进地开展两岸协商谈判，实际作为是"只经不政"。2009年5月，马英九在接受媒体访问时表示："对要谈的议题优先级非常清楚"，"三原则"就是"先急后缓、先易后难、先经后政"，政治问题在谈判经济性议题时尽量不去碰，以免造成困扰。2011年7月2日，马英九在演讲中表示："两岸关系的发展将依照'先经后政、先急后缓、先易后难'的原则，维持'刚刚好'的步伐，让两岸关系更和平，经济更繁荣"。2012年1月14日，马英九在胜选当晚举行的记者会上又一次表示：第二任期仍将坚持"先急后缓、先经后政、先易后难"原则，两岸展开政治对话的时机尚未成熟，未来四年机会极小。马英九在两岸交流与协商谈判方面，主张"三先三后"，但实际上自2008年上台"执政"以来，始终坚持"只经不政"，其实这也是与其在两岸政治关系上主张"维持现状"的思想是一致的。

6. 对两岸交流原则，坚持"对等、尊严、互惠"、"以台湾为主，对人民有利"，强调"台湾主体性"。2007年1月22日马英九表示：国民党"未来会以台湾为主、对人民有利为原则，继续为台湾人民付出"；同年6月，国民党"十七全"二次会议讨论通过"党章修正案"，增列"坚定'以台湾为主，对人民有利'的信念"，并在党员目标中删除"统一"字眼，改以"和平发展"代替，正式宣示国民党立足台湾、"保卫"台湾，一切以台湾民众福祉为优先。台《中国时报》评论称：此为"国民党来台湾半个世纪以来，第一次正式向'台湾主体性'交心表态"。2011年10月17日，马英九在记者会上提出：未来10年在"三个条件"成熟时考虑与大陆洽商"和平协议"，其中第一个条件就是"国家需要"。对所谓的"国家需要"，马英九进一步解释说，第一就是指"以台湾为主、对人民有利"。马英九不仅在经贸议题上强调"以台湾为主、对人民有利"，在政治议题上更是执着坚持"台湾主体性"，这实际上也是在两岸政治关系上主张"维持现状"的一种表现。

7. 对于两岸未来与台湾前途，认为"统一、独立、维持现状都是选项"，强调"台湾未来由台湾人民决定"。对于两岸未来与台湾前途问题，马英九的主张是从原先的"终极统一论"逐步滑向"台湾未来由台湾人民决定"的论述。2005年7月，马英九表示，"国民党的核心价值是反对'台独'，'台独'不是我们的选项"；同年12月，马英九接受媒体专访时称："虽然没有统一的时间表，但对我们的政党而言，终极的目标是统一"。2006年1月5日，马英九接受媒体访问时改口表示："台湾是个自由社会，统一、独立、维持现状都是选项，每次民调都是选择维持现状的民众最多，国民党的目标也是维持现状"。2011年7月2日，马英九在演讲中表示："台湾的未来，不是任何'总统'可以自行决定的，一定要以台湾的利益为优先，一定要由台湾2300万人民，依据'中华民国宪法'来决定"。对于两岸未来与台湾前途，2006年以后，马英九的主张实际上已经走到"维持现状""公投决定"的所谓"中间路线"上，2006年之前主张"终极统一"的理想与抱负则丧失殆尽。

综上所述，马英九第一任期的两岸政策，一方面在"九二共识、一中各表"基础上务实推动两岸关系和平发展，谋求"和平红利"；另一方面，在两岸政治关系上则始终"固守法统""维持现状""只经不政"。这也正是造成过去四年两岸关系发展呈现"政经分离"（"政治冷、经济热"）格局的根本原因。

二、马英九第二任期两岸政策将按既定方针办

据岛内多家媒体分析，务实、开放的两岸政策是马英九顺利连任的重要因素之一，也是马英九第一任期民意支持度最高的政策。从深层次看，以目前岛内政治现实、两岸关系发展阶段、周边与国际因素以及马英九政治个性等角度分析，马英九在第一任期形成并行之有效的两岸政策必然持续推行，第二任期完全没有进行重大调整的主观意愿与客观条件。

1. 从岛内政治现实看，任何"改变现状"的政策将都面临重大挑战与风险。首先，在"统独"问题上岛内民意结构为"两头小中间大"，也就是说主张"统一"或"台独"均为少数，而主张"维持现状"的民众占绝大多数。因此，岛内任何政党或政治人物，如果明确提出改变"目前现状"（无论是"统一"或是"独立"）的主张便会立即成为"少数派"，民意基础堪忧。其次，台湾自1996年实行"总统直选"以来，为了胜选，岛内政党与政治人物实际上已经被选票绑架而丧失理想与信念。台湾资深政论家南方朔称：政治人物太在意选票。人们看破他们的心虚，用选票来吓他们，把他们吓得手足无措，最后是什么也不敢做也不能做，也没有做。其三，从国民党在台湾的发展看，一方面，国民党是"中华民国宪法"的缔造者，也是"中华民国法统"的坚定维护者；另一方面，为了摆脱"外省党"与"外来政权"的阴影，又不得不加快"本土化"的步伐，淡化"统一"色彩。国民党如果不固守"中华民国法统"，并将"中华民国"与台湾紧密联结，其存在价值与发展空间都将受到威胁与挑战。其四，从台湾最大在野党民进党角度看，对于未来两岸关系的发展，国民党与民进党可谓南辕北辙，完全没有互信与共识可言。国民党及马英九"执政"当局提出任何与大陆改善关系的政策都会遭到民进党的强烈反对。由此可见，在选举政治和政党斗争的考量下，"维持现状"、回避两岸政治议题便成了马英九当局最为安全与稳妥的选择。

2. 从两岸关系发展看，两岸政治互信基础仍然十分脆弱。1949年以来，台海两岸实际上处于"分裂分治"状态，加之"冷战"时代两种意识形态的对立斗争，使得两岸人民从政治人物到普通民众，在思想意识、政治理念、价值观念甚至思维方式等等方面均有较大差异。1988年之后，李登辉、陈水扁先后在台湾共"主政"20年，他们利用手中的权力，全方位推行"去中国化"，又在

相当程度加深了台湾民众与祖国大陆的疏离感。2008 年 5 月，国民党重新上台"执政"，两岸走上和平发展道路，四年来两岸推动和平发展的互信基础是"反对'台独'"、"九二共识"，然而，两岸对"九二共识"的含意与理解却有明显的差异。在大陆看来，"九二共识"就是海协与海基两会 1992 年在香港达成的各自以口头方式表述"海峡两岸均坚持一个中国原则的共识"，核心思想就是坚持一个中国原则。在台湾方面，马英九所说的"九二共识"，却是"一中各表"。马英九表示："我们在 1992 年与中国大陆所达成的一个共识，称为'九二共识'，双方对于'一个中国'的原则都可以接受，但对于'一个中国'的含意，大家有不同的看法。因为对主权的问题到底能不能解决？如何解决？何时解决？目前可以说都没有答案"。厦门大学台湾研究院院长刘国深教授在《增进两岸政治互信理论思考》一文中指出：两岸实质性政治协商必须面对"你是谁，我是谁，我们都是谁"的问题，在这个问题得不到解决之前，两岸基础性互信仍是虚弱的，政治协商也只能是空中楼阁。此论可谓一语中的、切中要害。

3. 从周边与国际因素看，美国仍是两岸政治关系发展的最大障碍。尽管国际社会普遍期待两岸关系和平发展，但也有外部势力尤其是美国并不愿意看到两岸政治关系的改善。2008 年以来，两岸关系快速缓和，美国表示"乐见"两岸关系和平发展，但美国支持两岸关系改善是有限度的，就是不能妨害美国在台利益（包括战略与军售利益等），不能超出美国的掌控范围，不能导致两岸政治关系和解并逐步走向统一。马英九当然深知台湾在美国对华战略中的角色与作用，正好可以借机寻求美国的支持与保护，以面对日益强盛的大陆。马英九在今年 1 月 14 日胜选后，1 月底便迅速派出国民党副主席蒋孝严、陆委会主委赖幸媛赴美参加全美祈祷早餐会，向美国人"交心""交底"。蒋孝严在美国表示："过去连日与美国行政部门、国会议员与智库学者沟通，美国与台湾维持密切关系，及不希望两岸现况有任何改变的政策相当清楚"，"马英九不会急于与对岸进行政治谈判"。赖幸媛也反复向美国人说明："在可见的将来，两岸要跨到政治领域谈判还需许多条件，包括内部高度共识及两岸足够互信等，目前这些条件都不够成熟，不太可能"。可以说，这是马英九对美国人的承诺，也是让美国人吃下定心丸。

4. 从马英九政治个性看，欠缺大开大阖、创造历史的魄力。从马英九家庭背景、接受教育与成长经历看，马英九政治个性的形成，深受中国传统儒家思想、西方社会的民主、法制观念以及国民党"党国意识"三个方面影响。马英九的政治个性有三个鲜明特征：其一，中国传统的"士大夫"的性格。他为人为政的基本原则包括：诚恳、诚实、自信、自律、俭朴、使命感等。有台湾媒体称：正因为马英九将"温良恭俭让"等人性特质表现得过于完美，相对的，从他身上或领导特质里面，总让人觉得"少了点什么"，例如"勇敢""魄力"等。其二，西方社会"法律人"的个性。马英九1974年8月至1981年7月赴美留学，先后获得纽约大学法学硕士、哈佛大学法学博士学位。这使马英九的价值观与政治个性都深深打上了西方法制观念的烙印。这也就是人们常说他"中规中矩""不粘锅""法律人性格""没有人情味""被法律玩死"的个性。其三，"烧成灰都是国民党的人"的"党国意识"。受父辈的政治遗传、国民党的长期教育以及蒋经国的重点培养，马英九不仅对国民党怀有感恩之心，党性坚强、立场稳固，而且对"党国"有着强烈的使命感与责任感。针对马英九的政治个性，大陆学者章念驰有一段极为精彩的评价："马英九太拘泥法律框框，没有豪气与霸气；他是父母的好孩子，姊姊们的好弟弟，蒋经国的好学生，国民党的好党员，美国的好模范，好得规规矩矩，不敢为天下先，也不敢主动承担责任；注定缺乏大开大阖，注定他的执政团队守成有余，创新开创不足"，"马以正统国民党自居，'党就是国，国就是党'思想根深蒂固，注定执政团队不能贴近基层民众，很难完全代表民意；马的反共立场坚定，国民党的老大自居封建意识也深入骨髓，他是蒋经国第二，因此，注定不会'出卖台湾'，注定不会'成就统一'"。

综上所述，马英九以"维持现状"为核心思想的两岸政策，尽管在大陆看来，在政治层面上明显具有僵硬、消极、保守、缺乏方向感等特点，但这却是岛内政治现实、两岸关系发展阶段、以美国为主的外部因素以及马英九自身局限性等等因素的集中反映，在这些因素没有发生根本性改变的情况下，马英九第二任期的两岸政策必然是一如既往、按部就班的。

三、未来四年两岸关系展望

总体评估，未来四年两岸关系和平发展的大格局将继续维持，但"政经分离"的基本态势亦难以改观：在两岸事务性交流层面，经贸文教等各项交流将进一步深化，人员往来也将更加便利与持续扩大，但在两岸政治关系层面，仍将举步维艰、难有进展，包括结束敌对状态、建立军事互信机制、签署和平协议等议题协商均难有所推进。

尽管两岸政治接触、对话或商谈，在马英九第二任期内仍杳无音讯、没有时间表，但在和平发展持续推进的大趋势中，两岸仍可以有所作为。对大陆而言，应牢牢把握两岸关系的发展方向，利用一切可以深化合作的机会，使两岸互信建构、经贸合作、文教交流、人员往来等同步推进，并尽可能将成果用协议的方式来体现，这样才能更有效地达成并巩固两岸交流的阶段性成果，使两岸交流不断向制度化、机制化迈进。

首先，巩固和加强两岸政治互信。两岸关系要向前走，两岸的互信也要随之增强，如此才能行稳致远。就当前而言，可在"两岸同属一个中国"上形成更清晰的共识和一致立场。2012 年 3 月 22 日，国民党荣誉主席吴伯雄代表党主席马英九率团赴北京，在与胡锦涛总书记会谈中，明确表示"两岸同属一个中国"，并强调"台湾人也是中国人"。5 月 11 日，国民党副主席蒋孝严在北京再次阐明："两岸同属一个中国没有问题"。"两岸同属一个中国"是两岸在"九二共识"基础上取得政治互信的新共识、新成果、新迈进，马当局如何乘势而为，将"两岸一中"新共识在岛内化为主流民意，这是对马英九政治胆识与智慧的重要考验，也是马英九"拼历史定位"的关键一步。

其次，深化两岸经贸交流与合作。当前要务：一是加速落实已签署的各项协议，积极落实两岸经济合作框架协议早收计划，深化两岸金融与产业合作，进一步松绑陆客自由行、陆资赴台投资、陆生赴台就学，让更多岛内民众对"和平红利"真正有感。二是有序推进两岸经济合作框架协议后续协商谈判，推动投资保障、货品贸易、服务贸易、争端解决、海关合作、货币清算等议题的协商，推动两岸经贸关系正常化、制度化，逐步完善两岸关系和平发展的经济架构。

第三，大力加强两岸文教交流合作与人员往来。中华文化始终是维系两岸同胞民族情感的精神纽带，也是维护中华民族团结和谐、维护国家统一的重要精神支柱。在 ECFA 签订之后，两岸均有意在下一阶段重点推动文教交流，因此，应积极争取在马英九第二任期内商签"两岸文教交流合作协议"。在人员往来与交流方面，就是要全方位、多领域推动两岸民间交流往来，不断开辟新渠道，构建新平台，创造新形式，汇聚一切支持两岸关系和平发展的各行各界民间人士，投身两岸大交流大合作大发展的潮流，不断加强两岸同胞在民族、历史、文化以及两岸关系发展方向上的共同认知。

结束语

2008 年马英九上台"执政",结束陈水扁"政权"及其所推行的"台独"路线,并以反对"台独"、认同"九二共识"为基础,同大陆共同开启两岸关系和平发展的新时代,具有重要的历史意义与时代价值;但马英九两岸政策的核心思想是"维持现状",固守"中华民国法统",使得两岸关系发展在政治层面上故步自封、裹足不前,这是马英九的历史局限性。

2012 年 5 月 20 日,马英九在第二任期就任演说中表示:两岸人民同属中华民族,都是炎黄子孙,拥有共同的血缘、历史与文化,都同样尊崇孙中山先生。未来四年,两岸要开拓新的合作领域,继续巩固和平、扩大繁荣、深化互信。

人们将拭目以待。

2012 年 5 月

试析两岸关系中的"第二轨道"

杨仁飞

一、"第二轨道"来龙去脉

近年来两岸热用的"第二轨道"这一词，实际上是从国际关系学"第二轨道外交"中借用而来的。

从20世纪70年代，当时一些具有自由主义思想的学者，从经济合作、社会分工的角度观察当时的国际关系，提出了国际间相互依存、分工合作的重要性，强调非政府组织和公民社会力量的活化。"第二轨道外交"便是以新自由主义中的相互依赖理论为基础，认为未来国际政治不囿于国与国的外交互动，任何国际组织、非政府组织、公民社会力量甚至个人都有可能成为参与国际事务的重要角色。

"第二轨道外交"概念出现后，随着全球化进程的加快，学界越来越重视国家之外的机构、团体、个人等非传统国家力量在国际事务与国际参与中的作用，并为之进行了较为系统的阐述与拓展。朱云汉教授认为"第二轨道外交"是指"以非政府组织为主体所进行的各种多边性政策性议题对话、协商与合作的活动"。石之瑜教授根据美国"精神医疗与外交事务研究所"主席威廉姆（William Davidsongn）与美国外交官约瑟夫（Joseph Montville）的定义，认为"第二轨道外交"是一种非官方、去结构的互动方式，参与者持开放、有感同之心与利他主义倾向，并对问题的解决持乐观的态度。王振轩教授从非政府组织的角度出发，认为"第二轨道外交"泛指以非政府组织为主题，进行各种多边性政策对话、协商与合作的活动。但若干形式的国会、半官方、非正式外交，进行方式系由卸任总统、国会议员、其他卸任政府官员，以及政府资助的研究机构游说人员和非政府组织等执行。陈滋生认为，"一轨'可被定位在官方和正式外交的机制,其主要处理"高政治、高敏感性"的问题,而"二轨"则定位于民间社会外交,主要用于"低政治,高重要性"的问题,来介入且扮演民间社会网络串结的角色。东亚思想库网络中国国家协调员、中国外交学院院长吴建民认为,一般的民间交流,不一定带有政府背景,但东亚思想库网络(NEAT)的特别之处在于,它是"第二轨道"机制,既是由来自学术界而同时又和政府有密切联系的人士参加的一种机制。中国社会科学院日本研究所政治研究室主任高洪认为,从事"二轨"的主体虽然是民间、个人,但影响力会在整个国家、民族的广阔视野里发挥作用。

从本质上来说,"第二轨道"是一种准官方的交流渠道。

20世纪90年代以来,"第二轨道"被广泛应用于国际关系领域。

总的来说,"第二轨道"是国际关系理论与实践发展的产物,它一般运用于国与国关系。不过由于"第二轨道"其思想精髓或者其"神韵"是把政府与民间、官员与专家的力量融会提升到一个新的层面上来,以促进解决靠传统单一方式较难解决的问题,因此"第二轨道"的新思维方式有助于处理国际、区域一些复杂、敏感的事务。这种适应快速变化社会的模式,不仅引起了外交家的兴趣,也引起了政治家的兴趣。当然,"第二轨道"的灵活性与作用对处理复杂的海峡两岸关系提供了一些启示。

二、两岸"第二轨道"的现状与特点

当然两岸关系不属于国际关系的范畴,两岸不可能有目前国际关系实务中出现的"第二轨道""外交"模式,但两岸交流模式有其特殊性。本文主要借用"第二轨道"有关非官方、多边、协商、开放、合作的精神内涵,探讨两岸交流中一些重要的准官方交流管道与特点。

(一)"第二轨道"的现状

从两岸关系走过的20多年历史来看,两岸交流虽长期处于"官冷民热"的状态,但两岸交流呈现出从个人、普通民间团体向智库、政党、地方"议会"、官方授权的特殊民间机构间的多方位、多渠道的良性互动交流。

1.智库(思想库)交流

众所周知,在"第二轨道"上往来穿梭的是思想库中的学者,他们所担负的已不是单纯的学术研究任务，而是和官员一样考虑关乎国家命运的政治问题，为当局、政党提供决策参考。而在思想库和政府部门之间还存在着一种"旋转门"现象。一方面，思想库将其精锐输送到政府机构任职，由政策分析家变为决策者。另一方面，下台官员纷纷跑到思想库中"韬光养晦"，以待东山再起。因此在台湾的智库、大学研究所中不乏从政资历丰厚的人物。在过去的几年中，台湾智库学者频繁穿梭两岸，成为一支重要的交流力量。

2. 地方议会交流

目前两岸民意机构的交流多在地方层面，尤以闽台地方议会交流较为频繁。2001年初，高雄市议会组团来厦门；2006年4月澎湖县议会参访团与泉州市人大常委会联合举办了合作交流座谈会，双方围绕泉、澎直航和泉、澎合作等议题进行了深入的交流和探讨，并形成了关于推动民间交流合作的意向；2007年1月台中市议会厦门市政考察团一行26人，在厦门展开为期4天的考察访问活动，期间还与厦门市政协代表进行了交流沟通，并达成长期交往的意向。

由于涉及"一中"政治问题，台湾"立法院"的"立法委员会"只能以个人、社团成员身份访问大陆，参加经贸、文化等交流活动。这些民意代表访问大陆，有助于台湾民众了解大陆。

3. 政党交流

从广义上说，政党是民意和民利的代言人。政党间的交流是两岸民意与民利的双向交流。

北京联合大学台湾研究院朱松岭认为，政党交流的影响力投放渠道有政治的考虑和色彩，同时又兼具民间交往的成分，因此可以有较多的操作空间和较宽的回旋余地。

在过去几十年两岸交流中，政党间的交流开启最晚。1987年到2005年，两岸人员往来和民间交流蓬勃发展，但政党交流阻碍重重。2005年8月中国国民党荣誉主席连战应中共中央胡锦涛总书记之邀率团访问大陆，23日"胡连会"后发表《两岸和平发展共同愿景》新闻公报，提出"促进尽速恢复两岸谈判，共谋两岸人民福祉；促进中止敌对状态，达成和平协议；促进两岸经济全面交流，建立两岸经济合作机制；促进协商台湾民众关心的参与国际问题的问题；建立党对党定期沟通平台"等五项愿景。这标志着两岸政党重新合作大门重新打开。之后中国国民党台中市党部访问团一行30人抵达厦门，与中共厦门市委开展交流，标志着两党交流进入实质运作阶段。

在随后的 3 年时间里，中国共产党与国民党、亲民党、新党的交流合作相继展开，不断深化，两岸迈入政党交流的新阶段。

2008 年 5 月胡锦涛总书记与中国国民党主席吴伯雄在北京会面，这对两党交流、对两岸关系的发展都具有指标性的意义。

4.官方授权的"民间团体"交往

目前两岸最高层次的交流当属海协会与海基会的两会管道与平台。虽然海协会与海基会都得到了两岸的授权（委托或复委托）与认可，但从两会的宗旨与性质来看，它仍然是民间性授权团体，不是政府机构，因此外界也认为海协会与海基会是"白手套"，是"两岸的中介团体"。当然，海协会与海基会两会平台，严格意义上说，是公权力介入的特殊团体，尤其是由两方官员作为顾问参与两会谈判，因此使得两会平台，被外界视为准官方管道，是特殊的"第二轨道"，它是因应两岸关系形势变通、务实处理的结果。

（二）两岸"第二轨道"交流的特点

由于两岸关系不同于国际关系，因此两岸关系所演绎的"第二轨道"有其特殊性。

一是官方渠道（第一轨）交流困难障碍重重，难以开局，只能借非官方渠道或以非官方的名义授权展开。鉴于历史与现实多重复杂因素的影响，两岸"第一轨道"关系在今后一段时间仍难以直接、面对面展开，这使得非官方渠道"第二轨道"仍将扮演重要的角色。

二是官方渠道不得已采取民间、非官方的方式进行，如两会、两岸奥委会组织、两岸红十字会组织就具体实务进行协商与交流，而且这些准官方渠道仍将扮演重要的角色。

三是非官方管道交流受到台湾政治、台湾当局的限制，准官方渠道敏感而脆弱，两岸"第二轨道"维系不易。在很长一段时间里，台湾当局借口两岸事务得由公权力介入，对两岸交流采取种种限制措施，使得两岸交流的主角只能由民间团体、在野党来担当。

第四，两岸"第二轨道"得以持续，基于交流的各方都有"一个中国、两岸和平"的基本的共识。目前在两岸非官方或准官方的"第二轨道"的参与方都能认同"一个中国"，认同两岸同属中华民族，认识到两岸关系良性互动、和平发展的重要性。

正如台湾铭传大学公共事务系教授杨开煌在"胡吴会"后指出，两岸交往将由以往的单引擎驱动变为双引擎驱动。以往两岸交流一直是维持民间的单引擎驱动，官方则一直扮演煞车的角色，而今后两岸则调整角色，扮演方向盘和推动者的角色。两岸沟通将由以往的无正式渠道转为多元化正式渠道。他认为，两岸之间多渠道沟通的时代已经来临，今后两岸之间的误解和误判的概率将大大降低。

三、未来发展"第二轨道"交流的有关思考

（一）继续拓展"第二轨道"交流的重要性

从两岸关系20多年的发展历史来看，包括智库、政党交流的"第二轨道"已成为两岸关系的稳定力量，成为推动两岸关系的积极力量，成为牵制"台独"的重要力量。

从两岸交流的长远发展方向来看，尽管两岸关系进入春暖花开的新时期，但彼此的分歧与矛盾仍然存在，特别是两岸关系仍非常敏感，稍有风吹草动，都有可能使两岸关系倒退，甚至出现危机，因此不论是两岸关系好转的时候还是两岸关系出现危机的时候，"第二轨道"作为润滑剂、稳定剂存在有着重要的现实意义。

从两岸关系实务动作层面来看，两岸领导人虽都提出了"搁置争议、建立互信"的指导原则，但两岸关系毕竟错综复杂，"第一轨道"交流有实际的困难与障碍，而"第二轨道"的存在，特别是得到一定授权或认可的高层级交流，可以为神经紧绷的两岸提供都可接受的非官方身份，借由不拘形式的互动，建立彼此的信任，探询各种可能解决的方案，如此一来，减缓两岸的紧张、不信任关系，甚至可以化解冲突。相信在两岸迎来"两会复谈"的时刻，"第二轨道"仍将发挥它特殊的作用。

（二）继续扩大"第二轨道"交流的必要性

一是巩固现有的"第二轨道"交流有其必要性。目前两岸"第二轨道"交流主要由大陆及台湾泛蓝政党与团体推动，不过这一得到两岸认可、支持的"第二轨道"交流刚处于起步阶段，具有不稳定性，因此拓展、深化高层级的"第二轨道"交流仍有必要性。

二是扩大包括绿营政党、团体在内的"第二轨道"同样有必要性。目前泛绿阵营在构建两岸"第二轨道"方面基本上是缺席的。虽然有个别民进党"立委"、县市长、智库学者访问大陆，但这种交流是零星的，未形成党际、团体的"第二轨道"的制度性、长期的交流，由此使得现有两岸的"第二轨道"交流是比较单一，不是全方位的。主因是绿营政党与团体长期以来不认同"九二共识"、"坚持台湾主体性"，这成为影响其与大陆发展"第二轨道"交流的重要因素。然而台湾政党政治发展的趋势表明，民进党与国民党两党政党格局基本形成，民进党不可能永远在野，国民党不可能永远在朝，大陆要做好民进党重新上台的各种准备。

未来，从两岸关系发展大局来看，没有包括民进党在内的"第二轨道"交流显然是不利的。

（三）扩大包括绿营政党、团体在内的"第二轨道"的可能性

一是民意发生了变化。2008年台湾地区领导人选举，不仅仅是领导人的选举，也是一场关于两岸关系前途与命运的选举。民进党之败，不仅败在它贪污上，而且败在它丧失了推动与发展两岸关系的主动权。国民党之所胜，胜在民众选择了要改善两岸关系。虽然目前民进党党内仍有不少人认为，它"失去执政权"并不是因为它的两岸政策背离了民心，而是它的领导人背离了民心，因为作为一个政党，它一直以来最大限度地满足台湾内部支持者的需要，与绿营民众构成命运共同体而不能自拔，但是民进党内部毕竟出现了迎合两岸关系改善的声音，在国民党重新执政两岸交流加速的背景下，民进党执政的县市长赴大陆考察的意愿较高。随着这种民意的变化，可预计民进党的两岸政策将朝相对务实的方向发展。

二是绿营政党长远发展的需要。从民进党的政党利益来看，其欲重新执政，除等待马英九犯错外，必须与陈水扁作一定程度的切割，必须对党的路线进行重新检讨与论述。重新构建两岸关系的新论述对民进党的重生有着至关重要的意义。如果民进未来能提出稳定、务实的两岸政策与党纲，这不仅对民进党的发展有益，也对两岸关系的发展大局有益。

2008 年 6 月

推动两岸司法互助制度化

康　轶

海峡两岸同文同种，近年来随着两岸关系的改善，民间交流以及经济合作不断升温，交流互利之余，两岸之间遭遇的司法问题也越来越多，并且愈加复杂。一些不法分子蓄意利用两岸制度上的差异，进行跨境犯罪，因证据散落两岸，搜集困难；甚至有被告为逃避司法追诉、审判或执行，潜逃至对方领域。过去由于两岸欠缺制度化的合作机制，只能以个案方式处理，造成双方机关多所顾虑，无论在范围、时效、方式及成果方面，都有很大的局限性，也使两岸跨境跨界犯罪有机可乘，凡此均使两岸具体刑罚权无法落实，影响司法公信力。

一、两岸司法互助框架的形成

多年来，两岸间的司法互助一直都是依据由红十字会于 1990 年共同签署的《金门协议》，该协议仅针对双方偷渡犯与刑事（嫌疑）犯之海上遣返事宜所达成之协议，缺乏对许多实质问题的规定，无法因应两岸间各式各样的犯罪及民商事纠纷现象。1993 年至 1998 年，海协会、海基会持续推动协商"两岸共同打击犯罪"等相关事宜，最后都因为种种因素而无法达成共识。随后的十余年因两会的会谈中断，两岸未再就此议题协商。由于司法执行具有一定程度的主权象征，两岸司法互助协议的签署难度其实更甚其他经济、民生议题。

近几年来，广东、福建等沿海省份公安机关与台湾地区"警政署刑事局"都有直接联系管道，彼此还进行互访，主要是交流经验，并就个案侦办提供协助。但两岸的司法合作并未形成机制，交流合作仅止于个案协查，司法互助存在巨大缺陷。自 2006 年起，台湾"法务部检察司"司长多次率团赴京，与最高人民检察院、国家检察官学院、北京的区法院等单位座谈，开启两岸司法界的接触与交流，与部分司法单位达成共识，同意双方从个案协查着手逐步建立互信与合作模式。

2008 年 11 月第二次"陈江会"期间，两岸相关司法部门开始进行磋商，两会愿意把共同打击犯罪、司法文书送达、判决文书与调查证据提供等议题优先列入日后的协商议题，经过持续的努力，2009 年 4 月第三次"陈江会"终于正式签署《海峡两岸共同打击犯罪及司法互助协议》(以下简称《协议》)。

二、两岸司法互助框架的主要内容

此次《协议》的签署，两岸得以跳脱司法互助之"国际""区际"等政治定位框架，直接触及具有高度主权争议之问题，而以平等互惠之方式协商，值得肯定。

该《协议》内容在司法互助方面，主要有六个项目：第一是"文书送达"，即经由两岸司法互助机制，及时有效送达文书，确保两岸诉讼当事人的权益；第二是"调查取证"，即经由互助机制协助进行勘验、鉴定、访视、调查、搜索及扣押，合法取证，包括取得证言及陈述、提供书证、物证及视听数据、确认关系人所在及身份，这样犯罪者才不会因证据无法搜集、欠缺证据能力等因素而无法定罪。第三是"罪赃移交"，即相互协助移转罪犯的不法所得，使受害人损害减轻；第四是"裁判认可"，如有跨境跨界认可或执行的必要，可由法院依据法律并基于互惠原则，认可对方民事裁判及仲裁判断，在我方法院认可裁定之保护下，迅速解决民事纷争；第五是"人道探视"，目前被监禁在大陆的台籍受刑人，他们的家属想要见一面很难，为缓解家属疑虑与担心，双方同意为跨境跨界探视提供协助，并及时通报对岸人员被限制人身自由、非病死或可疑为非病死等信息，确保双方民众因案受押时合法权益受到保障；第六是"罪犯接返"，本于人道、互惠原则，在不违反己方规定及请求方、受请求方、受裁判人均同意移交之情形下，接返在对方受刑事裁判确定之己方人民，依我方法律处理。

三、推动两岸司法互助朝制度化完善

两岸司法互助，虽然不是打击犯罪的"万灵丹"，却是必要的"敲门砖"。本次《协议》之签订，一方面是在既有的合作基础上，搁置主权争议的政治含义，进一步建立制度化且横跨调查、侦查、追诉、审判及执行之全面司法合作，应能有效地打击两岸间犯罪，共创两岸人民双赢的局面；另一方面，由于这是两岸首次签订司法互助协议，在具体内容和可执行层面存在着较多不完善的部分，日后还需两岸相关部门在司法实务中不断探索，努力推动两岸司法互助朝制度化方向完善。

（一）加强磋商，进一步完善司法互助协议内容

1. 此《协议》中，关于两岸共同打击犯罪双方合作之范围，具体签订在第二章之共同打击犯罪章节中，所列罪名均采用"双重犯罪"原则作为合作范围。但在第三章之司法互助章节中，并未列举关于双方提供司法互助之罪名，在实际执行中，是否可认为不论是否构成双重犯罪均可提供协助，有很大的不确定性，两岸关系的和缓程度也无可避免会影响这种不确定性。

2. 关于调查取证之互助包括取得证言及陈述、提供书证、物证及视听数据、确认关系人所在及身份；勘验、鉴定、访视、调查、搜索及扣押，合法取证等。由于《协议》中第三章之司法互助章节中并未就司法互助是否采用"双重犯罪"原则做明文规定，而搜索、扣押属于强制处分权，依《刑事诉讼法》规定，经县级以上公安机关负责人批准，开具搜查（搜索）证，侦查人员可以进行搜查（搜索），在勘察、搜查（搜索）中发现的可用以证明犯罪嫌疑人有罪或者无罪的物品和文件应当扣押；而台湾地区关于此之"刑事诉讼法"规定，搜索采令状主义，应由法院核发搜索票，若未构成犯罪，法院将不会核票。在此情形下，我方请求对方的协助可能无法顺利执行。

3. 该《协议》中并未包括冻结及没收犯罪所得之协助，仅于《协议》中第九条对"罪赃移交"有所规定：双方同意在不违反己方规定范围内，就犯罪所得移交或变价移交事宜给予协助。"该条文缺乏具体性和明确性，其中所指的犯罪所得应如何认定？是否仅限于"被请求方执行请求方关于没收之刑事判决"？还是包括"请求方于侦查中提出请求的数额"或"未来法院判决应没收的数额"？在具体实务中，受请求方有无必要就犯罪人留在受请求方所在领域之财产进行调查，来确定是否为犯罪所得？这些尚未明确的细节在未来执行中难免遇到争议。

4. 该《协议》第 11 条有关"罪犯接返"之规定，"双方同意基于人道、互惠原则，在请求方、受请求方及受刑事裁判确定人（被判刑人）均同意移交之

情形下，接返（移管）受刑事裁判确定人（被判刑人）。"毫无疑问，移管罪犯的前提必须是承认彼此的刑事判决方可移交被判刑人吗，在此可以推知两岸将基于互惠原则承认或有限度地承认彼此的刑事判决，这是值得肯定的方面。但移交之后彼此如何执行却未进一步明确规定，日后若出现交换被判刑人执行时，是否依照对方之判决执行刑期？是否允许再行追诉？是否可以假释？以及假释所依照的条文等等诸多执行上的问题，均可能出现歧义。

（二）尽可能完善各自单向立法，减少彼此法律冲突

两岸司法互助协议在未来执行中可能遇到的难题，很大程度上是源自彼此间存在的法律冲突。当司法互助在执行中遇到法律冲突之时，是坚持己方法律还是采用对方之法，实务中将会遇到难以平衡的困境。坚持协助方之法律条文必然保证了其法律最基本的威严性及稳定性，但很可能为请求协助的事项带来"不合理的"限制条件，而无法真正落实所需的司法协助，其间若不幸牵扯到政治经济等非法律因素，恐将扭曲司法互助的本意。因此，在两岸和平发展扩大交流的大趋势下，双方应秉持充分的诚意与信任，尽可能完善现有的单向立法，逐步减少互相之间的法律冲突，这对推动今后的司法互助、司法合作以及两岸深化交流都将有益。

（三）创新仲裁制度，积极推进"互纳仲裁员"

目前，大陆已有多家仲裁委员会机构聘请了台湾地区专业人士担任仲裁员，参与涉台民商事案件的仲裁。2008年厦门市仲裁委员会还首开先河，欲增聘资历深、威望高、专业精深的台商担任仲裁员，但台湾地区并没有接纳来自大陆的仲裁员。此次《协议》中，两岸将基于互惠原则，认可对方民事裁判及仲裁判断，显然，如果可以实现两岸仲裁机构的仲裁员互纳，不仅能够更好地保障仲裁的公平、公正、公允，而且还可以促使"仲裁认可"的顺利执行。大陆的某些先行区应加强与台湾有关部门的协商和沟通，积极推进两岸"互纳仲裁员"的早日实现。

（四）尽快建立两岸司法互助联络或联系机制

为落实《协议》内容，两岸相关司法单位应尽速建立官方对话窗口。两岸司法互助的联系窗口，大陆是公安、检察系统、各级法院及司法行政部门，台

湾是由"法务部"统筹。两岸相关部门应尽快展开事务性工作会谈,协定合作细则、流程、执行程序等具体操作事项,双方应完成相应的立法程序,才能依法执行协议内容。

两岸相关司法单位也可经常以警察协会、检察官协会或法官协会等社团组织的名义进行交流,建立起沟通联络的渠道、司法互助或个案协查的工作平台,推动两岸司法合作。海协会和海基会也应设立两岸司法事务协调专门机构,就两岸共同打击犯罪和司法互助等议题不断进行协商和完善。

此次《协议》的签署,是两岸共同打击犯罪及司法互助实现制度化的开始,在此基础上,两岸应进一步增强互信,搁置争议,加强司法合作的力度,推动两岸司法互助制度化的完善,努力为两岸人民共创一个安居乐业的和谐社会。

2009 年 7 月

两岸经济关系与政治关系互动路径问题研究

陈先才

在当前两岸关系和平发展的新阶段，如何实现两岸经济关系与政治关系的良性互动，为两岸关系和平发展道路保驾护航，不断推进祖国和平统一进程向前迈进，这本身就是一个重大而严肃的课题，对于相关问题的研究与探讨，其现实意义非常重要。

一、当前两岸经济关系与政治关系互动的现状与特点

在现阶段两岸关系互动中，两岸经济关系与两岸政治关系成为两条主线，它们时而有交集，但时而又平行发展。但从总体趋势来观察，随着经济关系分量的不断增强，经济关系对两岸政治关系的影响力开始提升，并呈显性发展，当然目前尚未达到根本性的制约效果。当前两岸政治关系与经济关系呈现出来的"有发展但不同步"的不协调现象特别值得关注和思考。

首先，两岸经济关系与政治关系的互动呈现出不协调不同步的特点。一方面，两岸经济关系发展不断突破，双方共识不断增加，另一方面，两岸政治关系互动仍然进展有限，步履维艰。同时，虽然两岸经济关系对政治关系的正面影响效应已开始发酵，但其能量并未全部发挥，在很大程度上甚至被折损掉一部分，从而让外界和两岸民众产生心理上的落差和误解。

其次，两岸经济关系对政治关系的影响效应总体上呈日益增强的发展趋势。当前两岸经济关系对政治关系的影响效应在不断增强，这对于两岸关系的长期发展而言是一件好事。随着两岸关系中的经济分量不断突显，经济对政治的影响力自然不断增强，这对于两岸政治关系发展当然会产生正面作用，经济对政治的化学效应自然会发生。

最后，两岸政治关系对经济关系的制约能力仍然客观存在。两岸问题在本质上仍然是政治问题，既有历史上的恩怨斗争，也有现实的利益折冲，但两岸关系的本质和核心还是在政治范畴，当前，即表现为如何实现整个中国统一的政治问题。当前两岸关系互动中，无论是台湾当局的政治定位，还是国际参与方面，都是政治范畴，这些问题的存在，从根本上制约了两岸关系的发展，包括经济关系的发展。

二、两岸经济关系与政治关系互动的机遇和挑战

当前，积极推动和建构两岸经济关系与政治关系互动的新路径面临难得的历史机遇，当然也有其现实挑战。

（一）历史机遇

当前有助于两岸经济关系与政治关系良性互动的历史机遇主要包括：一是两岸关系大环境相对有利。自 2008 年国民党重新执政以来，两岸关系进入 1949 年以来最好的历史时期。在两岸关系大环境改善的有利背景下，这当然有助于推动两岸加强两岸政治协商的进程，有助于两岸关系向前发展；二是当前两岸关系发展进入到深水期，如果不推动政治关系的改善，则会对两岸关系包括经济关系的下一步发展有阻碍和影响。因此，两岸关系深水期的问题出现，客观上也使两岸发展面临新的机遇和挑战，有助于双方加强合作，推动两岸政治关系与经济关系发展的良性互动；三是双方均有合作的现实需求。当前双方都需要把两岸和平与发展的能量释放出来，转化为己方的利基。事实上，当前推动两岸经济关系及政治关系的良性互动，本身就是建构台海和平机制的过程，对两岸而言也是双赢之局面，当然是双方所期待的结局。

（二）现实挑战

挑战主要包括以下几个方面：一是台湾层面。马英九当局不愿意触碰两岸政治关系议题，这是最大的挑战。其原因主要是基于选举选票的考量以及台湾当局对大陆的防范意识仍然相当强烈。此外，台湾民间社会对大陆缺乏信任。二是两岸层面。过去四年，尽管两岸关系有了极大改善，但两岸关系中长期存在的结构性矛盾并没有化解，两岸的互信基础仍然相当不足。正是由于政治互

信不足，从而限制了两岸在政治问题上的进展。三是国际层面。长期以来，两岸关系的发展始终都伴随着外部势力的干扰，政治问题是高度敏感的议题，美国等国际势力高度关注，虽然美国支持两岸关系和平发展，但对于两岸在政治议题上接触仍然关切。不希望两岸的路子走得太快，这仍然是美国的主流共识，美国的态度当然会对台湾有所牵制。

三、两岸经济关系与政治关系互动的路径和模式

（一）三种路径

客观而论，两岸经济关系与政治关系的互动路径极其复杂，绝非单线型发展，而应是多维度的发展路径。其一是正向路径。两岸经济关系与政治关系的互动路径有可能是正向发展模式，即渐进路径模式。根据马克思主义经济基础决定上层建筑的原理，随着两岸经济关系的日益结合与利益连接，自然会促使两岸政治关系的不断改善，从而推动两岸双方进行政治议题的谈判与协商。这当然是当前最为期待、也最为理想的发展路径。其二是反向路径。两岸经济关系与政治关系的发展也有可能呈现反向发展的路径模式，即背离路径模式。随着两岸经济关系的快速发展和不断结合，两岸的政治关系非但没有进展，反而愈行愈远，因为随着两岸经济关系的发展，实力较弱的台湾方面有可能产生担心被大陆掏空的恐惧心理，从而对于两岸任何的政治谈判和政治对话都持高度的谨慎与担忧。其三是平行路径。两岸经济关系与政治关系的发展还有一种可能就是平行路径，即两岸经济关系与政治关系的发展呈现两条平行线，双方之间不存在交集。一方面，两岸双方尽管目的不同，但都有发展经济关系的某种期待，另一方面，双方由于政治分歧较为严重，互信基础不易积累，政治关系进展遥遥无期。在这种情况下，推动双方经济关系互动的动力还在于民间社会。

在当前两岸关系和平发展新时期，两岸经济关系与政治关系的互动路径尚未最终定型，还处在发展之中，特别是上述三种路径的可能性及趋势都客观存在，这是我们需要注意的地方。事实上，对于两岸经济关系与政治关系互动之前景，不可能寄希望于激进的突变，而应当立足于现有的两岸现实政治、经济、文化、社会及氛围状况，应遵循相对合理主义的思路，在尊重两岸现实的基础上，寻求某种水到渠成的渐变模式。

（二）模式建构

首先，继续强化两岸经济的融合。在两岸关系互动中，我们要继续深化两岸的经济合作，从而逐步提升经济合作对政治的效应。事实证明，大陆长期以来在对台战略中所坚持的"以经围政"等策略是非常有成效的。因此，继续强化两岸经济的融合与紧密联系，将是两岸关系稳定的最大保障力量。

其次，积极强化政治对经济的引导效应。两岸关系长期以来就有两种力量在存在和拉扯。一种是融合的力量，一种是分裂的力量。2008年以后，随着两岸关系的快速改善，两岸融合的力量不断增长，这对于两岸关系的长期稳定发展至关重要，我们要积极引导两岸融合力量的增长。

再次，重新连接两岸民间社会关系。当前我们要重建两岸社会的一体化。透过重构两岸民间社会，来推动两岸经济关系与政治关系的良性互动。在重新建构两岸民间社会一体化的过程中，我们应努力发掘两岸民间的积极因素和力量，广泛利用两岸民间因素来增强两岸经济的密切度和联系程度，从而不断夯实两岸关系和平发展的稳定基础。

第四，加强战略与战术的有机结合。在推动两岸经济关系与政治关系良性互动中，必须加强战略与战术的高度结合，在当前，必须要采取官方主导与民间推动相结合的策略，特别是善加利用民间的力量。毕竟两岸经济关系与政治关系之互动完全符合台湾主流民意之期待，因此，我们应尽可能地发挥民间力量，包括民间资本，民间人士以及民间组织的功能。

第五，强化两岸关系的法律规范问题。从两岸关系发展的实践以及台湾现有情况来观察，两岸关系发展的法律化至关重要。因为只有把两岸关系互动用法律规范加以确认，其未来发展才具有稳定性。事实上，包括两岸关系和平发展的经济、文化、社会等成果，都应用法律规范来加以确认，都需要用法律来约束，从而防止因台湾政局变幻而使两岸交流的成果受到损伤甚至荡然无存。

2013年6月

持续推动两岸关系从量到质的跨越

杨仁飞

经过两岸双方共同努力，海峡两岸关系呈现快速发展势头，和平发展、"九二共识"成为两岸主流民意与时代潮流。不过，由于两岸长期积累的敌意尚深，互信基础薄弱，造成和平的基石尚未牢固。当前两岸关系挑战与机会并存，两岸当局与民众应抓住机遇，克服当前面临的困难，共同谋求两岸关系可长可久的发展。

一、推进两岸关系的主要困难

（一）两岸制度与价值观的竞争和对抗是根本原因

虽然，近年来学界、政界都很少在两岸合作的氛围下谈两岸制度的差异及由此带来的竞争与对抗问题。但实际上，当下两岸关系面临的各种困难与障碍，包括两岸及民众之间的不信任问题，归根结底还是两岸的制度与价值观差异、竞争与对抗造成的。

迄今为止，台湾官方与民间渐渐认同过去 30 年大陆经济快速发展及支持两岸经济、民间交流，但仍自认台湾在民主建设方面是亚洲的楷模，台湾实行的政治制度比大陆优越。不仅如此，台湾地区领导人及政治人物试图以西方及台湾的价值观、意识形态来影响与改变大陆。马英九曾称"期盼两岸民间团体在民主、人权、法治、公民社会等领域，有更多机会交流与对话，为两岸和平发展创造更有利的环境。""两岸问题最终解决的关键不在主权争议，而在生活方式与核心价值。"

即使国民党上台执政，相信在目前及今后一段时间，并且有可能在很长的一段时间内，制度之争或意识形态的对抗将成为两岸关系推进的根本性障碍。

（二）各种各样的"台独"思潮及分离主义倾向是阻碍两岸关系发展的重要因素

民进党及绿营其他政党与政治人物迄今未改长期敌视大陆的政策立场，不断煽动民众与大陆对抗，而且期望组建"外部民主联盟"对抗两岸的交流合作，因此，虽然民进党内部出现了希望缓和两岸关系、民共进行务实交流的声音，但总体上来说，民进党、"台联党"的"台独"的政党属性未变，他们是阻碍两岸政治对话与两岸统一的主要力量。

（三）两岸在各自期望及措施执行层面出现的问题某种程度加剧了彼此的猜疑

大陆方面存在对台期望过高的问题。

虽然两岸在"和平发展""九二共识"中找到了契合处，但大陆对"以经促政"有过高的期望，存在毕功于一役，甚至有加快解决两岸统一的倾向。

这是因为，随着两岸关系的大幅改善，以及大陆综合实力的提升，大陆方面有些人滋生出急于推动两岸政治和谈，签署和平协议的高期望。

而台湾方面则以拖待变。马当局虽强调两岸交流"先经后政"，先易后难，循序渐进，但在马的第二任期则是有目的、有计划地放缓"后政"时代到来。因为台湾十分明白，两岸协商谈判，大陆在经济上可以做出大幅让利，但在政治上能做的让步空间极为有限，一旦两岸上了谈判桌，台湾所期待的"政治对等"注定要落空。因此无论是借口时机不成熟，还是民意基础不足，都是出于对台湾未来的忧虑。这也就是目前台湾主要政党不论蓝绿，均出现了消极对待两岸深化及全面合作，包括共同努力结束两岸敌对状态、进行政治对话、签订和平协议的现象的症结所在。

在具体政策方面，台湾对大陆政策过于功利，存在片面追求自身利益的最大化，较少顾及两岸整体利益以及大陆民众感受的问题，如包括最新签订的"台日渔业协议"。

而大陆"以经促政"的思维也存在一定的单一性，存在全国一个对台交流模式，交流工作浮于台面，不够细腻、圆润，致使一些好的政策与措施在台湾民众眼里，变成了大陆"统战台湾"的工具，同样影响政策的效果。

双方期望值的落差以及政策执行层面存在的问题，使得两岸民众难以同理心看待对方的诉求，反而加深了怀疑，某种程度上影响了两岸交流的效果。

（四）台美、台日无名有实的同盟关系成为阻碍两岸关系深化的最大外部力量

目前台湾虽然在许多领域保持优势，但大陆快速崛起令台湾产生强烈的危机感与无力感，转而重新拥抱比大陆更强的美日，而这又不断触痛大陆神经，实质影响及损害两岸关系。

马英九上台后，全面实施亲美、友日、和陆的战略。

2008年台军方首度明确台美军事关系为准同盟关系，这是台美"断交"且继"台美共同防御条约"废止之后，台"国防部"首次公开以"同盟"的字眼形容台美军事关系升温的现况。2009年美智库报告也称美台为准军事同盟关系。马英九在他的第一任期内共向美国采购了价值108亿美元的先进武器，此外美台还在情报侦搜、军事训练、网络安全等领域进行了全方位的合作。台美各个领域的深度信任、合作、交流达到一个峰值。2012年马英九对外声称台美关系为30年来最好。2013年4月，美国AIT主席薄瑞光在华盛顿有关智库召开的两岸与美国关系研讨会上表示，美台军事关系比任何时候都要强劲，美台有非常好的信息交流、训练，美台在许多层面的日常军事对话与合作已经制度化。

可以说，美台已形成无名有实的同盟关系，且同盟紧密度超越以往任何一个时期，不亚于美日、美韩同盟关系，成为美国21世纪在亚洲的新战略同盟圈的重要一环。

在对日关系方面，2008年马英九上台后，将台日关系定位为特别伙伴关系，即双方虽无正式"外交"关系，但实质关系却比有"邦交"更密切。

在这样的安排下，台日高层互访频繁，台日机制性协商不断取得进展。2011年台日签署"投资保障与开放天空协议"，2013年台日签订"钓鱼岛渔业协议"，相互避免双重课税的谈判也在推进中。马英九在台日签署"渔业协议"后称，台日关系40年来最好，台日关系进入新阶段。这些足以显示，台湾当局对台日关系之重视，台日关系非同寻常。

在当今美日视大陆为强劲对手、全力拉帮结派遏制中国大陆崛起、损害我国家利益之际，台湾深度拥抱美日，深化台美、台日"同盟关系"及特别伙伴关系，无论台湾当局的动机如何，双方的合作程度如何，均实质伤害及危及两岸关系。

二、持续逐渐推动两岸关系取得质的突破

面对目前两岸关系所呈现的挑战与困局，我们认为，应以超越传统经济或政治的单一对台工作与政策思维，以最大程度争取台湾民心为依归，探寻出新时期促进两岸关系、深化两岸关系的新思维、新路子。

（一）通过正面与迂回相结合的策略，继续耐心累积两岸互信

基辛格在《论中国》一文中指出，"西方传统推崇决战决胜，强调英雄壮举，而中国的理念强调巧用计谋及迂回策略，耐心累积相对优势"。

尽管目前大陆对台湾的相对优势有所显现，但总体上来说，我们的优势并不明显，台湾官方与民间也不买我们的账。在这一阶段，我们不能心浮气躁，更不能成为台湾方面借力使力提出更高价码的借口。

因此在下一阶段，我们对台政策部分重在谋划如何耐心累积两岸的互信，累积我们在对台交流与合作方面的优势，包括累积对台政策与工作的主动权、主导权，争取更多的台湾民心归向。

（二）以符合市场规律的深度经济合作力促政治对话的启动，忌感情用事和过多的理想主义色彩

在两岸经济交流与合作环节要彰显市场经济的法则，真正以市场的手，市场的规律规范两岸的经济交流，实现两岸经济合作的双惠共赢。每一项付出都必须计算相应的回报，当然这种回报周期可长可短，可有形可无形。今后大陆方面的对台经济让利，除了政治考虑外还须结合经济自身运行的规律。我们要用实实在在的政策、方式告诉台湾民众，两岸经济安排，密切的经济关系不仅对台湾人民有利，也有助于推进大陆地区的经济发展，有助于两岸人民的福祉。我们要通过创造良好的制度环境、经济、生态与人文环境，通过建设美丽中国，以庞大的大陆市场继续增强对台湾的吸引力，打动及争取台湾民心，争取早日开启两岸政治对话。

（三）要以同理心理解、包容对方，善以历史、文化、教育、社会软性的力量，深化两岸民众的感情纽带与两岸人民的国家、民族认同

同理心，就是站在对方立场设身处地思考的一种能力。争取台湾民心的工作，是一个非常复杂又长期的工程，我们的对台政策、措施，实施执行党与国家对台战略与政策的部门、人员要站在国家战略利益高度去思考问题的同时，也要站在台湾及台湾人民的角度去思考政策是否会引起反弹，自己的言行是否与争取台湾民心的目标相一致。当然我们也要争取、影响台湾官方与民间，要求对方能以同样的同理心来看待大陆，实现两岸"对等"。国台办主任王毅指出，"合情，就是照顾彼此关切，不搞强加于人；合理，就是恪守法理基础。"

我们要善用历史、文化的力量。我们不仅要尊重历史，而且要善用历史的纽带。如客观评价国民党在抗日战场中的贡献，对尚活在人世的抗战老兵及其后裔给予应有的物质与精神鼓励；如强化对二战前后台湾人在大陆的历史与族谱研究，让台湾民众对大陆的历史记忆从在祖先迁台的时间延伸到近代，甚至现代。

文化的力量是无形的，有感召力，有时比政治、经济政策更能打动平民百姓。我们要善用音乐、艺术等各种各样的文化形态，与台湾民众一道打造两岸交流与感情的桥梁。最近"我是歌手"节目在台湾受到热捧，反映了文化是有感染力及张力的，其效果不亚于向台湾采购水果、大米。我们要利用文化的影响力来推动两岸民心的融合，塑造两岸新的共同的价值观，推动两岸关系发展从量到质的突破。

（四）探索破解美国阻碍对两岸和平统一的方法、方式

在过去、现在以及今后很长一段时间，美国是阻碍两岸进一步和解实现统一的关键外部力量，目前两岸存在的许多问题因美国的干预而无法解决。"美国在台协会"前理事主席卜睿哲多次公开宣称"两岸政治对话非常困难"。卜睿哲认为，一旦两岸签署和平协议或军事互信协议，大陆势必会要求台湾减少或停止对美军购，美国提醒台湾应加强军力，以免大陆在实力不对等的情况下，逼台湾就范。因此两岸签署和平协议没有必要。美国负责亚太事务的前助理国务卿坎贝尔称，美国最终给予台湾的建议是如何冷静且非常小心地处理钓鱼岛、南海及两岸等问题。目前美国用各种手法力阻台湾与大陆过度亲近，因为会使美国无法掌控台湾，从而影响美国在亚太的利益平衡。因此美中关系的发展程度直接决定美台关系及两岸关系的进程。

实际上，美国为了自己的利益，长期以来不希望两岸进行政治对话签署和平协议，今后更不容许两岸走向统一。

从这一角度看，经营两岸关系，要取得从经济、文化等交流合作走向政治对话，必须同经营中美关系联结在一起，要通过中美的较量，打破或改变美国对台湾的新管控，从而谋求两岸政治关系的重大突破。

总之，当前两岸关系出现了一些新机会，也存在一些问题、新障碍，这些问题与障碍有台湾方面的功利主义考虑，也有域外大国干预的因素，当然也与我综合国力不够强大有关。正如习近平总书记所说的那样，打铁还要自身硬，我们要通过增强软硬实力，以更有效的方式推动经济、文化、社会的交流，持续累积两岸互信，最终实现两岸关系从量到质的突破。

2013 年 6 月

对两岸和平协议的几点思考

张文生

2005 年，在"胡连会"过程中，双方提出了结束敌对状态，达成和平协议，建立军事互信机制的共识。2008 年 12 月 31 日，胡锦涛在纪念全国人大《告台湾同胞书》发表 30 周年座谈会上的重要讲话呼吁，"在一个中国原则的基础上，协商正式结束两岸敌对状态，达成和平协议，构建两岸关系和平发展框架"。2012 年 11 月，中国共产党"十八大"政治报告重申："希望双方共同努力，探讨国家尚未统一特殊情况下的两岸政治关系，做出合情合理安排；商谈建立两岸军事安全互信机制，稳定台海局势；协商达成两岸和平协议，开创两岸关系和平发展新前景。"达成和平协议，成为两岸关系和平发展进程中海峡两岸共同努力的方向，也是两岸关系和平发展的重要标志。

一、现阶段达成和平协议的可行性

马英九在 2008 年"大选"之前提出的"五不、五要"的政见中，曾经提出："两岸协商三十年、四十年或五十年的和平协议。在这个和平协议架构下，也应当包括'两岸军事互信机制'"。2011 年 10 月，马英九在竞选连任的过程中再次提出："未来 10 年中，应该对两岸在循序渐进的情况下，审慎斟酌未来是否洽签'两岸和平协议'"。可见，海峡两岸均有签署和平协议的意愿和需要，但是两岸关系的发展远未达到能够顺利达成和平协议的程度。

第一，民进党仍然顽固坚持"反中""台独""一边一国"的立场，煽动岛内民众反对马英九当局推行的大陆政策，泛绿阵营指责"两岸共同市场"是"一中市场"，指责"两岸经济合作框架协议"是"统一协议"，动员民众强势反对两岸两会签署的 ECFA 和"两岸服务贸易协议"。泛绿阵营连敏感度较低的两岸经济性协议都极力反对，更何况政治敏感性高的"两岸和平协议"。民进党公开攻击"和平协议掉入'一中陷阱'"，"和平协议即是投降协议"。马英九当局也担心被质疑"卖台"，对于"一个中国""国家统一"等用语噤若寒蝉，对两岸政治谈判顾虑重重，为"两岸和平协议"设下了"公民投票通过"等前提条件。马英九连任后表示："两岸签署16个协议，基本上都是两岸和解制度化的一部分，因此目前并没有迫切性，要与中国大陆讨论签署和平协议的问题"。"在和平发展的议题上，我们基本的态度就是'先急后缓、先易后难、先经后政'，所以在长远的规划上有提到和平协议，但'目前并没有迫切性'。"台湾的现实政治环境使得马英九当局在推动"两岸和平协议"的议题上趋于保守，以"广义和平协议"来取代"两岸和平协议"的主张。

第二，台湾民众虽然多数都支持签署"两岸和平协议"，但是两岸民众对和平协议性质的认识差异较大。2011年10月马英九重提签署"两岸和平协议"的构想之后，旺旺中时民调中心的调查结果显示，59%的台湾民众支持签订"两岸和平协议"；《台湾苹果日报》的民调显示47.57%的民众支持签署"两岸和平协议"；《联合报》的民调显示，41%的民众表示乐观其成，29%反对，29%无意见，但同时也有67%的民众认为应经由"全民公投"方式决定是否签署；台湾TVBS的民调也显示70%的民众赞成签署和平协议前要先公投。可见，由于和平协议是对于和平的制度化保障，台湾民众绝大多数赞成两岸签署和平协议，但在此同时，在签署的程序上强调必须得到台湾民众的认可，绝大多数主张"先公投后签署"，这样的主张与大陆的立场有差异。当然，除了程序上的主张有分歧，在实质上对于两岸和平协议性质的认识也有差异，多数台湾民众并不认为"两岸和平协议"是一个中国原则基础上的协议。2013年4月份台湾指标民调的结果显示，56.2%的台湾民众认为两岸关系是"国与国的关系"，而20至29岁的青年人认为两岸关系是"国与国的关系"的比例更高达76.2%。海峡两岸对于两岸政治定位、"中华民国政治地位"等核心政治议题仍旧缺乏共识，尚未形成签署和平协议的牢固的政治基础。

除了台湾的民意、泛绿阵营的反对、两岸政治分歧的制约，美日等外国势力的关切也构成一定的牵制，因此，现阶段通过两岸民间机构讨论"两岸和平协议"议题，作为重大课题加以探讨研究是非常有必要的，但是在两岸协商和谈判进程中尚难列入议程，仍然有待条件和时机的进一步成熟。

二、两岸和平协议的政治性质

在海峡两岸协商签署和平协议之前，应当对两岸和平协议的政治性质和功能定位有一个清晰的认识。两岸和平协议实质上是规范现阶段两岸关系和平发展进程的政治协议，是国家尚未统一的特殊情况下的政治关系的框架性安排。两岸和平协议是两岸关系发展进程中的过渡性的暂时性的协议，不是两岸和平统一协议，不是两岸关系的终局性协议，而是两岸和平发展协议、两岸和平共处协议，不可能彻底解决两岸面临的结构性的政治分歧。两岸和平协议目的是维系台海和平与遏止"台独、分裂"活动，不直接处理两岸统一问题，在两岸和平协议中不必纳入"国家统一"的相关表述。

两岸和平协议是法律上确认"1949 年以来，尽管两岸尚未统一，但大陆和台湾同属一个中国的事实从未改变"的法理现状。在两岸和平协议的架构之下，既体现了"大陆和台湾同属一个中国"的两岸领土和主权同一性的"一中架构"的性质，也反映出国家尚未统一的特殊情况的特征。两岸和平协议更大程度上是"维持现状"的协议，搁置争议的协议。两岸和平协议在某种程度上也是"不统、不独、不武"架构的法律表现。"中华民国"的"国号"依然存在，"中华民国宪法"也依然存在；但是和平协议的达成并非是法律上承认"中华民国"及"中华民国宪法"。通过达成两岸和平协议，海峡两岸得以共同确认和维护一个中国原则，从而实现两岸和平的维系；大陆以有限放弃使用武力换取台湾当局坚持一个中国原则，促使台湾当局放弃"台独、分裂"路线。

两岸和平协议是"在一个中国原则的基础之上"协商达成的和平协议。一个中国原则的核心是海峡两岸在主权与领土上的同一性或重叠性，即"大陆和台湾同属一个国家"，也就是"一中架构"。从某种意义上可以说，两岸和平协议是"一中"换"和平"的协议，海峡两岸共同确认"一中架构"是签署两岸和平协议的政治前提。2013 年 6 月 13 日，中共中央总书记习近平会见中国国民党荣誉主席吴伯雄，吴伯雄表示："两岸各自的法律、体制都实行一个中国原则，都用一个中国框架定位两岸关系，而不是'国与国'的关系"。2013 年 7 月 20 日，习近平电贺马英九当选中国国民党主席，马英九在复电中表示："1992 年，海峡两岸达成'各自以口头声明方式表达坚持一个中国原则'的共识"。海峡两岸对于"一中架构"、"92 共识"的共同认知越来越清晰，一致立场越来明确，在事关两岸政治定位的一个中国原则的核心问题上找到共同表述空间的可能性越来越大，这就为两岸协商和达成和平协议建立了可能的政治基础。但是，不可否认，海峡两岸对于一个中国的内涵仍是有分歧的。台湾当局主张的是"一中各表"，强调"中华民国"的存在；台湾当局仍然强调"各表"的分歧，主张"互不承认主权、互不否认治权"。台湾当局签署和平协议的目标是维系"中华民国"的生存与发展。两岸对于一个中国原则的共识仍旧局限在主权层次，在政权层次仍然难以达成共识，因此，政权层次的争议，即"国号"等问题的争议，仍旧必须搁置。

三、两岸和平协议的程序性问题

可以预见，海峡两岸在和平协议的协商过程中会有很多分歧，台湾方面会要求在和平协议中达到"互不否认"的政治目的，会要求解决台湾当局的"国际活动空间"问题，以及大陆撤除对台导弹部署问题，试图在主权层次取得突破，涉及敏感的两岸关系以及台湾政局。因此，对于两岸和平协议的协商进程，应当要从长计议，不必有时间表，不必急于求成。

两岸和平协议包括程序性问题与实质性问题的处理。程序性问题包括谈判的主体、谈判的形式、谈判的时间、谈判的地点、谈判的进程、签署的仪式、生效的方式等等。有时程序性问题与实质性问题是相互联系的，如谈判主体的确定问题。程序性问题也应当做出妥善的安排，使两岸和平协议在两岸关系和国际宣传中产生最大的效用。

两岸和平协议的谈判形式既可以采取双方都派代表团的形式分议题分阶段分次协商，也可以采取双方都派代表共同组成某种会议的形式定期协商；既可以是临时性的谈判组织，也可以是长期性的谈判组织。协议的形式无论采取何种名称，如协议、协定、文件、宣言、公报、备忘录、议定书等，都应当具有相同的约束力。

两岸和平协议的进程，可以具体分为议题阶段、程序安排阶段、实质谈判阶段、签署协议阶段、生效实施阶段。目前处于议题阶段，可以由两岸的学者专家及社会各界就相关的议题展开充分的讨论，相互试探，酝酿氛围，设计方案。在程序安排阶段，可针对谈判的主体、形式、地点、内容、顺序、生效程序进行磋商。在实质谈判阶段，针对相关议题逐项商谈达成共识。在签署协议阶段，应举办相关的仪式，营造国际国内宣传的效应。在生效实施阶段，应当取得两岸民众的充分支持，在程序上符合法律规定，防阻违背协议的行为。

1. 谈判的时间与签署的时机

目前两岸两会谈判遵循先经济后政治的顺序，何时开启政治议题的谈判，何时签署相关的协议，都应当有充分的评估。第一种选择是在两岸经济性协议谈判取得明显成效后，正式进入政治性的和平协议谈判；第二种选择是马英九卸任之前，通过"习马会"发表共同声明等更为简便的形式开启两岸和平协议谈判的进程；第三种选择是留待马英九卸任后根据台湾政局发展的实际状况，再展开两岸和平协议谈判。两岸和平协议签署的时间则放在后面，必须等待谈判的结果，同时考量两岸和国际的客观背景。

2. 签署的地点与签署的仪式

可以把两岸和平协议的签署与两岸领导人的见面安排相结合，宣示两岸关系标志性的跨时代的开始。从现实与安全考虑，两岸和平协议的签署地点可以放在厦门或金门，由两岸的最高领导人共同出席签署仪式，见证两岸和平协议的签署。

3. 生效实施及其监督执行的方式

两岸和平协议签署之后，两岸应当各自交付民意机构表决通过，完成其法律效力的民意建构，以确立其合法性和有效性。两岸可以成立两岸共同事务委员会负责和平协议的后续协商、条文解释与监督执行。

四、两岸和平协议的具体内容

两岸和平协议是综合性的、原则性的、概括性的协议。两岸和平协议不可能解决两岸关系中的所有问题，两岸关系中的具体问题应当由其他协议来具体规范，因此，两岸和平协议条文不必太多，解决两岸关系中的原则性的问题。在两岸协议的范畴中，两岸和平协议是现阶段法律位阶和法律效力最高的两岸协议。为其他具体的、部门性的协议提供法律上的渊源和协商的方向。

在形式上，两岸和平协议可以参照国际条约，包括这些具体内容：一是名称，可称为各界都较能接受的"两岸和平协议"；二是序言，包括协议各方的名称，以及订立协议的动机；三是主要条款，列为具有编号的条文，可以有附件；四是最后条款，包括协议的期限、批准、生效时间等杂项规定；五是代表的签署等证实形式。

在实体上，两岸和平协议解决现阶段两岸关系中的核心问题和主要问题，其中包括一个中国架构的明文化、结束敌对状态、促进两岸官方交流、军事安全互信机制等重要事项。主要内容应当包括：

1. 在和平协议中确认两岸关系的现状，即"尽管两岸尚未统一，但大陆和台湾同属一个中国的事实从未改变"。

2. 在和平协议中建立"坚持一个中国原则"与"以和平方式处理两岸关系"的链接，两者相互依存。

3. 在和平协议中确立两岸结束敌对状态的宣示。

4. 在和平协议中规定促进两岸政治、军事、安全交流的机制和方向。

5. 在和平协议中表达对台湾民众合法权利和利益的尊重。

6. 在和平协议中确认建立海峡两岸军事安全互信机制（CBMs）。

7. 在和平协议中载明违背协议的处理机制。

在现有的学者的相关研究中，已经有多个"两岸和平协议"的具体文本，包括汉江大学法律系教授余元洲草拟的"两岸和平协议草案"，其缺点是把"中华人民共和国"与"中华民国"并立，脱离了两岸关系的现实。2008 年，"海基会"前副董事长兼秘书长邱进益曾经提"台湾海峡两岸和平合作协议"草案，分为前言与条文两大部分，全文共有 11 条，内容较为简略，有关投资保障和"三通"等内容现在都已经实现，不宜再列入和平协议条文之中。台湾学者苏嘉宏也曾试拟"两岸和平协定之基本条款"，全文共有 10 条，主要规范两岸军事互信机制，要求"为避免两岸持续进行军事对峙，由大陆地区之沿海和台湾地区之金门、马祖之当面起，至浙江省南部、福建省、广东省北部等内陆五百公里，划定缓冲中间地带；在此缓冲中间地带内，两岸当局得对彼此的军事武力之数量及所有军事活动等，进行协调管制。"这样的规范无疑是解除大陆武装，未免显示公平。2005 年，亲民党也曾草拟"两岸和平促进法草案"，规划由"台湾立法机构单方立法"，但并没有实现。2007 年，联电董事长曹兴诚主张台湾当局通过"两岸和平共处法"，以"统一公投"消弭"台独公投"的主张。此外，美国学者李侃如（Kenneth Lieberthal）曾经提出"五十年过渡协议"，绿营学者郭正亮提出过"两岸联立五十年"的方案，美国国防大学学者 Phillip Saunders 也曾经研究过两岸和平协议问题。相关的研究虽然未尽符合两岸现实，有些建议却可以作为参考。

五、两岸和平协议与军事安全互信机制

军事安全互信机制是两岸和平协议的核心内容。海峡两岸没有政治互信就没有军事安全互信，没有军事安全互信就没有两岸和平，政治互信——军事安全互信——两岸和平，这三者密切联系，缺一不可。因此，两岸和平协议应当有军方的参与，军方负责台海地区的冲突控制与危机管理，担负着维护两岸和平的重要角色。当然，两岸和平协议是原则性的规定，不可能对两岸军事安全互信机制做出全面的详细的规范。两岸和平协议是两岸军事安全互信机制的法源，是两岸军事安全互信机制的母法，是两岸军事安全互信机制的基础。但是两岸军事安全互信机制的建构又有相对的独立性，应当由军方来主导，可以在两岸和平协议谈判过程中同时进行，甚至可以在两岸和平协议签署之前开展某些方面的尝试。

但是两岸和平协议不等同于两岸军事安全互信机制，它实现和平的目标，更多地依赖于政治互信，建立在两岸政治互信的基础之上，而不是军事安全互信。两岸政治互信，既是签署两岸和平协议的基础，也是建立两岸军事安全互信机制的基础。军事安全互信机制是确保两岸和平协议，实施两岸和平协议的技术性手段和措施。

不可否认，两岸对于签署和平协议的目标并不完全一致，对于和平协议的规范内容也有不同认知。大陆希望通过两岸和平协议的签署，不仅确保两岸关系的和平稳定，而且遏制"台独、分裂"活动，推进国家统一进程。台湾希望通过两岸和平协议的签署，不仅确保台海的和平、安全与稳定，而且维系"中华民国"的生存与发展。因此，大陆要求在和平协议中体现"一中架构"，台湾要求在和平协议中限制非和平手段；大陆更多地把和平协议看作政治性的协议，台湾则有人把两岸和平协议当作军事性的协议。海峡两岸的认知差异应当通过协商谈判的方式获得合情合理地解决。两岸和平协议要通过谈判取得成功，双方都不得不做出某些让步和妥协，务实面对两岸政治现实。

2013 年 6 月

对近 30 年来两岸交流的反思

杨仁飞

自 20 世纪 80 年代中后期海峡两岸开放人员来往开始，两岸关系出现了划时代的变化。经过近 30 年两岸与民众的努力，产业互利合作、文化教育艺术交流多头推进，和平发展成为两岸民众的共同心声。然而，当前两岸关系发展仍面临诸多挑战，尤其是"台独"势力及其影响渗透台湾社会各个领域、各个阶层，对两岸关系行稳致远产生了极大的威胁；台湾岛内保守主义、民粹主义与主体意识盛行，对大陆的崛起与两岸关系的快速发展充满了强烈的不安感，尤其是年轻世代长期受"本土化""台独"史观的影响，对大陆感情渐趋冷淡。如何破解两岸关系中的种种难题，需要我们从两岸近 30 年的交流史中总结经验，并从中寻找一些有益的启示。

从驱动力、驱动因素来看，本人认为近 30 年的两岸关系是一个以共同情感、历史、文化驱动为主渐渐滑向以经济利益驱动为主的历史过程。当下的利益驱动，固然迎合时代的潮流，也带来两岸大交流大发展的局面，但却使民众的情感与思维天平朝着物质化，向着对自己一方最有利的方向思考问题，这使得两岸有可能重新陷入新一轮零和思维困境的危险。本文认为，两岸民众要心连心，进一步增进互信是关键，而当下必须将利益驱动的交流回归到情感、文化、历史、价值驱动的方向上，而且经济交流必须服务于情感与价值驱动的本源。

一、亲情与文化血脉：
两岸关系中最温情的推动力量悄然发生变化

1981 年 9 月 30 日，全国人大常委会委员长叶剑英发表了对台工作九条建议，即"叶九条"。除建议举行国共谈判、实行第三次国共合作、完成祖国统一大业外，叶剑英还建议"台湾各族人民、各界人士愿回祖国大陆定居者，保证妥善安排，不受歧视，来去自由"。"叶九条"发表后，全国各地纷纷建立接待台胞探亲的机构，而思乡心切的台湾大陆老兵开始陆续冒着被台湾当局"法办"的危险，从香港等第三地辗转回到大陆探亲。1987 年，数万大陆老兵在台北发起返乡探亲运动，向台当局要求准许老兵回大陆探亲。在现场，上万老兵以"母亲节遥祝母亲"的名义在台北孙中山纪念馆举行集会，他们身穿白色衬衣，正面印有鲜红色"想家"字样，后面是"妈妈我好想你"的文字，"雁阵儿飞来飞去，白云里；经过那万里可能看仔细。雁儿呀，我想问你，我的母亲在哪里……"，一曲《母亲你在何方》，令整个集会哭声一片。镜头内外，亿万人动容。这是自 1949 年以来台湾大陆老兵对家乡最深情、最有力的呼喊，以致 1987 年 10 月 15 日台湾当局最终宣布开放台湾居民到大陆探亲。同年 10 月 16 日，经国务院批准，国务院办公厅也公布了《关于台湾同胞来祖国大陆探亲旅游接待办法的通知》。至此，两岸打破了自 1949 年长达 38 年的冰封期，迎来第一波百万台湾同胞返乡探亲大潮。可以说，这一波的探亲潮，承载了那个时代两岸民众的独特情感，展现两岸民众强烈的向心力与凝聚力，显示文化血脉驱动的强大张力。在探亲大潮中，一个个寻找亲人、祭拜远去父母兄弟的身影，一段段家国恩仇、骨肉分离再团聚的厚重历史，化身为两岸文化血脉纽带的图谱。

特殊历史形成的探亲大潮终有渐渐退却的时候。随着当年的大陆与台籍老兵及其家眷们老去，如今剩下屈指可数、再也走不动的耄耋老人。我们必须体认到，随着那一代人的老去，这段两岸特殊文化血脉凝成的情感与记忆，渐渐成为两岸历史的记忆画卷。

当前两岸的探亲潮仍在继续，第二代、第三代民众之间的交流并未中断，但是不得不承认，这一血脉情感驱动的张力已衰微。一则是由于手足之情已淡，联系也变得没有那么必要与频繁，二是情感纽带背后越来越带有功利的意味，探亲之旅背后，更多考虑凭借两岸亲友的联系管道与资源，在对方那里寻找投资发展的机会。

新的探亲潮在催生。近 30 年来，两岸婚姻不断缔结，催生与 20 世纪 80、90 年代不同的探亲潮。自 1989 年大陆首例涉台婚姻在厦门登记以来，截至 2013 年年底，两岸婚姻已逾 35 万对。从某种程度上来看，通过通婚而派生的两岸民众交流仍具有情感、文化、历史导向之特点，但已淡化了个体之间拥有共同国家历史与文化体验的精神推动因素。况且两岸婚姻中不乏苦涩的个案，当事人对新角色、新关系、新观念、新规则、新环境了解不够，认知有偏差，加之遇到困难后缺少有效的社会援助，特别是陆配常遇到家庭暴力、学历不被认可、找工作不如意，接父母来台不易、不能获得完整的遗产继承权等问题。因此两岸婚姻驱动的民众交流终究是混杂了情感，也混杂了利益纠葛的新型文化血脉交流潮，其结果是其热络度、密切度自然递减。

当然，尽管当代两岸婚姻有各种各样的问题，但他们肩负起了传承两岸共同文化血脉的重任，我们的决策者与研究者，必须从更广阔视角去正视他们对两岸关系持续推动的正面导向效应，使之成为维护两岸和平的重要力量。同时必须呼吁台当局在制度与政策的层面确保陆配在台湾工作、生活的基本人权，使这一条生成两岸新文化血脉的婚姻纽带更加健康发展。

二、利益驱动思考下的两岸经贸交流暗藏风险

在开放探亲之初，富有生意头脑的台湾人决定在家乡投资点产业。一开始投资小打小闹，亲情的诉求强于投资利益的期望。1989 年，台湾当局放宽允许台胞赴大陆的许可范围，使得两岸探亲扩大至旅游、交流、贸易等领域。自此台湾旅行业者开始与大陆同业合作，为台胞提供大陆观光服务；台胞在大陆开始投资设厂，台湾高校学者赴大陆进行学术、文体等各项交流。台塑大王王永庆 1990 年的大陆行，被视为是台资投资大陆第二波的弄潮儿。虽然王永庆未能最后成行，但以石化、重化工为代表的台湾资本密集型产业投资大陆潮却风生水起。之后，在大陆改革开放的时代大背景下，"台商""台干"以及后来的"台生"纷纷西进，成为大陆众多资本家、管理阶层中最有特色、最有政治影响力的群体，人数有百万之多。

如今两岸投资进入第四波，甚至第五波，从手工作坊式单向投资到两岸双向投资，从传统工业到金融、信息、文化产业各个领域，两岸经贸制度化也取得积极成果，两岸诸多协议及执行消除了两岸往来周折，便利了两岸民众交往；降低了两岸运营成本，节省了两岸同胞费用；打击了跨两岸犯罪，维护了两岸交往秩序；监管了两岸产品质量，保障了两岸民众安全；叠加了两岸资源优势，深化了两岸互利合作。两岸民众旅游不断突破规模，2013 年两岸人员往来数达到 941 万人次，其中从 2008 年 7 月开放大陆赴台旅游以来，一直累积到 2013

年 7 月为止，大陆游客赴台人数已经超过 630 万人次，给台湾带了高达 3150 亿（新台币）的收入。此外，自 2011 年起，台湾开放招收陆生，尽管在"三不六限"政策影响下，实际就读的陆生的人数还是从第 1 年的 90 多名提升到 2014 年 1804 人。凡此种种，说明两岸交流已然全面而深入。

应该说，过去 30 年两岸交流艰难前行，呈现大交流、大繁荣的局面实属不易，然而我们更应该清新地认识到，两岸交流的驱动力，已从当年的情感、文化驱动演变为更多的经济利益驱动。

问题来了，有利益存在，就会有利益分配问题，有利益分配问题，就会有公平性问题等。在利益驱动下，在政策层面，决策者会更多地考虑参与者的利益，而不是非参与方的利益，这使得制度、政策设计往往有利于参与方或既得利益集团，而造成对非参与方不公平现象出现。在利益驱动下，决策会偏离原本意志，如大陆有一些学者曾经认为，利益捆绑会使两岸人民趋利避害，走得更近，朝统一的目标更近，但从经济学的角度来看，经济交往实际上只能受惠于一小部分人，等于让一小部分人享受两岸红利；而两岸多数人相信两岸经贸交流、大陆让利，将使台湾经济受益良多，不仅维持近千亿美元的外汇出超，而且也可以提升经济成长率，更受惠于全体台湾人民，然而这一愿望也未能产生期望的社会与政治效果。理想与现实距离遥远，最根本的原因在于利益驱动机制下，参与方追逐利益，得不到利益的产生不满，而非参与方则隔岸观火，视自己被排挤，被边缘化、被相对剥夺，同样也会对两岸政策甚至两岸得益者不满。因此利益驱动下的"不公平种子"早已种下，它会在适当的时机破土而出。客观地讲，2014 年台湾发生的"反服贸运动"就是台湾社会对两岸关系转向过度利益驱动的一种逆反。

此外，利益驱动还带有功利性与时效性，它持续的动力在于不断的刺激，一旦刺激的动力减缓或有纠纷，利益相关方就会渐行渐远。经济利益驱动下的交流缺乏情感驱动或文化、价值驱动的巨大感召力、持续性。

因此我们在反思台湾社会"反服贸、反中"思潮时，应该思考如何避免两岸关系进一步向利益驱动方向前进，我们应该探索重塑两岸新情感、历史、文化、价值驱动的交流模式。

三、打造两岸心灵之桥：
丰富两岸共同历史、文化、血脉、价值新内涵

相比 30 年前，两岸实力对比发生显著变化，但是两岸社会与民众思想也发生了巨大的变化。特别是台湾社会思潮的变化更值得引起我们高度的重视。过去 20 年，台湾社会在"李、扁时代"有心谋划与经营下，使得台湾年轻世代产生两岸不同历史、文化、价值的扭曲图像。台湾的教科书、台湾版中文维基百科仍在不遗余力地传递"台湾属于南岛语系国家、曾在历史上建立过自己的国家，近代以来荷兰与日本"统治"开启台湾文明之路，中华人民共和国不曾统治台湾，台湾属于独立国家"的"台独"史观。在"台独"史观的教育下，以至于新当选的台北市市长柯文哲等政治人物堂而皇之地宣传殖民好处，台湾年轻世代及部分民众对两岸拥有共同的历史与文化认知这样的事实与道理产生了怀疑与排斥，其后果之严重性是不言而喻的。目前我们看不到民进党等绿营自身有摆脱、纠正这一扭曲图像与趋势的自我动力与意愿，为此有必要呼吁两岸重视重塑两岸民众的历史、文化、血脉认同的重要性，在重塑过程中，赋予我们厚重历史、文化、血脉、价值的新内涵，以真情、真心呼唤认同的回归，打造新的心灵之桥，将两岸民众，特别是年轻世代连接在一起。

习总书记 2014 年 2 月 18 日在会见中国国民党荣誉主席连战访问团一行时所做的"共圆中华民族伟大复兴的中国梦"讲话，其思想内涵对我们思考两岸关系未来走向有着重要的启示。

习总书记开门见山地提出"两岸同胞一家亲，谁也不能割断我们的血脉"。他指出，"两岸同胞一家亲，根植于我们共同的血脉和精神，扎根于我们共同的历史和文化。共同的文化是指，两岸同胞同属中华民族，都传承中华文化。在台湾被侵占的 50 年间，台湾同胞保持着强烈的中华民族意识和牢固的中华文化情感，打心眼里认同自己属中华民族。这是与生俱来、浑然天成的，是不可磨灭的。两岸同根同源、同文同宗，心之相系、情之相融，本是血脉相连的一家人。两岸走近、同胞团圆，是两岸同胞的共同心愿，没有什么力量能把我们割裂开来。因为我们的血脉里流动的都是中华民族的血，我们的精神上坚守的都是中华民族的魂。"习总书记希望两岸人民从自然的血脉联系升华为文化血脉的过程中，寻求两岸民众心灵共鸣的基础。我们知道，中华文明在现代化演变中

有变化有坚守，我们有必要在这一变化过程中，尊重彼此的推陈出新，尊重多元发展，鼓励两岸年轻世代不忘民族血魂。

强化两岸共同历史认知记忆，更是迫在眉睫的心灵工程。历史认知记忆，不仅是指寻求两岸民众对中华文明史的共同认知，而且更要体认近代以来两岸各自经历的苦难与奋斗历史，认知两岸近代历史中存在平行、交叉、相融的不同进程，在这些不同的进程中，寻找到两岸共同承认、真正和解的历史记忆与历史精神。习总书记指出，"两岸同胞虽然隔着一道海峡，但命运从来都是紧紧连在一起的。近 60 多年来，两岸虽然尚未统一，但我们同属一个国家、同属一个民族从来没有改变，也不可能改变。"历史记忆认知的再造，是一个浩大的工程，我们可以做、能做的其实很多，诸如我们应努力将 1949 年以来在中华大地上取得的考古成就与重大历史研究工程的成果系统地呈现给对岸的民众，让年轻的台湾民众由衷产生自豪感；我们可以在纪念抗战胜利 70 周年之际，共同纪念那些在抗日大潮中勇于奉献与牺牲的两岸仁人志士，让英烈的故事在两岸各种交流活动中再次得到呈现，让台湾的历史融入我们的传承中，让两岸中国人世世代代永远记住他们。最近中华文化发展促进会和中国华艺广播公司摄制推出的纪录片《甲午史鉴》是一个很好的尝试，试图理清并还原了诸多历史现场，唤起两岸共同的记忆及省思。我们要深入研究台湾史，呈现真实、完整的台湾近现代历史，真正体会台湾民众百年来的历史意识；两岸还须客观面对 1945 年以来的内战历史，研究出两岸人民都能接受的版本，让两岸民众真正走出敌对的情结。我们还要更努力使台湾史、两岸关系等研究走出象牙塔，借助互联网新媒体成为对抗"台独"史观的重要利器。

从过去近 30 年两岸交流的历史脉络中，我们发现，真正具有生命力与张力的交流动力在于情感，在于念兹在兹的同胞感情。习总书记指出两岸交流要用亲情与真情，他说，"我知道，台湾同胞因自己的历史遭遇和社会环境，有着自己特定的心态，包括特殊的历史悲情心结，有着强烈的当家做主'出头天'的意识，珍视台湾现行的社会制度和生活方式，希望过上安宁幸福的生活。将心比心，推己及人，我们完全理解台湾同胞的心情。"习总书记还提出要熨平心里的创伤需要亲情，解决现实问题需要真情，我们有耐心，更有信心。习总书记站在历史与文明的高度，站在两岸交流的本源，看到两岸民众的交流的问题所在。我们应该进一步扩大两岸人民交流范围、层次、频率，真正将交流深入到最基层的民众，增加对两岸婚姻的支持力度，鼓励两岸结亲。因为只有亲情与真情，才是确保两岸关系行稳致远，确保两岸人民心连心的最坚实纽带。

历史是对现实与未来的启示，现实是对历史的总结和对未来的期许，未来是历史的承载与现实的延续，因此我们应从历史、从文化血脉、从愿景等多个面向去思考如何将两岸人民纽带联结得更紧的各种方法与方案。

2015 年 2 月

台湾政党再轮替对两岸关系的影响

刘国深

　　尽管两岸有许多人对马克思主义理论、立场、观点和方法都早已如数家珍，但在具体分析两岸关系中遇到的现实问题时，又有多少人能够做到从辩证唯物主义和历史唯物主义出发，有多少人真的能够超越个人情感喜好和对事物表象的认知，对两岸问题进行历史的、发展的、全面的、辩证的分析和思考？台湾内部政治现象和我们面对的两岸关系是如此的复杂多元，故而我们这些"身陷此山"的专业研究人员要真正做到"理性、客观、科学、中立"实际上是极其困难的。

　　由于知识的不足与观察视角的局限性，本人仍然难免带着某些特定的情感和价值偏好，只能希望对当前两岸关系发展面临的新形势和新问题进行趋近"纯学理"的研究探讨。2016 年 5 月 20 日，民进党在台湾重新取得执政地位，这一新变局对两岸关系，尤其是对中国大陆来说当然又是一次重大挑战。最近悲观的声音又多了起来，这也是正常的。但是，基于辩证唯物主义和历史唯物主义的视角，本人认为民进党重新上台应该不失为一个新的机遇，关键在于我们要如何面对，如何把握机遇，以及能否化挑战为机遇。

一、民进党与大陆之间的核心政治障碍

　　长期以来，民进党与中国大陆之间不仅缺乏政治互信，甚至予人毫无政治交集的感觉。民进党内有些人不仅否定自己"中国人"的身份，甚至连自己的华人属性也不愿承认。每每遇到这样的场面，更多的大陆民众就进一步强化了"放弃与民进党人接触对话"的意志。其实，民进党与中共之间并没有多少直接交往的经验，也没有直接的选票冲突，为什么国共关系都已实现和解，而共民

关系仍然显得如此困难重重呢？

作为近百年中国内战的两造，中共与国民党在政治立场和意识形态主张方面存在着深刻的分歧，有些较年长的中共党员与中国国民党员之间还有着直接的"血海深仇"。但是，今天国共之间整体上已走出了恩怨情仇，双方在"九二共识"的基础上，已经搁置政治争议，展开政党良性互动。国共和解的结果，不仅为两岸人民赢得了两岸关系和平稳定与发展的8年黄金时期，而且实现了两岸公权力部门最高领导人的巅峰会面。正是因为国共和解和政治互信的增长，两岸经济合作、文化交流、社会融合以及公权力合作突飞猛进，两岸民众成为和平发展实实在在的受益者。即使没有得到直接的利益，但两岸和平稳定的局面是谁也不能否定的，双方公权力部门节省了大量的政治、经济和军事资源，两岸民众的自由活动空间得到了明显的扩张。

反观民进党与中共之间，更准确地说是民进党与绝大多数中国大陆人民之间，虽然没有直接的恩怨情仇，却始终找不到和解共生之道，从形式上看，双方至今没有找到政治交集。在台湾内外的压力之下，台湾当局新领导人的"520演说"重申了"中华民国宪法"和"两岸人民关系条例"，两岸关系暂时避免了立即摊牌的厄运，避免了政治军事上的全面对抗，但两岸政治互信已陷入"迷航"状态，两岸公权力部门和两岸两会之间的互动已然"停摆"。由于民进党方面拒不接受"九二共识"，从"量变"上观察，"520"以来的两岸关系已呈现"断崖式"滑坡，共民政治不互信的负面影响已经出现。我们担心的是，由于民进党内"台独"和"去中国化"言行的惯性，两岸公权力部门间的政治猜忌重新累积，两岸社会舆情的对立也在增长，两岸关系的"火险等级"正在上升，当前极其脆弱的两岸政治平衡局面，很可能因为一件微小事件的叠加而在一夕之间垮塌。

民进党是"天然独"的集合体吗？尽管最近台湾舆论界反对出现"日本殖民阴谋说"，即"台独基本教义派"当中有不少人其实是"潜伏"下来的日本人（台湾网络文章，杨振明：《混在台湾岛内的日本人》），这股势力甚至超过200万人之多，但这样的说法至今为止并没有太多有力的证据支撑，我们也不能完全将个人出身与政治立场画等号。进一步说，那些将民进党支持者与"台独"人士画等号的指控也可能是过于简化的观点，因为我们都相信台湾绝大多数人是汉族移民后代，多次"民调"显示，台湾绝大多数人曾经公开表示认同自己是中国人。因此，本人更倾向于民进党的"台独"色彩是一种十足的"加工独"，是在特殊时空环境下被塑造出来的政治产品。同样，今天的民进党人对中国大陆的负面印象，基本上是国共内战及冷战时空背景下相互丑化的政治加工品。时至今日，台湾媒体对中国共产党的报道仍以负面为主，除了少数有机会全面了解中国大陆现状的群体，大部分的台湾民众——不论是国民党的支持者还是民进党的支持者，他们所接受的政治社会内容大体上是一样的，许多台湾人对大陆的敌意可想而知。基于对战后70年台湾政治的研究结论，本人认为民进党人与国民党人的差别更多的是"大中国"与"大一统"话语体系在台湾内部政争的工具性选择差异：国民党在台湾统治的合法性、道德性和正当性长期依赖"大中国"与"大一统"；恰恰相反，对于民进党来说，"大中国"与"大一统"正是他们为夺取政权所要破解的"政治魔咒"。

对于中国大陆来说，并没有刻意与台湾某一特定政党对抗的理由，大陆方面的原则立场是十分清晰的。尽管有着政权之争的矛盾关系，但国民党承认两岸之间有着法理上和政治上的领土、人民关系，因此，国共双方存在着"两岸同属一个国家"的共同政治基础。而民进党至今不愿承认、至少是不愿公开面对两岸之间存在着"同属一国"的政治联结，这种情况与国共关系存在着本质上的区别。民进党人要么主张"台湾已经独立"，本来就与中国大陆没有领土、人民的关系，要么倡言台湾从"中国"独立出来，成为一个"新而独立的国家"，共民双方缺乏最基本的共同政治基础。因此，虽然中国国民党和中国共产党的政权之争尚未完结，但在法理上同属一个国家的共同认知下，双方可以并且已经求同存异了。中国大陆与民进党之间则不然，双方不仅仅是政权之争的问题，双方首先要处理的是更加深刻的国土与人民关系问题。对于中国大陆来说，共民关系现状已超出一国内部的政权之争问题，而是中国作为一个国家的生死存亡问题。

现在的民进党内已很少有人从思想自由、言论自由的角度为"台独"主张辩护。"台独"主张越来越成为民进党的"神主牌"，"台独"主张在民进党内已越来越成为一种不容讨论的"政治正确"。10多年前，民进党内的重要成员还一再强调"台湾独立"的主张只是民进党内一部分人的观点，或者说"台独"只是工具性的政治主张，他们一再宣称不能简单地把民进党说成是"台独党"，但现在民进党内这种声音已经"静默"了。说这些话的人现在还在民进党内，但他们已不再出声。笔者承认，时至今日，民进党内不同派系和不同的政治人物之间，在主张"台独"的动机、出发点、强度上还是有所不同，甚至对"台

133

独"的内涵理解也有所不同，但由于民进党内大多数人在大多数的场合公开主张"台湾独立"已成为事实，民进党就是"台独党"的认知几乎已成为两岸社会舆论共识。随着民进党"台独党"形象的固化，大陆方面越来越不愿与民进党建立党际政治关系的政策立场也就顺理成章了。对于中国大陆来说，维护国家统一与追求"法理台独"不可能有任何政治交集。这就是共民之间难以开启对话的核心政治障碍。

二、台湾政党再轮替对两岸关系的挑战

多年来，民进党曾经高分贝主张分裂中国国土和人民关系，8 年后这个政党在台湾重新取得执政地位，对于大陆方面来说是一场严峻的挑战。我认为，这场新的挑战其实不仅只来自于民进党政权，也间接地来自美国、来自日本，来自于民进党的竞争对手中国国民党，甚至也来自中国大陆内部的民意压力。

首先，民进党在野期间不仅旗帜鲜明地主张"台湾独立"，而且一直在言论和行动上杯葛国民党当局与中国大陆的交流合作，民进党甚至在文化上支持推动"去中国化"活动。如今民进党再度在台执政，人们普遍关注民进党当局在多大程度上将他们的政治口号和主张落实到政策措施当中。人们已经注意到，民进党新当局教育部门负责人上台第一件事，就是宣布废止"微调课纲"，此外，民进党新当局还公开挑战国民党执政时做出的"冲之鸟是礁不是岛"立场（ http://www.CRNTT.com 2016-05-23 15:38:27 ），台湾新领导人出访巴拿马时署名"President of Taiwan（ROC）"等，都引起两岸各界更多的疑虑。这些行动对于中国大陆来说或多或少都累积了对民进党政权的不信任乃至敌意。或许民进党人感受不到，或许他们认为是理所当然的事情，但这些已千真万确地让大陆民众对民进党的反感度进一步上升，两岸关系已经出现新的不稳定态势。因此，说大陆方面从台湾新政权一上台就受到新的政治挑战并不为过。

其次，作为美国所谓"西太平洋岛链"重要一环的台湾，历来是美国防堵中华人民共和国力量进入西太平洋的重要一环。在美国启动所谓"重返亚洲"战略当口，在中美摩擦加剧的时刻，一个对中国大陆很不友好的台湾政权的出现，多少可以降低美国"围堵中国"的成本。尽管不是所有美国人都这么想，但至少美国某些势力会这么看，中国大陆也有不少人有这样的疑虑。但是，让大陆更加忧心的可能还不是美国，而是与台湾有着特殊历史情结的日本因素。

近年来中日关系已颇为紧张，一个似乎更"亲日"的台湾政权的出现，无疑让部分日本政客和有心人士喜出望外，对中国大陆来说却是极为郁闷的事情。日本某些势力长期与台湾"独派"势力相互勾连，民进党内有些政客更是表现出"讨好"日本的做派，这些动作比美国因素更能直接挑战中国大陆在台湾问题上敏感的政治神经。

第三，民进党重新上台对中国大陆的挑战还来自中国国民党的压力。国民党人正在观察着大陆方面如何处理与民进党新政权的关系，从政党政治的角度来看，国民党的担心有他们的合理性，因此，大陆方面也不得不考虑国民党朋友们的感受。如果公开主张"台独"的民进党上台执政，大陆对台政策却一如既往不作调整，国民党人自然会觉得大陆方面是"不讲原则地放水"，国民党人的挫折感不难理解。早在2000年民进党第一次上台执政时，就有国民党高级干部抱怨大陆学者专家与民进党人的接触，并以威胁的口吻警告说："如果你们与主张分裂国土的民进党往来，国民党只好与民进党进行台独比赛"。也许这样的"威胁"有点夸张，但长期以来，国共双方开展各领域的交流合作，为两岸关系和平发展奠定了良好的基础，大陆方面在与民进党交往时，不可能不在意国民党人的感受。

最后，对于中国大陆来说，更大的挑战可能来自中国大陆内部民意的压力，透过各种媒体的影响，大陆各界对"台独"政党在台湾重新执政的忧虑一直在滋长。对于中国大陆民众来说，两岸关系和平发展背景下大陆对台释出的善意一波接一波，其中不少是片面的"让利"，不能不说有些台湾企业因此得到了好处。但是，媒体报道的情况却是，台湾内部"认同自己是中国人的比率一直下降"、"支持'台独'的比率明显上升"，两岸关系和平发展几乎成为"和平分裂的代名词"。最直接的冲击就是国民党在2014年年底"九合一选举"中的大败和2016年1月台湾地区领导人及"立委"选举的惨败。这样的结果看在大陆一般民众眼里就是大陆"对台政策"的失败，网上要求检讨相关政策的言论此起彼伏。对于专业的研究人员来说，或许事情并不是媒体所渲染的那样简单，实际上两岸关系和平发展成果显著，但又有多少人会听信专家的意见呢？不久前中国大陆《环球时报》公布所谓对"武力统一"态度的民意调查结果，再次显示大陆民众的民族主义情结，"武统"情绪高涨对大陆方面来说同样是一股强大的政治压力。

近年来，大陆民众对台湾问题的忧患意识明显上升，主要原因就是台湾方面一再公布所谓"台湾人认同与中国人认同"的民意调查结果，从表面上看，这些看似"科学"的民意调查"证实"了和平统一已越来越不可能。如今，"台湾问题夜长梦多，晚打不如早打，小打不如大打"的断言已不仅是网上"愤青"的言论，而且是出自知名教授口中。近日张笑天在湖州召开的全国台湾研究会学术研讨会上发表的论文《为什么我们即将在理论上失去台湾？》（http://www.CRNTT.com 2016-06-18：00），之所以会引起关注，反映出大陆学界出现了某种反思目前对台政策的气氛。对于关心台湾问题的大陆民众来说，民进党人长期推动的"去中国化"工作已在台湾形成某种政治亚文化气候，台湾人自外于"中国"已成为某种"政治时髦"，台湾人面对大陆和大陆人时，言必称"中国""中国人"的越来越普遍，民进党人的"去中国化"政策已开始触碰大陆人容忍的底线。许多大陆人私下表示，每次听到某些台湾人以"你们中国"相称时，心中顿时升腾起莫名的愤怒，只是出于礼节不便立即表露出自己的情绪。遗憾的是，绝大多数的民进党人对此可能还体会不到，这也是一种缺乏同理心的必然反映，当然其中也有不少"故意"的成分。对于大多数大陆民众来说，民进党的再度上台执政，挑战才刚刚开始。

三、民进党再度执政的潜在机遇

上述关于民进党再度执政对两岸关系可能带来的挑战的分析，是基于民进党延续在野时期政治立场和主张的线性推论，两岸关系完全有可能朝对抗的方向发展，无论多么悲观的估计都是有所本的。当然，世界上万事万物无时无刻不在发展和变化之中，我们对重新取得在台执政权的民进党的分析，也应该从历史的、发展的、全面的、辩证的眼光，去做其他可能性的分析和推理。对于两岸关系当事的另一方，民进党当局必须面对政权轮替后的"改弦更张"可能造成政治不稳定的挑战。我们暂且不论民进党新当局会面临来自台湾内部反对党的挑战和来自国际社会的挑战，面对中国大陆的挑战，民进党人也清楚地知道，台湾新政权如果不承认与中国大陆之间有"九二共识"的政治基础，台湾即将受到的挑战可能是全面的，中国大陆完全可能从政治关系、经济关系、社会关系、文化关系，甚至军事安全关系等领域入手，调整对台政策，民进党政权将因为两岸之间缺乏"九二共识"的政治基础，而受到中国大陆一波未平一波又起的挑战。

从民进党成立 30 年的历史来看，民进党分裂中国领土和主权完整的"台独党"形象是鲜明的，对于这样的立场，大陆方面绝无接受的可能。民进党不改弦更张，两岸对抗与冲突不可避免。由于民进党鲜明的"台独"立场，民进党与中国大陆之间甚至没有足够的时间和空间进行政治上的转圜折冲。因此，民进党内多数人也清楚，中国大陆不可能在没有"九二共识"的情况下维持过去 8 年的对台政策，两岸关系短期之内受到冲击将难以避免。

但我们也不能坐视这种局面持续下去，我认为双方之间理论上仍有改善关系的可为空间。尽管我们不能期待改变会发生在短期之内，但长期来说民进党政党路线调整的"发夹弯"现象却是有可能的、或者说已经发生了。从理论上说，"台湾意识"是特定历史环境下的产物，随着内外环境的改变，民进党人对"台独"内涵的理解也有可能发生变化。从蔡英文的"520 演说"来看，明显是与民进党传统的政治话语有所区别的，我们不能不正面肯定蔡英文女士的两岸政策宣示还是有进步的，尽管这种进步与中国大陆的期待还有较大落差。我们不能用僵化的、静止的眼光来看待民进党的两岸政策调整，我们要看到民进党新当局与民进党传统立场是有所不同的。

由于台湾政权与大陆方面已不是同一个数量级别的政权之争，这种严重不对称的竞争结构下，台湾的选择是相当有限的。民进党人也不能闭起眼睛说他们想干什么就可干什么，民进党当局不仅要考虑大陆方面的反应，还要考虑美国人和日本人等国际社会的态度。虽然这些国家战术上会利用台湾政权轮替的有利条件，但毕竟这些国家不可能为了"台湾独立"牺牲他们自己的国家利益。民进党人也清楚，台湾只是这些国家手中的一张牌而已，这些国家与中国大陆之间的利益联结远超过与台湾的利益联结。更加直接的政治现实是，民进党当局首先必须遵守他们宣示效忠的"中华民国宪法"，台湾内部的政治规则和法律规定已经对民进党当局产生着足够大的拘束力。所以，除了言语上的挑衅和战术层面的扰乱外，民进党政权并不能真正对大陆构成颠覆性的挑战。

经过 16 年来三次的政党轮替，中国大陆对台湾政党政治发展的参透力已明显提高，目前的中国大陆无论是硬实力还是软实力都有了突飞猛进的发展，"法理台独"已变得更加不可行，如果进行无谓的政治冲撞，民进党当局只能让台湾付出无法挽回的代价，最终受害的还是台湾民众。对于民进党来说，四年后能否保住执政权才是核心利益，如果不能维持台湾的经济发展、政治稳定、社会安宁，台湾选民很可能会用选票让民进党成为第一个无法连续执政 8 年的政党。因此，民进党内部存在着强大的内生动力，必须处理好与中国大陆的关系，这也就是两岸关系存在新机遇的最大依据。

与第一次上台执政相比较，现在的民进党当局在台湾内部的自信心和定力已有较大程度的增长，民进党在台湾已实现了真正意义上的全面执政，民进党人如果愿意调整两岸政治立场的话，此时他们是有能力适度调整并获得成功的。一年来，民进党从在野党到执政党的角色转换本身就是一个新的机遇。在这次领导人选举竞选过程中，蔡英文已流露出希望站在更高的高度上处理两岸政策的意愿，她在《蔡英文——从谈判桌到"总统府"》一书的序言中说："台湾正走到一个历史的关键转折点，民主政治必须进一步改革和深化，以理性和包容化解激情对立；两岸关系也必须走出国共关系的框架，以广泛的民意为基础，建立可长可久的互动架构；经济及社会发展更是到了必须全面翻转的时候，要下定决心，用耐心和毅力，打造出全新的发展模式"（张瀞文：《蔡英文——从谈判桌到"总统府"》，城邦文化事业股份有限公司，商业周刊，2015年11月初版，页5）。基于这样的视野和高度，我们很难理解她会选择继续与中国大陆进行毫无胜算的"统独大战"，相反，她应该设法引领民进党打开中国大陆之门，才有可能成功实现"翻转"。她在同一书中说："什么事情都不能不考虑代价，而且这个代价是不是能够负担得起"（张瀞文：《蔡英文——从谈判桌到"总统府"》，城邦文化事业股份有限公司，商业周刊，2015年11月初版，页18）。在她自己的著作《英派——点亮台湾的这一里路》中说："如果政治不能使人民的生活获得改善，那从政又有什么用？"（蔡英文：《英派——点亮台湾的这一里路》，圆神出版有限公司，2015年10月，页31）我们宁可相信她是真的体会到广大基层民众的苦难，了解人民对美好生活的向往才是执政党的奋斗目标，果真如此，这也可以说是巩固和深化两岸关系和平发展新的机遇。

蔡英文选前向美国人承诺："只有一个稳定的台海局面，才能让我们在未来的四年或八年当中，有足够的能量和时间去壮大台湾，去充实民生、创新经济、建立公义"（蔡英文：《英派——点亮台湾的这一里路》，圆神出版有限公司，2015年10月，页195）。

无论你愿意还是不愿意相信，我们注意到她"赴美面试"以来对中国大陆的称呼确实开始改变了，她已开始小心翼翼地称呼海峡对岸为中国大陆，基本上做到不在这些言语上刺激中国大陆民众敏感的神经。这种表现对于多年浸淫于民进党"去中国化"大染缸的她来说应该是相当不容易的。真正的善意是不需要刻意地。我们希望在蔡英文的带动下，民进党内的政治文化开始调整和改变，民进党人要更多地以同理心感受大陆民众的情感，不再轻易地用自外于中国的话语刺激中国大陆民众。当然，我们也期待大陆民众越来越多地用同理心理解台湾同胞的喜怒哀乐。共民和谐关系的建构尽管不容易，但我们不应放弃，因为一个和平稳定的两岸关系对于两岸人民是最高利益，国民党也不应把自己的利益建立在共民冲突的基础上。我们高兴地看到，国民党"立委"许淑桦公开表示："国民党立场很清楚，如果蔡不承认"九二共识"，蔡跟北京找到属于自己的共识，只要对两岸的和平和经济成长有帮助，国民党一定接受"（http://www.CRNTT.com 2016-06-28 00:41:47）。希望这样的认识是国民党的主流意见，如果国民党的朋友们是从两岸关系和平稳定大局的角度看待民进党的转型，他们也会真心欢迎共民关系的破冰。

今天的中国大陆也已有更强大的定力和更坚定的自信心处理好两岸关系问题，如习近平所宣示的，大陆不会因台湾政局改变而改变两岸关系大政方针。国共双方 8 年来为两岸关系和平发展打下的经济、社会、文化和思想基础不可轻言放弃，也放弃不了。笔者相信，只要双方有足够的耐心、智慧和情商，共民之间一定可以就两岸关系同属一个国家的深刻意涵问题找到共同的表述方式，无论是叫"九二共识"还是其他什么词汇，对于民进党人来说只是一念之间的事情，事实上他们已绕着圈子把海峡两岸在法理上同属一个国家的意涵以拆零的方式模糊地表达出来了，只是由于这样的表达太过抽象模糊，予人留有"后门"，说变就变的不确定性。简单说，民进党当局在两岸关系政治定位问题上就差概括出一个明确的、可操作的政治词汇。我们期待民进党直接承认"九二共识"，或者与大陆之间尽快形成新的"法理一国"共识，为两岸关系和平发展提供新的动力，以造福两岸人民。

2016 年 7 月

遇冷期两岸关系的基本特征与发展走向

自从蔡英文就任台湾地区领导人以来，两岸关系形势出现了一些复杂的变化，这些变化不仅表现在两岸沟通机制的停摆，也反映在两岸交流交往的很多方面。对于当前的两岸关系形势，有的学者用"冷和平"来形容，有的学者则认为是"冷对抗"。无论是哪一种用词，有一个不争的事实是，两岸关系已经进入遇冷期。这一时期将要延续多久，是否会回温，抑或是迈向冰冻，目前不得而知。但是，深入分析遇冷期两岸关系的基本特征，探寻导致遇冷的成因，客观看待现实挑战与潜在危机，对于维护两岸关系和平发展和台海地区和平稳定都有重要的意义。

一、遇冷期两岸关系的基本特征

之所以说两岸关系进入"遇冷期"，是相对于 2008 年以来两岸关系的热络发展而言的。众所周知，在马英九当政的八年期间，和平发展成为两岸关系的主题，不仅台海地区的和平稳定得以实现，两岸在各个领域还不断取得突破性进展。两岸不仅恢复了中断十年的两会协商谈判，签署了二十三项协议，两岸全面"三通"得以实现，大陆居民赴台旅游人数不断扩大，国台办和"陆委会"还开始了两岸事务部门的沟通对话机制，两岸领导人也实现了历史性见面。但是，自从 2014 年台湾岛内发生"反服贸运动"以来，伴随着"九合一"选举和台湾地区领导人选举的展开，两岸关系也受到波及，进入相对缓慢和停滞的时期。蔡英文当选和就任台湾地区领导人前后，两岸关系进入遇冷期的特征更为明显，主要表现在以下几个方面：

第一，两岸对形势的判断趋向谨慎和保守。

2014 年以后，面对台湾岛内政局可能发生的变化，大陆对台海形势的判断就开始趋于谨慎，"复杂""挑战""不确定性""变数"等词汇频频出现在大陆涉台部门领导的讲话中。2015 年 8 月，国台办主任张志军在两岸关系研讨会上表示，"去年以来，台海局势出现一些新情况，引起了两岸各界的广泛关注"，"当前，台湾社会深刻变化、政治纷争不休、两岸关系屡遭干扰，再次处于重要节点"。他在 2016 年新年贺词中也表示，"展望 2016 年，台海局势出现复杂变化，两岸关系面临新挑战"。1 月 21 日，张主任在会见美国常务副国务卿布林肯时强调，"当前岛内局势变化给两岸关系发展带来不确定性，台海和平稳定面临挑战"。2 月 5 日，他在与台湾方面"陆委会"主委夏立言的热线中再次表示，"当前两岸关系十分敏感复杂，未来不确定性增加"。民进党胜选以后，国台办发言人多次对两岸关系形势的复杂性发表了看法。5 月 11 日，国台办发言人马晓光表示，如果两岸出现僵局或者危机，责任由改变现状者承担。从中可以看出其隐含的意思包括，如果民进党当局在两岸关系性质问题上不清晰表态，未来两岸关系不排除出现"僵局"和"危机"的可能性。

第二，两岸既有的协商谈判和联系沟通机制中断。

马英九当政时期，两岸之间的沟通顺畅，在很多问题上都能够在第一时间实现信息传递，并得到及时处理。随着两岸联系沟通机制的停摆，两岸之间再次回到"隔空喊话""有沟无通""已读不回"的时代。蔡英文就职当天，国台办负责人在声明中就明确表示，国台办与台湾"陆委会"的联系沟通机制和海协会与台湾海基会的协商谈判机制，均建立在"九二共识"政治基础之上。只有确认体现一个中国原则的政治基础，两岸制度化交往才能得以延续。6 月 25 日，国台办发言人安峰山在应询时表示，5 月 20 日后，因台湾方面未能确认"九二共识"这一体现一个中国原则的共同政治基础，两岸联系沟通机制已经停摆。6 月 29 日，他进一步表示，台湾新执政当局迄今未承认"九二共识"、认同其核心意涵，动摇了两岸互动的政治基础，导致了国台办与"陆委会"的联系沟通机制、海协会与海基会的协商谈判机制的停摆，责任完全在台湾一方。由此可见，虽然蔡英文当局一再混淆视听，企图以"沟通、沟通、再沟通"的幌子来掩盖两岸沟通机制已经暂停的事实，但"电信诈骗案""导弹误射"等一系列事件的后续处理已经证明，两岸之间过去八年所建立起来的常态性、机制化和便捷的沟通管道已经不再有效运作。

第三，两岸民间社会疑虑、忧虑和焦虑情绪增加。

过去八年，两岸民间交往也进入了一个快速发展的时期，两岸经济社会已经出现了融和发展的势头。蔡英文上台后，大陆并不希望两岸民间交流交往受到政治冷却的影响。中共中央政治局常委、全国政协主席俞正声在海峡论坛上表示，"维护两岸关系和平发展与台海和平稳定，需要持续扩大深化两岸民众交流。两岸关系和平发展的根基在基层，动力在民间。过去两岸隔绝对峙，两岸同胞率先冲破藩篱，开启民间交流大门。两岸关系得以和平发展，民间交流功不可没。现在两岸各界人士和民众交流基础很好、潜力很大。两岸关系形势越复杂，越需要两岸民众加强交流，展现两岸关系和平发展的坚定意志和强大力量"。国台办5月20日的声明中也表示，"我们将进一步扩大两岸同胞交流往来，推进各领域交流合作，深化两岸经济社会融合发展，增进同胞福祉和亲情，共同构建两岸命运共同体"。但是，由于两岸关系发展前景面临不确定性，不少民众担心政治的对立会波及经济社会交流；同时，大陆民众由于对民进党和蔡英文当局的不信任，对台湾岛内政治氛围的忌惮，也可能会降低赴台湾交流和旅游的意愿，这些都可能在客观上影响到两岸民间的交流交往。蔡英文上台以来，两岸民众对形势走向的疑虑、忧虑和焦虑感都在上升，这不仅体现在网络言论上，也越来越明显地反映在两岸的交流交往中。

第四，两岸对外部势力的介入或影响更为敏感。

在马英九当政时期，两岸关系的改善和缓和得到了国际社会的普遍肯定，外部因素对台湾问题的影响和介入力度降低。即便美国在亚太地区大力推行"亚太再平衡"的战略时，也非常谨慎地处理台湾的角色，更希望台湾是一个"沉默的贡献者"和"沉默的受益者"。但是，随着蔡英文的上台，外部势力对台湾的介入越来越引起大陆的关注。蔡英文当局面对大陆本来就缺乏所谓的"安全感"和"信任感"，她希望借助美国和日本，甚至是东南亚国家的力量来平衡大陆的影响，降低大陆对台湾的所谓"威胁"。在此背景下，蔡英文当局与美国、日本等其他国家地区的任何举动，都有可能与当前东亚地区紧张的局势联系起来。大陆已经有不少学者对东海、台海、南海的"三海联动"可能会给中国的国家安全带来的影响提出警告。

总而言之，遇冷期的两岸关系脆弱性、敏感性和不确定性大大增强，马英九时期的两岸关系"现状"已经改变。蔡英文当局虽然声称不会挑起矛盾冲突和对立，但却掩盖不了大陆和民进党当局长期以来就在一些原则性问题上存在矛盾和对立的事实。如何减轻或化解矛盾和对立，避免发展成为冲突，是摆在两岸同胞面前的重要议题。

二、导致两岸关系遇冷的根本原因

蔡英文上台后，两岸关系遇冷已经成为现实。但是，对于两岸关系进入遇冷期的原因，各方的看法并不一致。只有找到真正的原因，才有可能探寻解决问题之道。美国有学者认为，两岸关系之所以倒退，是因为北京未能展现足够的灵活性和务实精神，是大陆对蔡英文在"九二共识"问题上的模糊设定了与马英九不一样的双重标准。这些学者之所以有这样的看法，要不是因为对两岸关系的核心问题缺乏深入的了解，要不就是被蔡英文的言论所蒙蔽。事实上，两岸关系之所以发生变化，其中最根本的原因在于蔡英文当局在"两岸同属一个中国"和两岸关系性质这个核心问题上没有做出明确表态，依然抱有模棱两可、蒙混过关的侥幸心理。

事实上，在"九二共识"核心意涵和两岸关系性质的问题上，大陆从来都没有对蔡英文当局设定不同的或者是过高的标准，而是一视同仁。大陆与马英九当局在"两岸同属一个中国"，"两岸不是国与国关系"这个原则性问题上并不存在模糊的空间，双方有着相同的论述和认知，存异的是"一个中国"的政治含义。而蔡英文所提到的"求同存异"，是希望在"一个中国"的核心问题上存异，在细枝末节和程序性问题上求同，这是大陆不可能接受的。深入分析，我们可以发现，蔡英文的两岸论述与马英九的政策存在着明显的差异：

第一，对1992年香港会谈的成果认知差异。

1992年得到两岸授权的海协会和海基会在香港就协商对话的政治基础问题进行协商，最终达成了各自以口头方式表述坚持一个中国原则，致力于国家统一的共识。这一共识后来被苏起概括为"九二共识"。"九二共识"的核心意涵在于"两岸同属一个中国"。但民进党长期以来刻意混淆视听，纠结于当年并没有"九二共识"这四个字，其目的在于否定、回避和模糊"九二共识"背后"两岸同属一个中国"的核心意涵。蔡英文表示对1992年香港会谈的历史事实表示尊重，也表示达成了若干共同谅解，但对这个谅解是什么，却故意避而不谈，这并非"欲言又止"，而是根本不想言。正因为如此，国台办发言人安峰山在6月29日的记者会上质问道："一段时间以来，两岸同胞都在问，台湾方面称，尊重1992年两岸两会沟通协商达成的若干共同认知与谅解，所谓的'共同认知'到底是指哪些内容？所谓这一历史事实的重点在于求同存异，'求同存异'的'同'又是什么？台湾方面应该把这些讲清楚，说明白。只有对两岸关系的根本性质、对两岸关系发展的基础做出明确的、正确的表述，两岸的制度化交往才能得以延续"。

第二，对两岸关系根本性质的看法存在差异。

马英九多次非常清晰地表明，两岸不是"国与国"的关系，两岸之间并非主权之争。因此，当马英九谈及"中华民国宪法架构"时，他对"疆域"和"主权"的解读非常清晰，两岸是一个国家的两个地区关系。而蔡英文并没有直面两岸关系性质的问题，在其就职讲话中，虽然提到依据"中华民国宪法"与"两岸人民关系条例"来推动两岸关系，但对这两个规定和条例是如何定位两岸关系性质的，蔡英文的态度依然是"你们自己去体会"。事实上，民进党长期以来对所谓的"中华民国宪法"就有着自己不同的解读，甚至不少人将"中华民国宪法"作为合理化"台独"的借口，企图借"中华民国宪法"的"壳"上"台独"的"市"。在这种情况下，如果蔡英文不讲清楚台湾方面相关规定和条例对两岸关系性质的定位是什么，就很难消除大陆方面和两岸同胞对其"台独"意图的疑虑。

第三，看待大陆的角度和发展两岸关系的动机存在差异。

马英九认为大陆对台湾来说既是机会也是挑战，台湾应该想办法将机会最大化、威胁最小化，在大陆的发展中寻找机会。马英九希望透过两岸关系的改善，为台湾的发展营造一个和平稳定的安全环境，并解决台湾的经济社会和国际参与等问题。蔡英文和民进党则更多的是从威胁的角度来看待大陆，他们将大陆视为台湾最大的"威胁"，认为台湾对大陆的经济依存会损害台湾的安全，让台湾丧失自主性。因此，台湾可以跟大陆"做生意、捞好处"，但是不能"交朋友"。蔡英文当局更多的是从疑虑和防范的角度来发展与大陆的关系，他们将发展两岸关系作为稳定其执政地位，发展台湾经济的一种手段，而非出于推动两岸关系和平发展，最终解决两岸问题的目的。因此，蔡英文当局的动机更多的是求"稳"而非求"进"。

第四，对两岸政策的路径和方向的把握存在差异。

蔡英文和马英九虽然都表示希望看到两岸关系和平稳定发展，但是，对于如何才能够实现这样的目标，他们所设定的路径是不一样的，所指出的方向也是不同的。从蔡英文的多次讲话来看，她认为台湾对外关系高于两岸关系，甚至在某些讲话中将两岸关系作为对外关系或区域关系的一部分，她因此提出要"从世界走向中国"，"与世界一起走向中国"的路径，其实质就是要"脱离中国、远离大陆"。蔡英文在政策方向上分离的意味更为明显，无论是蔡英文提出的"新南向政策"，还是加入美国主导的TPP，以及发展与日本的密切关系，其方向都不是走向、走近、走进大陆。

以上分析表明，大陆并非无缘无故地认为蔡英文的答卷"没有完成"，也并非没有理由地不信任蔡英文。海协会副会长孙亚夫表示，"她回答了一些问题，但没有完成答卷，既然没完成，那就继续去完成。她现有的回答中，就两岸关系做出一些表述，但就是没有回答两岸关系性质这一根本问题"。事实上，民进党无法赢得大陆的信任，从根本上说源于其"台独"政治主张和过去二十多年的政治表现，他们应该为两岸关系停滞负最大的责任。因此，现在球依然在蔡英文一边。其实这不是一份新的答卷，也不是专门针对蔡英文的答卷，答卷的题目其实也并不难。过去二十多年两岸关系发展的历史，其实早就给出了正确答案，现在的问题是蔡英文有没有意愿填上这个答案。

三、当前两岸关系的现实挑战与潜在危机

从上面的分析可以看出，如果两岸之间持续无法建立起共同的政治基础，蔡英文当局不对涉及两岸关系性质的"九二共识"的问题做出清晰明确的表态，两岸关系就很难走出遇冷期，甚至不排除向更为寒冷的冰冻期过渡的可能性。两岸关系未来不仅会面临着各种现实的挑战，也隐藏着不少潜在的危机。

首先，两岸关系的现实挑战会增加，两岸民间交流过程中的一些现实问题无法得到及时处理。

两岸关系进入遇冷期，两岸关系的主题将从过去八年共同维护两岸关系和平发展，转向"要不要维护两岸关系和平发展"、"如何维护两岸关系和平发展"的较量。大陆已经多次表达继续推进两岸关系和平发展的坚定决心，但面对无法和不愿意讲清楚两岸关系性质的民进党当局，大陆维护和推进两岸关系和平发展的策略和路径都面临新的调整。两岸关系所要面临的不仅仅是机制化协商对话中断的问题，而是协商对话中断后在政治、经济、社会、对外关系等诸多领域造成的影响的问题。过去八年两岸在诸多问题上的默契将会被打破，摩擦和矛盾将不可避免地增加，各方面的挑战会接踵而至。两岸民间经济社会领域

的交流交往理应不要受到政治关系的干扰，但是由于两岸两会协商机制的中断，国台办和"陆委会"联系沟通机制的停摆，两岸若干个工作小组的暂停，一些涉及两岸交流的事务性工作将不可避免地受到影响。

其次，民进党当局任何"台独"分裂言行都会加深大陆对"柔性台独"、"渐进台独"的疑虑。

大陆对民进党当局最大的疑虑还是其"台独"分裂活动。民进党和蔡英文为了能够上台执政，在"台独"问题上进行了冷处理，但这并不意味着民进党已经改变了"台独"分裂立场，民进党人士各种改头换面的"台独"分裂言行依然层出不穷。孙亚夫副会长就一针见血地指出，民进党没有放弃"台独"立场，但为了上台执政，不得不面对大陆坚决反对"台独"、美国不支持"台独"、两岸关系改善发展的现实，也会表示他们有保持两岸关系和平稳定发展的意愿和能力，也会调整某些对两岸关系的政策和论述。这不是他们想这样做，而是不得不这样做。这是民进党对两岸关系政策演进中的一个特征。孙亚夫的判断就解释了即使在党内、岛内、大陆甚至是美国的压力下，民进党也没有冻结"台独党纲"的根本原因。事实上，民进党当局上台以来的种种作为，已经加深了大陆对其推动"隐性台独""柔性台独""渐进台独"的疑虑。习近平总书记在建党九十五周年大会上表示，我们坚决反对"台独"分裂势力。对任何人、任何时候、以任何形式进行的分裂国家活动，13亿多中国人民、整个中华民族都决不会答应！这展现了大陆反对任何形式"台独"分裂活动的决心，民进党当局任何"台独"分裂行径都会引起大陆的高度警惕，并可能引发两岸关系的紧张。

最后，在缺乏沟通和民意非理性对立的背景下，不能排除两岸之间出现误判而导致危机发生的可能性。

蔡英文已经多次表示，她上台后"不会挑起矛盾、冲突和对立"，她会与大陆进行"沟通、沟通再沟通"，但实际上她越是强调沟通，越说明两岸沟通的欠缺，而沟通的欠缺容易导致出现误判。特别是在蔡英文继续以所谓"民意"来要挟大陆的背景下，缺乏沟通加上民意的对立，导致僵局和危机的可能性更大。经历"导弹误射"事件后，大家越来越感受到有效沟通机制的重要性。美国学者葛来仪也表示，"这个事件强调了两岸军方之间建立热线和其他信任建设措施的必要性"。不仅如此，过去二十多年，民进党的所作所为，传递给两岸民众的一直是负能量。民进党在岛内煽动民粹的实际后果，一方面是要求台湾同胞不要与大陆保持友好的关系，要充满疑虑和对立；另一方面，他们也在间接地告诉大陆老百姓，大陆对台湾的善意是没用的，对台湾的让利是无效的。这在两岸已经引起民意的反弹，两岸民间都出现了一些非理性的声音，而民进党却并未警觉，还在继续煽动台湾的民意与大陆对决，这是非常危险的举动，会导致危机的不期而至。对此，无论是两岸同胞，还是国际社会，都应该保持警惕，未雨绸缪，而不能盲目乐观，以免到时措手不及。

2016 年 7 月

两岸关系发展的环境与问题

陈先才

随着民进党在台湾岛内全面执政，两岸关系发展的环境出现了与过去不同的情势，也使两岸关系发展面临一系列新的形势与新问题。

一、两岸关系发展面临的新形势

当前，两岸关系发展面临一系列新的形势，两岸关系及台海情势所面临的内外环境更趋复杂。

（一）台湾内部政治发展的新形势

台湾内部政治发展特别是政局演变对两岸关系影响甚大。长期以来，台湾内部存在蓝绿两大阵营，蓝绿的两岸政策思维及主张差异较大。从过去十多年两岸关系发展的实践过程来观察，不同的政党上台执政，两岸关系发展的氛围差异很大。例如，陈水扁执政时期是绿营首次在台湾取得执政权，民进党当局的分离主义政治意识形态成为当时两岸关系处于紧张与动荡的深刻根源。而2008年后国民党重返执政，马英九当局承认"九二共识"，两岸关系发展进入了一个新的和平发展时期。

当前台湾内部政治发展出现的新形势主要有：一是民进党在岛内全面执政，特别是取得了在"立法"机构的多数席次，这极大地改变了长期以来蓝营主导台湾"立法"机构的政治生态；二是国民党由于败选而实力大幅削弱，对绿营的牵制力道大为降低；三是台湾岛内的社会气氛对两岸关系和平发展出现了越来越不利的因素。

中国国民党在2008年台湾地区选举中重新执政，实现了台湾地区的第二次政党轮替，过去八年，国民党及其泛蓝阵营在台湾地区处于全面执政的局面，而民进党及其泛绿阵营处于在野地位。随着蔡英文在2016年选举中的大获全胜，民进党不但实现了台湾地区的第三次政党轮替，而且还赢得了台湾"立法"机构的绝对多数席次，这对于台湾地区的政治生态和政局走向产生了很大的影响。从选举的投票结果来观察，国民党在其传统的优势选区全面崩盘：在2014年"九合一"地区选举中，国民党也只是从西部败退到"后山"，但2016年选举结果却使蓝军连花莲、台东等地区也皆失守，仅仅剩下金门、马祖两个离岛，客家的新竹、苗栗及南投勉强支撑，这将是一个与过去截然不同的政治版图。国民党在全台特别是传统优势选区的大溃败，不但使国民党对台湾政局的影响力大幅削弱，而且也使民进党和绿营政治势力大为上升，台湾地区的政治权力结构进入新的重大高速重组时期。

从过去二十多年台湾政治生态发展来观察，民进党始终未能掌握台湾"立法"机构过半席次，这也是不少绿营人士将之视为是陈水扁执政时期施政过程处处受到掣肘的重要原因。而民进党在2016年选举中取得了行政及立法的绝对优势，形成全面执政之局面，当然使民进党未来的执政能够摆脱上一次执政经历中的"朝小野大"之困境，客观上有利于民进党的施政与作为。

其次，台湾地区2016年选举结果无疑使台湾社会的本土化意识进一步增强，特别是台湾社会中的极端本土化与"去中国化"思潮等政治意识形态有可能大为膨胀。

国民党在2016年台湾地区选举中之所以大败，其原因除了国民党自身的原因之外，也与近年来台湾社会中的极端本土化意识增强有一定的关联性。特别是在"太阳花运动"、"反课纲运动"中，台湾社会的"主体意识"一次又一次被强化，特别是在"独"派政治势力的操作下，台湾社会运动中的这种"主体意识"与"大中国"意识似乎越来越呈现出对立的态势，甚至连极具敏感与争议的"修宪"议题也在台湾社会重新被提起，显示出台湾社会的极端本土化与民主化转型运动再次有所启动。随着民进党重返执政以及绿营政治势力在台湾政治生态中的政治优势地位之确立，绿营特别是"独"派政治势力在台湾社会强化本土意识形态的氛围更为有利，而且可以运用的政治、经济等资源也较为充足。这些都可能使台湾社会的分离主义政治意识形态进一步增强，台湾社会中统"独"意识的对立有可能不断加剧。

从目前来看，重返执政的民进党上台后，有可能通过政治的手法来处理国民党的党产问题，这些政治性的动作必然会强化台湾社会的蓝绿对决之气氛，甚至有可能会使蓝军快速凝聚团结力，强化与民进党的政治对决态势。

再次，台湾地区 2016 年选举结果对台湾政治生态结构中的蓝绿政治板块有很大的影响和冲击，但台湾政治中的蓝绿基本盘并未解体。

在 2016 年 1 月台湾地区的选举中，尽管蔡英文大赢朱立伦 300 多万票，蓝军在很多传统优势选区遭遇大崩盘，蓝绿结构也有很大的松动，但这次选举的投票率并不高，总投票率仅 66.27%，创下了台湾开放选举以来的最低投票纪录，这表示绿营并没有扩张到预期的程度。

分析蓝绿两大阵营的得票情况，蔡英文历经四年蛰伏，最终拿下 689 万多张选票，只比她在 2012 年选举中的总得票数多出 80 万票，并未打破马英九在 2008 年及 2012 年两次选举中的得票数，这说明蔡英文和民进党背后所代表的绿营基本盘在过去四年里并没有很大的增长。反观国民党方面，朱立伦在这次选举中的得票数不但比马英九在 2012 年选举中的得票少了 300 多万，而且也比 2014 年"九合一选举"中国民党的总得票数少掉 118 万票。从国民党选票的流失来看，蓝军士气涣散、不愿意出门投票才是国民党败选的主因所在。因此，蔡英文成长的 80 万张选票，其实多数是来自年轻人或不满马英九执政表现的一些选票，而国民党的传统选票更是被蓝军所抵制。从这个层面分析，此次选举并没有使蓝绿结构大崩解，台湾政治生态中的蓝绿结构仍然存在，只是继续朝蓝消绿长的态势发展。此外，在这次选举中，亲民党的宋楚瑜拿到 158 万票，较四年前多了 120 万票，显示蓝军过去在选举中的"弃保效应"并未发酵，这在一定程度上或许也可以说明，台湾社会确实出现了某种希望裂解蓝绿的政治力量，而且这股力量正在隐隐骚动，其未来发展前景还需要观察。特别是在此次选举中，台湾不少年轻人开始提出了"世代正义"诉求，用世代的框架来替代蓝绿的思维，以此决定投票取向。但是在过去几次选举中，这个群体的数量仍比较小，影响力还不够大，在今天，台湾社会 20—40 岁的台湾青年总数已经有 720 万人，其对政治版图的影响力不容小视。这股力量的未来发展趋势恐还需要持续观察。

最后，台湾地区 2016 年选举中以"时代力量"为代表的第三势力兴起，无疑会对未来台湾政治生态及政局走向产生影响。

在 2016 年台湾"大选"中，第三势力成为一股不容小觑的政治力量。依据台湾地区"公职人员选举罢免法"之规定，在本次选举中政党得票率达到 3.5%

的政党，都可以获得每年每票 50 新台币的补助，而在此次选举中，除了民进党和国民党两大政党外还有"时代力量"、新党、亲民党等三个小党均跨越 3.5% 补助款门槛。也就是说，在未来四年，这三个小党每年都将会得到一笔数额不菲的选举补助款，不但有助于保障这些小党维持党务运作的基本开销，而且也有助于台湾政治中的第三势力为争夺下次选举进行全面布局。

第三势力在这次选举中的窜起，特别是"时代力量"等小党的政党票能够跨越 5% 门槛，其对台湾政治生态的影响相当大。以"时代力量"为例，不但提名的黄国昌、林昶佐及洪慈庸在所在选区都顺利当选，而且"时代力量"在其他选区的很多提名人选虽然最终没有当选，但其得票数几乎都冲破了 1 万，代表第三势力很有可能在未来能够杀出蓝绿之外的第三条路。以台北市为例，第三势力在台北市各选区几乎都拿下超过 1 万票门槛的成绩，这说明选民对原本的立法机构和政治生态不够满意，选民期待能够有不同的多元的声音。此外，也说明台湾选民对传统蓝绿两大政党盘根错节的政商关系有一定的反感。

随着第三势力对政治的影响加强，未来无疑会对民进党执政有所牵制，台湾"立法"机构中的政治纷争无疑会进一步加剧。

当然，台湾政治生态中的第三势力未来是否能够真正崛起，恐怕还不宜过早下结论，特别是还需要用在下一次的选举中的表现加以验证，以"时代力量"为例，它在意识形态领域还是属于绿营，从选举结果来观察，它在此次选举中只是取代了"台联党"，特别是在民进党的强势执政下，"时代力量"未来如何与民进党互动还需要持续观察。

（一）两岸关系互动出现的新形势

首先，民进党过去长期坚持的分离主义政治意识形态是影响两岸关系和平发展的重要隐患。

民进党至今并未放弃分离主义的政治意识形态，这是影响未来两岸关系发展的最大隐患和挑战。随着民进党在 2016 年台湾地区"大选"中获胜，重返执政的民进党未来如何处理两岸关系议题无疑是各方关注的焦点。但从过去的经验来看，民进党未来处理两岸关系的前景并不乐观。目前民进党的党纲还是"台独党纲"，这表明民进党并未放弃"台独"分离主义的政治意识形态之坚持，这无疑与中国大陆长期坚持的追求国家最终统一的政治坚持相对立。由于领土完整与主权统一关乎国家核心利益与中华民族最高利益，因此，分裂与统一是一对完全不可能有任何调和空间的矛盾关系。随着民进党在这次选举中大胜，绿营"独"派政治势力追求"台独"的企图心必然会随之增长，不排除未来有膨胀的可能性，这些都会对两岸关系带来非常严重的冲击与挑战。事实上，发生这种情形的可能性是客观存在的，无法排除。以两岸政策主张为例，尽管蔡英文强调未来其两岸政策要超越政党的主张，但由于民进党本身意识形态的坚持，特别是绿营内部"独"派势力的反弹，都有可能会极大地限制民进党执政后的两岸政策调整，不排除民进党未来两岸政策走向更加保守。

其次，民进党执政后在诸如南海、东海等事关整个中国主权议题上的表态及具体政策都会对两岸关系发展带来很大的变数。

以南海为例，尽管蔡英文尚未就南海主权提出清晰的主张，但从以往经验来看，她与民进党对维护南海主权的消极态度非常明显。在南海主权主张问题上，目前大陆和国民党对南海的主权坚持存在很大的共通性，双方对南海主权主要主张是中国政府最先发现、经营和管理了南海，这一点民进党从未提及过，而且一直回避对这一重大问题的正面表态，一部分政治精英甚至出现了公开放弃南海主权的论调；在解决南海问题方式上，蔡英文及民进党长期主张透过多边对话解决南海争端，以期达到台湾作为"主权国家"参与解决南海问题的政治目的，这与大陆长期坚持的双边对话以及台湾与大陆同属一方的立场相对立；蔡英文提出的"南海航行自由"等南海政策主张在总体上具有非常强的对抗大陆、配合美国南海政策主张的特性。在当前中国大陆崛起的背景下，特别是在中国大陆与美日就中国海洋主权争议日益加剧的情势下，如果民进党的南海及东海等主张背离了中华民族的整体利益，当然会加剧大陆对蔡英文和民进党的不信任程度，也会对两岸关系发展带来重大的冲击和挑战。

再次，民进党对"九二共识"这一两岸政治基础的基本态度与立场是影响两岸关系和平发展的重要变数。

"九二共识"的核心价值并不在这具体的四个字上，而是其背后的政治意涵，即两岸均坚持一个中国的政治共识。1992年海峡两岸两会在新加坡进行会谈，最终达成了各自以口头方式表述"一个中国"的意涵。这是海峡两岸在两岸同属"一个中国"问题上达成了共识，也就是说海峡两岸当时就"一个中国"的内涵是达成了共识的，并非如民进党领导人蔡英文所讲的双方只是求同存异。蔡英文未来如果能够就"九二共识"的核心内涵进行正面表态与公开接受，大陆方面当然会愿意与其交往。习近平总书记曾在两岸领导人会面的场合公开表示："台湾无论哪个党派、团体，无论其过去主张过什么，只要承认'九二共识'的历史事实，认同其核心意涵，大陆都愿意同其交往。"但如果蔡英文仍然在"九二共识"问题上绕圈子，始终不肯回到"两岸同属一中"的框架上来，大陆当然不会与民进党执政当局进行任何交往与接触，两岸关系和平发展进程必然遭到重大的挑战。蔡英文一直宣称想建构一个有坚实民意基础，以"维持现状"的台湾共识为核心，遵循"中华民国宪政体制"，并在二十多年两岸协商和交流互动的基础上，推动两岸关系和平稳定发展的新互动架构。但必须看到，蔡英文对"九二共识"的表态仍然模糊，特别是她对两岸关系的核心和本质这个问题还是持回避的立场，即两岸关系到底是什么样的关系，是一国关系还是两国关系？蔡英文仍然在打迷糊仗，还是不愿意说清楚讲明白。蔡英文所谓的"既有政治基础"只有与"九二共识"相衔接，只有体现出"两岸同属一中"的内涵，才能维系好两岸关系的和平与稳定。因此，蔡英文当前对两岸关系和平发展政治基础的表态至关重要。

最后，民进党执政后所推行的对外政策特别是其亲美日远大陆之战略也将会影响两岸互动的总体氛围，给两岸关系发展造成重大的伤害。

长期以来，民进党的对外政策思维往往受制于其"台独"意识形态之束缚。民进党政治精英在潜意识里常常将拉拢美日等境外强权势力作为抗拒两岸未来走向统一的重要筹码。亲近美日、疏远大陆是绿营政治人物心目中普遍存在的逻辑。重返执政的蔡英文基本上也在重复民进党的传统逻辑。例如，蔡英文在选前大阵仗率团赴美日等国接受"面试"，不但与这些国家的政要进行密切交流与互动，而且选择在美国将其"维持两岸现状"主张进行阐述，选后也派出重量级亲信赴美进行沟通。同时，蔡英文针对两岸经贸关系日渐密切的现状，也提出了未来要开展"新南向"及加入美国主导的 TPP（Trans-Pacific Partnership Agreement，简称"TPP"）等政策主张。在当前美国重返亚太的动作正牵动亚太区域新情势下，民进党希望透过参与 TPP，建立与美国经济上的战略伙伴关系，并减少台湾对于中国大陆市场的依赖。民进党未来如果认为台湾在美国眼中的角色愈来愈重要，甚至不惜成为美国在亚太地区推行"再平衡战略"的棋子，则可能会产生难以预料的政治后果。毕竟民进党和北京原本就缺乏互信基础，台美关系之深化也可能招致北京更多的猜疑及反制，更可能会使蔡英文面临更为严峻更为复杂的两岸新情势。事实上，当民进党胜选后，绿营内部有不少学者认为，蔡英文上台执政后应该让两岸经贸先冷却下来，并加强与欧美等国家贸易关系。纵观目前岛内政治生态发展，绿营不但掌握行政大权，而且也完全主导立法机构，不排除绿营中断过去八年马英九执政当局所推行的两岸政策路线的可能。这些当然都会对两岸关系发展有负面影响。

（三）民进党尚未完全准备好处理两岸问题的能力

蔡英文在选前曾表示，未来处理两岸关系的基本原则，就是维持两岸现状，也就是维系台海和平及持续两岸关系稳定发展的现状。但从目前情势来观察，民进党尚未完全具备处理两岸问题的能力，这对于未来两岸关系发展仍然是一个极大的隐患。

首先，民进党政治领袖及党内高层与中国大陆之间缺乏互动，双方的互信基础非常缺乏，这是影响未来两岸关系发展的重要障碍。从目前民进党的政治领袖群来观察，民进党政治领袖与北京的互动非常不足。例如，民进党主席蔡英文只到过大陆一次，还是在 1998 年。而苏贞昌、游锡堃等人更是没有到过大陆，虽然谢长廷 2012 年以来加强了与大陆的互动，但也被党内的"台独基本教义派"所不容。因此，民进党最大的问题就是政治领袖对与大陆互动的意愿不足，他们对大陆缺乏了解，未来有可能会从自己的长期认知与主动情绪来看待两岸交流，其思维当然不符合两岸交流的现状，这对于两岸关系的负面影响相当严重。

其次，民进党内部对大陆政策存在重大的分歧与对立，也对两岸关系产生较大挑战。长期以来，民进党内部对两岸关系发展存在诸多的分歧与对立。党内就两岸关系发展而言，既存在务实派、交流派，冻"独"派，也存在"台独基本教义派"。即使是民进党当前最大的派系"新潮流系"，其内部在两岸政策议题上也存在重大的分歧，既有一些两岸交流的务实派，但也有一些"台独基本教义派"。民进党内部长期对两岸政策所出现的分歧与对立，也使民进党的政治领袖始终无法进行整合，无法使民进党彻底走出被"台独基本教义派"所绑架的窘境。尽管蔡英文强调她执政后所推动的大陆政策将不会是民进党的政策，但如果未来蔡英文施政不顺，特别是民调支持度下滑，则很容易被"基本教义派"所绑架。因此，民进党内部在两岸政策上的严重分歧将是影响两岸关系发展的重大变量。

最后，民进党的"台独"本质并没有真正改变。

民进党在 2012 年败选后，虽然基于重返执政之需要，也对其两岸政策进行了务实的调整，包括蔡英文提出了不同于民进党以往传统基调的"维持现状"之论述。而在整个台海情势大转变的环境下，民进党对大陆的冷战思维必须改变。蔡英文在2012年败选后的谈话中也曾表示，民进党必须要有一定的行为准则与互动结构，因为"统战无所不在，如何与中国大陆打交道是非常难的过程，但也是民进党必须走的一条路"。但事实上，民进党目前党内的政治意识形态并未发生重大的调整，特别是民进党的"台独"本质并未改变。民进党的政治意识形态仍然是坚持分离主义的逻辑思维，这也是未来民进党与北京之间开展互动的最大隐患。

（四）两岸关系外部环境的新形势

台湾问题久拖不决的深层次根源还与外部势力特别是美国长期的干预与介入有着直接的关系。当前两岸关系的外部环境也出现了一些新的形势，特别是中国战略对抗的态势呈现日渐升温的特点以及中国与周边国家在领土主权等领域的争议呈现出比较复杂化的一面，还有就是中国大陆周边区域安全局势也呈现出不稳定的发展迹象。

1. 中美两国战略对抗态势有所升温

近年来，随着中国大陆综合实力的不断增强，美国越来越把大陆视为挑战其霸权地位的重要潜在战略对手。随着美国战略越来越往太平洋地区转移关注力，美国对华战略压力不断增强。一则是美国不断介入南海问题，甚至拉拢南海周边国家组建对抗中国大陆的阵营，提供军事、政治及外交等多方面的支持力度，使南海问题越来越复杂。众所周知，美国的战略考量就是要牵制大陆在南海的活动。二则是美国不但强化在日本、韩国等东北亚区域的军事存在。其中一个很大的目标就是针对大陆越来越现代化的军事发展。

2. 中国大陆与周边国家之间有关领土主权的争议日趋复杂

当前，中国大陆与周边国家在领土领海等主权议题上的争议越来越突出和彰显，这也起到了极大的牵制作用。中日关系因钓鱼岛主权争议而陷入了长时期的对抗状态，双边关系严重下滑。中国大陆与越南、菲律宾等南海周边国家也因南海问题之争议而陷入复杂的关系之中。菲律宾等国家在美国等支持下甚至利用国际法庭的仲裁来使南海问题不断国际化。

3. 东北亚朝鲜半岛局势出现复杂化的发展迹象

近年来，朝鲜半岛局势一直不平静，特别是2016年以来随着朝鲜不断开发核武器，而美日等国家借机强化在东北亚区域的军事存在，朝鲜半岛军事冲突爆发的危机始终无法排除，这对于我方的国家安全战略当然有直接的影响与牵制。

二、两岸关系发展面临的新问题新挑战

由于民共长期以来缺乏互信，民进党也没有放弃其分离主义的政治意识形态之坚持，这是对两岸关系发展的最大挑战所在。因为两岸关系发展完全面临一个不同于过去八年的时空背景，甚至也无法排除有可能会回到2008年之前的对抗状态。具体而言，当前两岸关系发展面临的新问题新挑战主要如下：

（一）两岸关系和平发展的政治基础面临重大的挑战

尽管蔡英文在其就职演说中阐述了其对两岸关系发展的一些主张，但由于没有正面接受"九二共识"和一个中国原则，大陆的疑虑仍然无法消除。在两岸关系和平发展的政治基础无法得到有效维护的情势下，两岸双方的政治共识无法建立，这无疑会影响两岸关系的发展。政治基础是两岸关系发展状况的重要观察指标，会直接影响到两岸互动的气氛和状态。

（二）民进党并未放弃分离主义的政治意识形态，这是两岸关系发展的重大挑战

民进党长期坚持的分离主义政治意识形态是影响两岸关系和台海局势和平稳定发展的最主要障碍所在。只要民进党不放弃其分离主义的政治坚持，两岸关系就不可能有稳定与发展的机会。这是由两岸关系的根本性质所决定的。以下是一些观察指标：

1. "去中国化"动作

如果民进党未来持续在岛内推动"去中国化"等一系列动作，诸如教科书、史观等，势必会提前加剧两岸对抗的到来。

2. "国际参与"中试图突破"一中框架"

如果民进党当局试图继续在国际社会制造"两个中国"或"一中一台"或"台独"分裂等活动，当然会使两岸关系直接陷入对抗的境地。

3. 事涉两岸议题的"修宪"动作

如果民进党在台湾推动直接涉及两岸关系敏感议题的"修宪"及其他政治活动，都会直接影响两岸关系和台海局势之稳定。

4. 绿营政治人物的不当言行

如果民进党重量级政治人物在其言行中直接挑战"两岸同属一个中国"之原则，都会对两岸关系造成直接的负面影响。

5. 事涉南海东海主权等议题的不当言论

民进党对南海及东海钓鱼岛等事关整个中国领土主权的相关表态及其政策主张，都会对两岸关系造成直接的影响与冲击。

6. 台湾地区领导人外访时过境大陆建交国家时之作为，也会是重要的指标。

（三）民进党与美、日关系之互动状况也会直接影响到两岸关系与台海局势之稳定

在当前中美、中日对抗态势不断增强的大背景下，如果民进党执政当局与美日等国家发展过于密切的关系，都会对两岸关系发展带来相当负面的影响与冲击。

1. 台美关系的互动状况是重要的观察指标。包括美台军售、美台在南海问题上的互动状况等都是重要的观察面向。

2. 台日关系的互动状况。台日关系如何发展是重要的观察面向。包括台湾当局对钓鱼岛等主权的态度及台日军事互动情况等。

2016 年 7 月

三、对外关系影响

对台湾"国际活动空间"问题的分析

陈先才

台湾"国际活动空间"问题目前仍然是摆在两岸面前的一个最具挑战性的难题。从传统的主权观来说，两岸在国际社会中的活动具有明显的零和博弈特征，这是一种敌我性质的矛盾；从台湾的现状来看，台湾当局长期以来一直坚持要求在国际社会获得与其地位相适应的舞台和空间，这是台湾地区领导人必须面对的问题，也是台湾主流民意的普遍诉求。这个问题处理的好坏，不仅直接涉及两岸关系发展的大局，而且直接影响到新时期争取台湾民心工作的成效。

一、台湾当局"国际活动空间"诉求的性质

台湾的"国际活动空间"应该包括国际政治领域的活动空间、国际经济领域的活动空间、国际文化教育领域的活动空间等诸多方面。由于台湾是中国不可分割的一部分，其在国际政治领域活动空间的诉求显然是违背国际社会"一中架构"的普遍共识，因为它直接涉及"两个中国"或"一中一台"的高度主权性质，当然不为中国大陆和国际社会绝大多数的国家所接受。冷战结束以来，从李登辉到陈水扁，在参与"国际活动空间"的诉求方面，台湾当局并没有把重点放在参与国际经济、文化教育领域，相反，却是把主攻方向放在参与带有明显主权国家性质的政府间国际组织上，这就不得不使我们对台湾当局参与"国际活动空间"的目的和动机感到费解和怀疑。这说明台湾当局所谓的参与"国际活动空间"的诉求，在很大程度上是一项假议题，其醉翁之意不在酒。

事实上，中国大陆也充分考虑到台湾经济发展的需要和台湾同胞的实际利益，对台湾同外国发展民间性质的经贸、文化关系从来不持异议。在一个中国的前提下，为了有利于台湾同外国的民间经贸、文化往来的顺利进行，中国政

161

府采取了许多灵活措施，提供了许多方便，使台湾得以作为中国的一个经济地区，参加了不少国际组织，并与世界上许多国家和地区保持着广泛的经贸和文化联系。目前台湾是包括世界贸易组织、亚洲开发银行、亚太经合组织等具有重大影响力的国际组织的会员。应该说台湾的"国际活动空间"是相当广泛的。目前台湾已加入了政府间国际组织 26 个，参加了 2157 个国际非政府组织的活动。以 2006 年为例，台湾参与的各类非政府组织举办的国际会议和国际活动就多达 1450 场次。虽然台湾只有 23 个所谓的"邦交国"，但它与包括美日欧世界经济发达国家在内的 120 个"非邦交"国家仍然有着广泛的经济文化联系渠道。因此，台湾并不缺少民间的经贸和文化等"国际活动空间"。长期以来，我们反对的只是台湾加入诸如联合国这样只有主权国家才能参加的国际组织，反对台湾在国际上与我们建交的国家发展政治、官方的关系。因为这样做是违背一个中国原则的。

因此，所谓台湾参与"国际活动空间"，在很大程度上就是台湾当局企图通过参与这些国际组织，特别是政府间国际组织的方式，来突显其政治性、官方性质的一面，并伺机宣示台湾在国际社会的所谓"国家主权"地位。从性质上看，它是企图回避和否认国际社会普遍坚持的"一中原则"，图谋制造"两个中国"或"一中一台"。从这个角度来说，台湾当局积极谋求参与"国际活动空间"，其思想深处还是"台独"意识在作怪。这是我们必须加以警惕和反对的。

二、台湾当局对"国际活动空间"问题的内部认知

首先，台湾当局把大陆的打压视为其"国际活动空间"陷入困境的最重要因素。马英九当局在分析台湾"外交"陷入困境的根源方面，认为过去几年台湾在"国际活动空间"问题上失败的原因主要有以下两个：一是中国大陆的强力打压，二是民进党错误的"烽火外交"路线。事实上，马英九当局仍然把中国大陆视为其谋求"国际活动空间"突破的最大障碍因素。在这一点上，马英九与其前任李登辉和陈水扁的观点并无本质区别。例如在马萧的竞选白皮书中，就强调了台湾目前在国际社会处于前所未有的孤立困境，是因为中国大陆长期在国际社会的"无理打压"等等。

其次，台湾当局认为"活路外交"模式可以帮助台湾在"国际活动空间"问题上取得成效。马英九当局强调利用台湾的经济实力，开展对外经济活动来

推动台湾的"外交"取得突破。并利用台湾所谓的民主成就来拓宽其"外交"空间，试图通过这种软实力的宣扬和输出战略，来加强国际社会对台湾"国际活动空间"诉求的认知。其实这一点马英九当局与其前任也没有大的区别。同时，利用与大陆"外交休兵"来增进两岸的共识和互信基础，为最终解决其"国际活动空间"困境创造条件。

再次，台湾当局试图把两岸关系的改善与解决"国际活动空间"问题捆绑在一起。一方面，台湾当局希望利用目前两岸关系和平发展局面不断形成的契机，利用台湾当局表现出来的改善两岸关系的巨大善意，让大陆在台湾的"国际活动空间"问题上能够予以一定的让步，做出一定的妥协。例如，在马英九就职演说中，他就声明"唯有台湾在国际上不被孤立，两岸关系才能够向前发展"。显然，他有把两者捆绑在一起的意图和动机。

第四，台湾当局认为采取灵活务实的手法可以帮助其实现"国际活动空间"的突破。当前马英九当局认为在加入国际组织的问题上，只要在名称上采取弹性手法，台湾还是大有作为的。马萧在竞选白皮书中强调在加入的名称上可以采取变通的方式，可能采取包括"中华台北"等名称在内的一些做法。这是一项新的策略。事实上，在今年的联合国问题上，台湾当局就放弃了以往"重返联合国"或"加入联合国"等激进方式，而是用"参与联合国"的方式来加以替代。虽然最终还是失败了，但这表明马英九当局在"国际活动空间"问题上逐渐采取了更为理性和务实的态度，这对中国大陆来说将是一项新的挑战。

最后，台湾当局认识到台湾"国际活动空间"问题要想取得大的突破，关键还在于中国大陆。因此，台湾当局希望通过两岸关系的改善，特别是通过两岸在经贸领域、人员往来等领域先取得进展，以此建立起互信和共识，在此基础上最后通过两岸政治对话或政治谈判来解决台湾"国际活动空间"问题。当前我们看到，台湾当局为了在"国际活动空间"问题上取得突破，在对两岸关系的定位上，马英九主动抛弃了李登辉的"两国论"和陈水扁的"一边一国论"路线，将两岸关系定位为"非国与国之间的关系"。应该说这是马英九当局对中国大陆释放的善意。但问题的关键在于它是马英九当局的权宜之计还是政策的长期定位？这需要较长时间的观察。

从马萧竞选白皮书的内容，以及马英九上台以后的表现来观察，当前台湾当局在争取其"国际活动空间"问题上的具体策略和步骤主要有：第一步，积极推动两岸交流，特别是经贸领域的开放政策，并推动人员、物质的双向流动等，这主要是基于建立两岸经济利益，并认为这是建立两岸互信和取得共识的重要前提；第二步，积极开展两岸对话与交流，通过国共平台的沟通与协商，为未来两岸政治对话创造互信的基础和条件。事实上胡萧会、胡连会、胡吴会，都含有马英九当局希望通过高层对话与交流来增进两岸政治对话的互信基础，为两岸两会政治商谈创造条件；第三步，希望与大陆在"外交休兵"问题上达成共识；第四步，最后与大陆通过政治谈判，希望在两岸关系改善的基础上和整体缓和的氛围下，与大陆就台湾"国际活动空间"问题进行直接的商谈，并取得有利于台湾的最终安排。

三、两岸在"国际活动空间"问题上的困境

事实上，在台湾参与"国际活动空间"问题上，不只是马英九当局面临着一系列很难突破的困境，而且中国大陆也面临着一些困境。

（一）台湾当局面临的困境

首先，台湾当局面临着经济依赖与政治突破的两难困境。即台湾在经济上对大陆的严重依赖与希望大陆在"国际活动空间"问题上能够放手的两难困境，也就是政治与经济博弈的两难困境。

对于马英九当局而言，一方面要想兑现其在竞选中的承诺，就必须在两岸关系上做出大的调整，展现出善意，只有这样大陆才可能在经贸等领域配合台湾当局的动作。另一方面，"国际活动空间"问题是长期困扰台湾当局以及普通民众的重要政治议题。因为它涉及台湾地位的定位方面，也就是台湾当局长期坚称的所谓"尊严"问题。这类问题很容易在台湾普通民众心目中发酵，所以历任台湾当局领导人都不敢忽视这个问题。因此，对马英九来说，他面临的挑战就是，如果希望大陆向台湾采取开放政策，以帮助台湾经济走出困境，就不能在"国际活动空间"问题上向大陆过分施压，但是另一方面，如果马英九在"国际活动空间"问题上退让或"无所作为"，又可能被岛内"台独"势力指称为出卖台湾，使其面临强大的岛内民意压力。同时，马英九也期望在"国际活动空间"问题上较前任陈水扁能够取得一些突破和成就，但他的这种期待结果最终必须与大陆在这个问题上的全盘考虑有着直接的关联。

其次，在"国际活动空间"问题上马英九当局也面临着以民进党为代表的

"台独"分裂势力强烈反对的压力。台湾政党再度轮替后，岛内政治生态并没有彻底走出蓝绿恶斗的格局。如果马英九在"国际活动空间"问题上与中国大陆展开谈判，他也面临着岛内泛绿势力的严重制约和冲击。目前，针对马英九当局不排除以"中华台北"等名称加入一些国际组织的表态，民进党新任党主席蔡英文就明确表达出反对的态度。认为这可能有"矮化台湾"之嫌。因此，马英九"国际活动空间"问题上诉求的前景不仅取决于中国大陆的态度，也深受岛内政治力量的制约。

（二）中国大陆面临的困境

长期以来，中国大陆关于台湾"国际活动空间"问题的表态就是两岸同属一个中国，中华人民共和国是唯一代表中国的合法政府。认为台湾作为中国不可分割的一部分，它没有任何理由参与到由主权国家才能加入的国际组织。认为"国际活动空间"问题直接涉及中国的国家主权和领土完整，它是一个根本不容挑战的政治难题。在主权问题上中国大陆一直是持非常谨慎的态度，因为主权问题的争执属于零和博弈的范畴，两岸在这方面的争夺长期被视为是敌我矛盾，很难化解。同时它又是一个牵一发而动全身的重大敏感问题。在目前两岸关系和平发展态势不断形成的局面下，特别是国民党全面执政后，台湾当局也作了一些改善两岸关系的积极举措，这必然会对中国大陆如何看待和应对台湾"国际活动空间"诉求产生重要的影响。从维护国家主权的原则来说，中国大陆在台湾"国际活动空间"问题上是不可能轻易让步的，但考虑到当前两岸关系改善局面难得的历史契机，中国大陆正面临着两难困境，中国大陆为了把握住两岸关系和平发展的机会之窗，担心如果在"国际活动空间"问题上不给予台湾当局一定让步，则可能会使台湾当局失去改善两岸关系的兴趣和积极性，甚至可能会导致两岸关系重新回到陈水扁时期的对抗状态。这是中国大陆非常不愿意看到的结局。但是，如果在这个问题上给予台湾当局施以善意，能在多大范围和多大程度上让步，也确实是一个很大的挑战，特别是如何做到既让台湾当局能够接受，但又能充分保证中国国家主权不受侵犯，这些都是中国大陆必须认真规划和加以考量的。

四、中国大陆应因台"国际活动空间"诉求的对策

在因应台湾当局"国际活动空间"诉求的议题上，中国大陆应予以高度重视，不能采取回避态度，而是要采取主动面对，积极谋划的姿态。

首先，我们必须理性地看待台"国际活动空间"的诉求。在这一问题上，我们既要看到台湾当局"国际活动空间"诉求的根本目的是希望改变其长期以来"外交"的困境，希望提高其"国际影响力"，为台湾最终"加入联合国"创造条件和基础。当然这是我们坚决反对的。但是，我们也要看到，台湾"国际活动空间"诉求也有其现实需要。因为台湾是全球重要的经济实体之一，在对外经贸及人员交流方面，它有保护对外投资、旅游、人员交流等方面的巨大现实需求。对于这种需求我们应当从情感上予以承认。尽管冷战结束以来，中国大陆对台湾的这种需求有时也给予了一定的回应。例如在汤加和海湾战争中的撤侨事件中，大陆就很好地帮助和支持了台湾同胞。但是我们应当看到，毕竟这种帮助是非常有限，而且它只是一种个案化的危机处理，并非一种常态性的、制度化的安排，它只是一种临时的、权宜的措施，这是不能满足台湾作为全球重要经济实体之需求的。此外，"国际活动空间"问题在台湾的社会中，特别是普通民众中具有很强的民意基础，这是我们所不能忽视的。在这一问题上，不管是蓝绿政党，还是普通民众，都有着强烈的共识。因为它直接涉及台湾到底是什么身份，是什么角色，这是台湾主流民意所关切的。在当前，我们强调要做台湾民心工作，其实台湾"国际活动空间"问题就是争取台湾民心的重要一环，如果这个问题不处理好，会大大影响我们在争取台湾民心工作方面的最终效果。

其次，我们必须要清醒认识到台湾当局在"国际活动空间"诉求方面的任何突破将给我方带来的潜在隐患和现实挑战。在现代社会，传统的主权观念仍然受到高度的重视，两岸在这一问题上的争斗具有明显的零和博弈特征。因此，在这一问题上我们必须要坚持住原则，这个原则就是要坚定地维护国家主权和领土完整，必须把坚持一个中国的基本原则作为根本前提。从现实来看，台湾在"国际活动空间"问题上也确实给我们造成了极大的麻烦。例如，在2007年台湾就曾在世界贸易组织争端解决机构（DSB）会议上试图阻挠中国大陆律师张月姣被任命为上诉机构法官。它也是WTO有史以来首次上诉机构法官任命

案未通过。尽管在各方努力下台湾最后放行，但整个事件也造成相当不好的印象。还有就是作为国际奥委会的成员的台湾出于政治因素的考虑，拒绝奥运圣火进入台湾。这两件事情对我们的影响非常重大，至少让大陆方面感觉到如果让台湾加入某些国际组织，它就可能会在该组织内对中国大陆采取某些敌对的行动。这是我们必须加以警惕的地方。尤其是我们必须注意到在"国际活动空间"问题上，一旦我们做出了妥协和让步，就没有反悔的可能了，已经让渡出去的东西是不可能收回来的。同时在台湾"国际活动空间"方面的任何重大让步，都可能被国际社会视为一种模式和一种先例，这对未来我们处理台湾"国际活动空间"的主动性和大局的掌握方面都会带来潜在的隐患。

再次，我们必须要坚持原则性和灵活性相结合的方式。我们要加强对国家主权问题相关理论的研究，特别是要加强对国家主权分享学说的研究。对于台湾加入国际组织一事，我们必须进行准确区分和妥善把握，不然后患无穷。对于那些只能以主权国家身份加入的国际组织，绝对不能让台湾加入其中。而对于既可以主权国家身份加入，也可以经济实体名义加入的国际组织，可以通过两岸的正式协商来决定台湾以何种名称来加入其中。当然，在这一问题上我们也要考虑到台湾在历史上多次遭到不幸，台湾民众普遍存在的悲情意识，特别是"出头天"的意识非常强烈。在当前，台湾民众对"国际生存空间"的问题比较关注。他们在这个问题上的诉求相当强烈。事实上，两岸之间的"外交战"对岛内民意的负面影响是非常大的。在某种程度上造成了台湾民众对大陆的不满和敌意。这主要是因为岛内某些政治人物出于私心，经常拿台湾在"国际活动空间"问题上的挫折作为操纵岛内民意仇恨大陆的伎俩，而广大台湾民众在不知真相的情况下自然会被误导的。例如在台湾加入 WHO 问题上，由于 WHO 事关民众的健康问题，台湾民众对迟迟不能加入该组织非常不满，在台湾当局的操弄下，将所有的责任推到大陆这边。这对于我们争取台湾的民心工作是非常不利的。事实上，台湾当局参与 WHO 或者 WHA 面临的困难，除了中国大陆因素以外，还与这些国际组织的章程规定有着直接关系。以 WHO 为例，其章程就明确规定只有联合国的会员国才有资格成为 WHO 会员，而且它也没有观察员身份的规定。因此，台湾加入 WHO 不只是我们的反对，更是因为它根本没有这个资格和条件。同样，虽然 WHA 章程中有观察员资格的规定，但目前该组织只有 5 个观察员，即梵蒂冈、巴勒斯坦、马耳他骑士团、国际红十字会、红十字会和红新月联合会。事实上台湾就是加入 WHA 也是有着非常大的难度。除非这些国际组织能够对其组织章程进行修改，但目前还没有看到这些组织准备修改其章程的动向。目前看来，大陆已经重视台湾在"国际活动问题"上的诉求，安排熟悉国际事务的外交官员王毅来掌管国台办，将使未来中国大陆对台湾"国际生存空间"问题更为了解，也更好处理和应对。表明中国政府目前已开始有意愿来与台湾当局通过谈判来解决这个难题。

第四，我们应该加强对台湾岛内的政治宣传，让岛内民众准确掌握和理解大陆对台湾"国际活动空间"诉求的一贯政策与态度。一方面可以使岛内民众消除对大陆"打压"的误会和仇恨，另一方面也可以使岛内民众识破台当局利用民粹操弄政治的伎俩。应该说争取台湾民心是我们当前化解台湾当局"国际活动空间"诉求的一大利器。这种宣传在内容方面，要阐明大陆的立场和态度；阐明两岸沟通与协商的重要性；阐明台湾不能加入某些政府间国际组织的根源及其症结。在方式方法上，既可以充分发挥电视、报刊等入岛大陆新闻媒体的作用，也可以通过两岸学者交流的民间渠道，甚至还可以通过两岸两会、国共论坛等平台来加以宣示。

最后，在两岸"外交休兵"的问题上，我们必须把握主动，根据国家的战略利益来全面规划。事实上"外交休兵"只是一个相对的概念，而非绝对的东西。因为对于我国这样一个正在不断崛起的大国来说，台湾问题只是我国面临诸多问题中的一个。我们应该把它放在整个国家战略全局中加入考虑。因此，我们必须根据自己的战略利益出发，理性有区隔地看待"外交休兵"问题。对于那些与我国有重要战略利益或地缘政治利益的国家，例如巴拿马，我们完全可以与其建交。对于某些战略利益并不突出的国家和地区，我们可以照顾到台湾的实际情况，不予建交。当然在与台湾的一些"邦交"国建立外交关系时，我们应当向台湾当局进行事前通报，或者通过相关的沟通管道来进行情况说明。这样至少可以减少两岸的对抗和敌意，至少不会使两岸关系发生急剧的后退。

2008 年 11 月

论马英九当局的对外政策

杨仁飞

2008年5月马英九上台执政以来，马当局的对外政策表现出传承与发展变化两个面向。它的传承性主要表现为，台湾对外政策已推行多年，其政策有一定的稳定性。其变化在于随着2008年"政权"的更替，执政当局展现出新的"外交理念"，其对外政策也有所调整，呈现马英九时代的风格。经过马当局一年来的努力，台湾对外关系出现新的格局。

一、对外政策目标、策略、手段

对外政策包括一个国家的对外目标以及实现该目标所采用的手段和方法。

台湾作为一个特殊的"政治实体"，其对外关系与对外政策有着一定的特殊性，而且不同政党执政，对外政策的目标、策略、手段会有所变化。

马英九上台之前，提出了"活路外交"与"柔性外交"，上台执政之后并不断将有关概念具体化。马英九当局所提的"活路外交"其实包括两个面向，即"外交休兵"与"积极外交"。应该说"外交休兵"是手段，"积极外交"是途径，而目标则是为台湾对外关系找到一条新出路。"柔性外交"与"软实力外交"有契合之处，即是要善用政、军、经以外之力量来提升台湾对外形象、对外关系，以补"正式外交"之不足。

（一）政策目标

1.核心目标

马英九受国民党政治文化与美国西方文化的双重培养，其内心充满理想主义，在对外政策上也有强烈的体现，即旨在维护及捍卫"中华民国主权"。在马英九的心中，他要捍卫的是"中华民国主权"的独立，也唯有"中华民国"的存在，才能确保台湾免于被大陆统一。以此为核心目标，马当局逐步推行弹性、务实的对外政策。

2. 优先目标

台湾当局对外政策目标优先顺序排列，视台湾整体利益与马英九面临的内外压力而定。

作为拥有近60%民意支持、得到国民党全力支持上台的马英九，一年来，虽有来自民进党在野势力街头运动的反对，但更大的挑战来自台湾经济下滑使民众产生的不满情绪在不断累积。

马英九施政最大的挑战，主要来自台湾竞争力不断下降、施政效能不彰的问题。在过去10年中，台湾经济竞争力明显下降，尤其是面对中国大陆崛起、东亚经济的整合以及2008年下半年以来金融危机的冲击，台湾经济更是"向下沉沦"。因此，如何使台湾经济走出困境，避免边缘化，是马当局必须优先考虑的议题，也是马当局对外政策近期优先选择的目标。

3. 重大目标

然而，台湾重要的困境还在于"政治"层面。由于世界上越来越多的国家只承认中华人民共和国，台湾作为"主权国家地位"的"外交空间"越来越缩小。这种政治困境是过去60年来台湾一直面临的国际困境，也是最现实的"外交"困境。如何在中国大陆不断崛起、全球影响力不断提升的情况下，挽救台湾政治、"外交"困境，拓展国际空间，是马当局需要深思谋划的重大目标。

（二）策略与手段

马英九在2008年竞选"总统"之初，提出了台湾应做"负责任的利害关系者"，主张停止追求"法理台独"，并采取尊严、务实、灵活的"活路外交"——以"九二共识"为基础，在"互不否认"的情况下，与对岸开展务实协商，并在不违背台湾的利益的情况下，以弹性但不失尊严的名称与方式要求参与国际组织及活动。之后马英九在不同场合强调"活路外交"，并要求将之付之对外关系实践。

从马英九"活路外交"思想与实践来看，马当局对外策略主要表现为平衡策略、和平策略及以退为进韬光养晦策略。

平衡策略主要是指马当局在两岸关系与西方大国关系上搞平衡。2009年6

月 19 日，马英九在接见美国国务院前副助理国务卿谢淑丽（Susan Shirk）时表示，"中华民国"在改善两岸关系及"邦交国"关系的同时，不会忽略经营与美、日的关系。在两岸关系与美、日关系中找到战略平衡，是马英九上台一年来主要的对外关系策略。

和平策略主要是指马当局为争取战略机遇期在两岸关系和对外关系上采取和平为上的策略，以不对抗、不冲突作为政策的主轴。

以退为进、韬光养晦策略是指马当局为了达到其拓展"国际"空间、扩大台湾国际影响的目的，不求面子，追求实质成效的策略。

二、具体政策作为

（一）维持传统"邦交国"关系

在中国大陆崛起的大时空背景下，马英九当局想用旧的思维来维持台传统"邦交国"关系显然困难重重。原因是多方面的，一是"建交或断交"的主动权现不在台湾一方，随着中国大陆综合国力与国际影响力的提升，外交层面的主动权实质上在台湾的"邦交国"及中国大陆手上。马上台一年以来，中南美洲的一些台湾"邦交国"与台"断交"的意愿强烈，多次释放出与大陆方面建交的信息，目前只是由于大陆方面从两岸关系的大局考虑，委婉拒绝这些国家的要求。二是台湾传统的"金援外交"在台遭遇严重的经济危机影响情况下难得台湾民众认同与支持，财力上也难以维系。但是"邦交国"数量的多少，对马英九当局来说，仍具有重要的指标意义。因此马当局不得不将维系传统"邦交国"关系作为对外工作的重点之一，即使无法做到防微杜渐，也要事后积极补救，强力稳固台湾传统"邦交国"关系。

一年来，马当局在维持传统"邦交国"关系方面突出了"首脑外交"，并根据对外政策的变化，调整对"邦交国"的对外援助策略与方向。

1. 积极开展"首脑外交"

台湾当局所谓的"首脑外交"实际上是台湾地区领导人开展"务实外交"的重要一环。

马英九上台后，仍高度重视"首脑外交"，并多次赴中南美洲及非洲访问。如 2008 年 8 月 12 日马英九从台湾飞往美国洛杉矶，经单纯"过境访问"后，转赴巴拉圭、多米尼加两国，返程再度"过境"洛杉矶飞回台湾。此次马英九访问的国家是巴拉圭，作为台湾在南美洲的唯一"友邦"，马英九亲自出席活动致贺巴拉圭新总统上任，以期发挥巩固"邦交"的效果，并借机与其他国家元首会晤，建立私人情谊。2009 年 5 月 26 日至 6 月 4 日，马英九与夫人周美青率团出访中美洲。马英九此行定调为"人道援助、送暖不送钱"，宣称要彻底挥别李登辉时代以来的"金钱外交"。6 月 29 日马英九再次率团出访中美洲"友邦"，参加巴拿马新任总统马蒂内利就职典礼，并顺访尼加拉瓜，往返"过境"美国洛杉矶、夏威夷。此外，2008 年 9 月，萧万长以特使身份代表马英九参加史瓦济兰独立 40 周年及国王恩史瓦帝三世 40 岁生日双庆活动。

在马英九上台的一年多时间里，马英九频繁出访中南美洲，实出于巩固台湾在中南美洲"邦交"关系的战略考虑。在当前中南美洲国家政权普遍"左转"、政权动荡之际，在这些国家积极发展与中国大陆关系的特殊背景下，台湾当局拼全力维持传统的"邦交国"数量事出有因。

2. 调整对外援助策略

如何维持传统台湾"邦交国"关系，对马英九当局来说，不仅要处理"面子"问题，而且还要处理"里子"问题。马英九上台后，提出外援工作"目的要正当"、"程序要合法"、"执行要有效"，为此台"外交部"适时制定了新的"外援工作白皮书"。

台湾新外援的政策宗旨为：由于"外交"处境特殊，尤须有效运用有限资源，对外援助的优先对象及资源分配向以敦睦"邦交国关系"为主要考量。未来台湾仍将继续以台湾发展经验及既有资源，透过专业与有效的援外计划，协助"友邦"发展经济基础建设，期能"敦睦邦谊"、共创双赢。除此之外，外援还希望体现国际责任、保障人类安全、回馈国际社会、发挥人道精神。

"白皮书"还提出了援助的原则与方向：一是依"巴黎宣言"的原则，建立专业有效的国际合作模式，鼓励受援国依"巴黎宣言"在地性原则，制定长期发展计划及优先顺序，受援国还应将相应计划纳入该国国家预算系统，依其既有机制进行追踪与评估。台湾将酌情根据台湾官方预算能力，通过双边高层协商，共同择定援助项目及执行方式，并签订短、中、长期合作计划及协定，明确规范双方转型策略。二是拓展多元伙伴关系，加强多边合作，将加强与世贸组织、亚洲开发银行、欧洲复兴开发银行、美洲开发银行的合作关系，争取加入国际间重要的发展援助组织，参与相关会议与活动，即时掌握国际社会间发展援助的重要议题及趋势。三是"外交部"与台湾内部实际从事国际人道援助的非政府组织及"政府"相关"部会"协调，期能共同建立"台湾民间团体国际人道援助联系平台"，以分享经验、资讯交流及整合资源。援助重点将侧重科技、环保、能源及政府能力的援助，如推动环境保护计划、协助有关国家进行贸易能力、政府管理效能、信息化援助等。

无论是"首脑外交"还是调整援助政策，马当局维护既有"邦交国"关系的目标、决心始终如一。

（二）巩固与拓展与西方大国的关系

加强与大国的实质性双边关系是马当局重要的对外政策方向。这些大国与台湾没有"外交"关系，但与台湾有长期密切的政治、经济联系与交往，对台湾的"内政"、对外关系有着重大的影响，因此拓展与这些大国的关系是台湾过去几十年对外工作的重心，也是马当局对外工作重中之重。在务实主义的理念下，马当局要集中资源提升与西方大国的关系，加强与区域重要国家的关系，积极融入亚太区域经济体系，扩大参与专业性、功能性国际组织，营造有利于台湾发展经贸与"生存"的国际环境。

1. 与西方大国建立以信任为基础的"战略伙伴关系"

美台关系，始终是台湾对外关系的重中之重。

马英九上台一年来，马当局致力改善陈水扁时代的台美关系，重建双边互信合作关系，并以实际行动建立"没有意外"的互动模式。具体而言，一是保持高层接触。马英九三次出访中南美洲均低调过境美国，并利用在美"过境"逗留的时间与美方政治人物保持密切接触。如在2009年5月底到6月初的访问行程中，马英九停留西雅图期间，与4位美国会议员会面，与前共和党候选人麦凯恩、参议院外交委员会主席凯瑞等24位议员或重要人士通电话。6月29日马英九第三次经美国洛杉矶访问中美洲时，在下榻的酒店中，不仅与美国前国务卿赖斯通话，而且与六位美国参众议员通电话，并在洛杉矶接见众院亚太裔连线主席本田，以及"在台协会（AIT）"荣誉主席浦威廉。此外"国安会"秘书长苏起等台湾高官多次秘密访问美国，就美台关系及马英九出访途径美国与美方磋商。二是促请美方"依据台湾关系法"售台湾必要之防卫武器，维持与提升美台军事关系。马英九上台不久，虽对向美购买武器持比较低调的姿态，但随着两岸关系稳定、美台关系改善，台湾加快向美洽购武器的进程，提出了向美洽购 F-16C/D 战机。三是促请美方支持台湾有意义参与联合国专门机构及活动，推动台美签署 FTA、给予台湾居民旅游免签证待遇及加强司法互助、签署"引渡协议"、反恐合作等等。

对于一年来美台关系的进展，美官方给予高度的肯定。

在对日关系方面，马当局努力使日台关系提升到"特殊伙伴关系"的层面。马英九上任以来，马在对日关系方面用了不少心思。首先是作明确的政策宣示，表示要改善与发展与日本的关系。2008 年 6 月 4 日，就职刚两周的马英九接受日本《读卖新闻》专访，除了强调加强"双边关系"外，还首次表态支持美日安保条约。2008 年 7 月 9 日，马英九在会见"日本交流协会台北事务所"代表池田维时称，他一定尊重自己公开的宣示，做一个知日派、友日派。其次是重新布局对日人脉，如继续重用李登辉在日本的人脉，包括任命李系人马出任"亚东关系协会"（在台对日关系方面，扮演白手套的角色）会长，以补"台驻日代表"冯寄台在对日人脉关系方面的不足；动用"政党外交"与"议会外交"的力量，让国民党中央与王金平为首的"立法院"国民党党团积极经营与日本朝野政治人物的政治联系，力图全面改善台湾与日本的关系。第三是全力推进促成台日"特别战略伙伴关系"。台日双方确定将 2009 年作为"特别伙伴关系促进年"，在这一年中，台湾将全面推动与日本在经贸、文化、青少年、观光及对话等五方面的交流与合作，其中包括"台北故宫"文物赴日展览、日本羽田机场和台湾松山机场双向运输服务。日本方面确认今后的台日双边关系为"特殊战略伙伴关系"。

这一系列的作为，反映了马当局对台日关系的重视，也反映了一年来台日关系加强的事实。不过，尽管台日关系得到加强，但日本对钓鱼岛与两岸统一的态度，使得台日关系能走多远充满变数。

强化台湾与欧盟双边信任关系。马英九上台后强调，要着重从经贸入手，加强台欧经济合作，密切与深化台欧关系；同时继续做欧盟及欧洲议会工作，争取其支持台湾参与国际组织。欧盟国家普遍欢迎马英九当选，乐见两岸关系改善、台海局势趋于稳定，并表示"在欧盟的一个中国政策架构中，继续支持台湾在不需要'独立国家'地位的专业多边论坛的实际参与"。在台当局的努力下，英国政府同意给予台湾民众免签证待遇，欧盟国家支持台湾加入政府采购协定 GPA，此外欧盟派驻台北的欧洲经贸办事处（EETO）经过一年的筹划，也在今年 5 月 22 日成立"欧盟中心"，作为全面提升台湾和欧洲双边交流与了解的专责管道。这些都是台欧关系良好发展的重大指标。

2. 拓展东南亚国家实质关系，积极拉拢非洲非"邦交国家"

马当局上台以后，即展现重视东南亚的政策倾向。在制度层面，"外交部"下令成立东南亚工作小组，因应东盟加三（中国、日本、韩国）自由贸易协定全面生效的冲击，希望以东盟有关国家作为突破口，与之签署自由贸易协定，并借由台湾与东南亚国家密切的经贸与人员关系，继续深化与这些国家的政治与对外关系。在司法层面，一年来，通过新加坡与台湾司法互助的加强，进一步加深了台湾与新加坡官方的合作；在军事层面，新台关系也有所加强，2009年3月底台湾海军"九八敦睦远航支队"密访新加坡就是其中一个表现。在经济层面，一年以来，台湾先后与菲律宾、印尼、泰国等国家分别举行"部长级"劳工会议、"部长级"经济合作咨商会议，并积极开展与东盟国家进行"国会"交流及二轨智库的对话。整体而言，一年来台湾与东南亚国家交往层级、互动频率、实质关系有明显提升。

在与非洲国家关系方面，台湾当局的政策更为现实，重点以争取民心为主。马当局加大对非洲的援助，以扶植当地基本民生产业为主，重点放在农业增产、医疗水平提升与教育发展三大方面。在农业增产部分，台湾"外交部"透过"行政院国家科学委员会"协助在各非洲国家的台湾农技团增加农业产业项目，希望能在一定时间内，提升当地的粮食自给程度，减轻当地国家外汇支出压力。在医疗水平服务发展方面，"外交部"希望从过去类似佣兵式医疗团方式，转型为委托大型医疗院所服务。马当局希望通过基础性的援非项目，改善非洲落后面貌，增进非洲民众对台湾的好感。

3. 积极拓展多边关系，扩大参与国际组织活动

参与国际组织及相关活动，是台当局近 20 年来的既定目标。2000 年，陈水扁当局为推动"全民外交"的理念，在"外交部"设立"非政府组织国际事务委员会"（简称"NGO 委员会"），专责辅导并推动台湾 NGO 参与国际事务。马当局上台以后，继续推动"全民外交"，并将之定调为"柔性外交"，以期调动台湾所有资源，服务"正式外交"。一年来，台湾官方积极参与 APEC 会议；为拓展与东盟国家关系，成立"东盟工作小组"，负责规划对整个东盟的工作；积极参与"欧洲复兴开发银行"、"亚蔬世界蔬菜中心"、"国际种子检查协会"、"网际网络名称暨名号码指配机构"等组织；支持台湾 NGO 进行海外人道救助、协助"邦交国"发展生态旅游，鼓励重要 NGO 在台举办国际会议，与台湾民

主基金会合办"亚洲民主人权奖",协办设置境外"台湾书院"案,以及提供台湾奖学金鼓励外国学生来台进修等。

三、对马当局对外政策成效的思考

(一)政策成效

马上台一年以来,台湾对外关系迎来过去几十年难得的成效与机遇。

1. 台湾"国际"能见度大大增强

马上台以来,台湾高级官员陆续出席重要国际活动,如萧万长出席博鳌论坛、连战出席亚太经合组织峰会、台湾"卫生署长"叶金川参加 WHA 大会,这是过去 30 多年来台湾对外活动中未曾出现过的局面。

2. 台湾的国际形象大为改善

从麻烦制造者变成台湾和平的创造者之一,对外关系成为马英九上台后收获的正面资产。

马英九上台以来,两岸关系出现缓和与改善,马英九更是"真心诚意"地改善、拓展与世界各国的对外关系,种种努力及成效,获得美、日、欧盟西方国家的高度肯定。

3. 对外关系有较大的改善与提升

在传统"邦交国"关系方面,通过在基础建设、医疗人道援助、赈灾、经贸合作、文化交流、资讯科技等方面的合作,台湾巩固及深化了与中南美洲、非洲等国家的"邦谊"。

经过马英九当局的积极公关,台湾与美国重建政治信任,而且随着美台军事关系提升到准同盟关系,使得美台战略利益更加紧密。布什政府在 2008 年10 月同意台湾总额逾 60 亿美元的军购方案,这是近年来美国对台大规模军售。2009 年 1 月美国将台湾从"贸易法案特别 301 条款之一般观察名单"中除名,肯定台湾在保护知识产权方面的重大进展。奥巴马上台以来,美方继续支持台湾成为"世界卫生大会"观察员,继续依台湾关系法,售台"防卫性"武器。美国知名两岸问题专家卜睿哲指出,在对外关系方面,马英九扭转了台湾与美国和日本的关系。"美国在台协会"理事主席薄瑞光(Raymond Burghardt)在台湾会见马英九时公开表示,当前的台美关系极好,美国对两岸关系现况也感到放心(comfortable)。奥巴马政府乐见马英九当局改善两岸关系的措施，认为此举既符合美国利益，也有助于两岸稳定和避免错估情势。薄瑞光更两度以"温暖感觉（warm feelings）"及"高度尊重（high regard）"形容当前的台美关系。

台湾与日本的关系也有极大的改善；与欧盟的关系则大幅升温。

（二）有关思考

一是两岸关系良性发展为台湾对外关系创造政策成效

马英九深知台湾拓展对外关系，首先是要处理好两岸关系。马英九上台以来，出台各种政策，采取各种措施，回应两岸经济关系正常化的大趋势；大陆即使知道马英九提出"活路外交"与拓展"国际空间"有其明显的企图心，而且涉及高度争议的主权敏感问题，但从维系两岸关系和平局面的大局着想，积极回应台湾民众对台湾"国际空间"问题的期待。可以说，一年来，由于两岸关系的改善，使得马英九当局"活路外交"得以较顺利地实践。

二是马英九以"时间换空间""以里子换面子"的"务实主义"手法与策略，特别是马当局以拓展国际空间为名，达到维系及扩大"中华民国"国际存在的所谓既成事实的想法与做法，某种程度上是在不断测试与突破中国大陆"一个中国"的底线，这对未来两岸关系和平发展构成潜在的挑战。

三是"务实主义外交"下台湾"外交"资产成效的积累，特别是与美、日、欧盟等西方大国构建"战略伙伴关系"，会以何种方式影响两岸关系走向有待观察。俗话说，开弓没有回头箭，既成的"外交事实"将影响今后马当局的"外交思路"及对外政策方向。

四是美对台政策调整与否将牵动马当局未来的对外政策方向。过去一年，美台关系出现难得的改善，与马英九致力扭转美台关系，美国不乐见两岸关系、美台关系恶化有很大的关系。然而随着当今国际格局的重大调整与变化，特别是中国国际影响力的提升、朝核问题的显现，美国的国家战略也将发生重大的调整。台湾地区作为美国整个东亚战略的重要一环，也将随着美国国家战略的调整而有所变化。今后美国对台政策，在坚守固有利益的同时，做出政策调整是有迹可循的。国民党中央政策会大陆情势双周报 1554 期透露，美国战略规划圈正建议美国政府评估两岸新形势的变化，特别应该慎重思考下列的议题：（1）对台军售与军事合作的质量；（2）台美自由贸易协定的洽签谈判；（3）亚太经合会领袖高峰会议出席代表；（4）支持台湾参与国际货币基金组织和世界银行年会的相关活动;(5)美国在两岸互动关系中的定位与角色等。因此,今后美国将以何种形式的美台合作关系牵制两岸关系,都应引起足够的关切。

2009 年 7 月

马英九当局南海政策及两岸合作可行性探索

杨仁飞

在南海问题上，两岸在现实环境中既有共同的利益，也有合作共进退的必要，但由于现有两岸关系中核心问题未得到解决，致使两岸南海合作难以实质展开。总体上来说，马当局南海政策有底线，但谨慎、低调，既要维护台湾"宪法"保护的南海领土与领海完整，又不愿意给人以与大陆共进退的印象，这与外有美国的压力，内有民进党在野党的攻击有很大的关系。

一、马当局的南海政策及应对措施

2008 年马英九上台执政后，面对日益复杂与多边化的南海局势，做出了有限的因应，南海政策也做了一定程度的调整，政策逐渐回归 2000 年前国民党执政时期的政策层面，但因为顾及美日利益，致使其南海政策呈现被动、左支右绌的两难特点。

（一）相关政策与措施

1. 坚持并重申"中华民国"对南海主权立场，但应对挑战的反应比较被动。马当局的南海政策以 2008 年 2 月 19 日马英九作为国民党"总统候选人"时所公布的"海洋政策"为蓝本。在这个海洋政策框架中，马英九重申了台湾当局对东海和南海的主权，指出南海诸岛为"中华民国"固有领土，表示愿意和周边地区共同开发海洋资源，希望与大陆及日本进行渔业谈判。这一框架是马当局处理南海争端的基本原则。

基于对南海主权的坚守，当 2009 年初菲律宾参议院与众议院先后通过《领海基线法案》，公然将南沙部分岛屿和黄岩岛列为菲国所属岛屿，3 月 10 日菲律宾总统阿罗约签署这一法案时，台湾当局表达了抗议，并重申这些岛屿主权属于"中华民国"，任何国家无论以任何理由或方式予以主张或占据，"中华民国政府"一概不予承认。台"外交部"还约见菲律宾"驻台代表"白熙礼，提出严重抗议；2009 年 3 月 5 日马来西亚总理艾哈迈德·巴达维登陆南沙群岛的弹丸礁宣示主权，台湾"外交部"于 6 日发表声明，指出无论就统治历史、地理及国际法而言，南沙群岛、西沙群岛、中沙群岛、东沙群岛及其周边水域均属于"中华民国"固有领土及水域，主权属于"中华民国"不容置疑。台当局同时呼吁相邻南海国家应依据联合国宪章、联合国海洋公约及《南海各方行为宣言》的原则与精神，搁置争议，通过协商与对话，和平解决南海争端，避免采取任何影响南海地区安全和平的单边措施。2010 年 7 月，台"内政部长"江宜桦前往东沙岛宣示主权，声称"不论南海周遭其他国家或地区如何宣称或占领相关海域及群岛，我们一概不承认"，强调台湾当局将积极搜集南海各国的主张与最新动态，建立南海政策。2011 年 4 月 5 日针对菲律宾常驻联合国大使向联合国海洋事务与海洋法总署总部递交抗议书，台湾"外交部"约见菲律宾"驻台代表"白熙礼提出抗议，重申"中华民国"拥有南沙群岛"主权"，"外交部部长"杨进添 4 月 18 日上午在"立法会"再次表示，无论从历史、国际法看，南海都是"中华民国"固有疆土，争议的各国应该用和平理性方式解决争议，而"中华民国"也愿意和其他国家共同开发、共享资源。

由此可见，马当局的南海的主权立场是明确、坚定的，即坚守"中华民国"对南海的固有主权，对来自越南、菲律宾、马来西亚的挑战，马当局有关部门均做抗议回应。客观来说，马当局对菲律宾、越南等国的南海挑衅的回应，马当局外事部门的反应比较滞后。

2. 固守太平岛，难有大作为。2008 年以来，台"海巡署"多次向台"国安"高层提出，希望强化东沙、南沙的战力，基于南海日益紧张的形势，马英九于 2011 年 4 月最终拍板决定，于当年 6 月起，命令受过完整陆战队训练的海巡队员，以非正式武装力量的方式，进驻东沙、南沙群岛，但不增加太平岛的总体军事力量，包括不增派人员到太平岛（目前驻员 105 名）和东沙岛（目前驻员 162 名），也不提升那里的武器系统。一度传出台当局将宣布台湾海军与"海巡署"将同陈水扁执政时代一样，在 6 月底编组成功级舰、中和级舰和海巡大型舰艇共同赴南海执行操演，这次的名称从雷霆操演改为碧海操演，不过这一消息很快遭到台高层的否认。6 月下旬，国民党籍"立委"林郁芳、帅化民建议加强南海军事力量，但相关部门的官员均低调以对、不愿回应。

总的来说，台当局面对不断升高的南中国海争端气氛，其军事反应是极为谨慎、小心的。

3.认为两岸南海合作时机未到。马当局坚持南海问题和平协商谈判、共同开发利用原则，但排斥两岸开展实质的合作，认为两岸共同应对南海争端的时机未成熟。2010年10月，马英九在接受美联社专访时表示："没有一个国家可真正以军队控制南海地区"，因为南沙岛礁离各国都太远，因此未来最好的方式是以联合行动来联合开发。2011年3月，马英九在接受日本《读卖新闻》采访时再次对外声称，领土及领海问题，台日、台湾与东南亚相关国家双方立场不同，解决的时机尚未成熟，同时台湾也不会因为南海和钓鱼岛的问题，与大陆联手来刺激美国和日本。

马英九当局在对外战略上要倚重美、日，又要与东南亚国家发展实质关系，而台湾介入南海争端又面临身份的限制，这使得台当局基本上采取息事宁人、不与任何一方作对、不与任何一方合作、避免得罪人的立场与策略。

二、马当局的南海政策与李登辉、陈水扁执政时期的政策比较

1.马当局南海政策基本沿袭了李登辉执政时期的南海政策纲领

1993年4月13日，台行政部门核定"南海政策纲领"。在前言中，台当局明确指出，南海四大群岛主权属于"中华民国"，"南海历史性水域界线内之海域为我国管辖之海域，我国拥有一切权益。我国政府愿在和平理性的基础上，及维护我国主权原则下，开发此一海域，并愿依国际法及联合国宪章和平解决争端。"台湾当局确立南海政策之五大原则目标：（一）维护南海主权；（二）加强南海开发管理；（三）积极促进南海合作；（四）和平处理南海争端；（五）维护南海生态环境。这些原则与目标对之后台当局的南海政策有着重要的影响。

此时期，台当局仍坚持"一个中国"政策，在南海政策上也坚守相关立场。这一政策原则与立场虽后来被李登辉与陈水扁放弃，但马英九当局采纳了1993年"南海政策纲领"处理南海问题的基本原则与精神。从马当局目前采取的一系列南海政策与立场，可以看到与1993年"南海政策纲领"具有相对的一致性。

2. 与陈水扁执政时期的"南海倡议"有着本质上的区别

到 2011 年年中，马英九执政已有三年多，相比之下，其南海政策与陈水扁时代最大的区别在于坚持回归"宪法"层面，坚持"中华民国"对南海的固有领土诉求。

而 2000 年 5 月民进党上台执政的八年中，扁当局的南海政策出现重大的逆转。最主要的变化是陈水扁当局搁置 1993 年制定的"南海政策纲领"，有意弱化对南海主权诉求，仅强调和平解决争端与优先考虑海洋环境保护与海洋资源共同开发。这与民进党的"台独"政纲与主张有很大关系。到 2005 年 5 月，陈水扁当局将"南海政策小组"及相关业务由"内政部"改归"国家安全会议"管辖。随后，台"国安会"将南海、东海及西太平洋等相关"国家安全业务"合并交由"国安会"下设的"海域情势会报"处理。2008 年 2 月陈水扁对外抛出"南海倡议"，声称南海各岛屿主权争议不断，台湾对太平岛拥有主权毋庸置疑，但中国与东盟签订"南海各方行动宣言"，台湾作为最早进驻南海，且拥有南沙最大岛屿的"国家"却被排斥在外，并称中、菲、越南等国擅自在太平岛附近海域进行相关地质数据调查，严重侵害台湾权益，呼吁周边各国依联合国宪章及联合国海洋法公约和平解决争端。此时台当局的"南海倡议"内容主要有四款，一是台湾接受"南海各方面行为宣言"的精神与原则，坚持以和平方式解决领土与管辖的争议。二是南海的开发应首重环境生态的保育，尤其必须正视全球暖化，海平面上升对南海岛礁永续经营所带来的威胁。台湾吁请相关各国应优先考虑将南海划设成海洋生态保育区，而非进行海洋资源的掠夺。三是定期开放并邀请国际生态学者及环保团体至东沙环礁、太平岛及中洲礁进行研究与考察。四是避免敏感的主权议题妨害各国于南海地区的合作，鼓励民间成立"南海研究中心"，定期举办国际研讨会，经由二轨的接触管道，积极缓和南海不稳定的情势。此时的陈水扁当局已完全抽去"中华民国对南海等固有领土的主权"诉求这一最重要的原则，而是将和平开发合作、环境保护作为其南海政策的主轴。

因此马英九当局与陈水扁当局的南海政策最大区别在于对南海主权的法理解说与原则坚持上，马当局强调"中华民国"对南海拥有"主权"，而陈水扁当局强调的是"台湾的主权"。当然在马当局与陈水扁执政时期台湾对南海的具体政策与措施层面，包括共同开发、海洋环境保护有延续性与共同性。

3. 与民进党主席蔡英文的温和"台独"及模糊南海主权立场也有很大的区别

作为民进党 2012 年"大选"的参选人，蔡英文的两岸政策尚未正式出台，但其政策思路已基本形成，总体上来说，蔡英文坚守"台独史观"、主张稳健、和平"台独"，将两岸关系定位在国际关系的范围。南海政策虽不是蔡英文竞选阶段最急迫及最重要的部分，但事关两岸关系，我们可以从其公布的民进党"十年政纲"找到其政策的思路。目前蔡英文对南海局势的评论比较少，往往避重就轻，但所言所语也透露出与陈水扁时代相同的理念、思路与立场。在今年 6 月出访菲律宾期间，蔡英文认为台湾对南沙主权有自己的主张，是基于以台湾为出发的"主权"，与中国大陆不尽然相同，两岸如果要在南海问题上进行合作，就要先厘清双方对南沙主权的基础是否相同，否则会使其他国家对两岸之间的主权问题感到混淆。蔡英文与陈水扁一样不愿提及"中华民国"，仅强调台湾的主权，对两岸进行区隔，自然蔡英文也否定两岸对南海拥有共同的主权，否定两岸合作的可能性。

相较之下陈水扁时代的南海政策，蔡英文应该与之没有什么差别，反而与马英九当局的南海政策有根本性的差异。

二、两岸合作的可行性与存在的主要障碍

随着近年南海争端的升级及局势变化，两岸合作的议题从学术议题逐渐上升到一种政治声音。今年 3 月我海军南海舰队政委黄嘉祥在"两会期间"公开表态称，"可以与台湾海军在南海合作"。6 月 15 日国台办发言人杨毅说，中国对南沙群岛及其附近海域拥有不可争辩的主权，维护南沙群岛及其附近海域的主权，是两岸同胞的共同责任。总的来说，我方对两岸合作的意愿较高，但台湾方面婉拒合作。未来两岸南海合作的基础是什么，合作会有什么样的困难，应该先在什么领域开展合作，仍是一个需不断探索的大课题。

（一）目前两岸合作的基础

两岸合作的可行性基于两岸对南海的主权坚持及面对的挑战：一是两岸对南海的主权归属与领土、海域主张基本相同，即认为南海东沙、西沙、中沙、南沙四群岛自古以来就是中国的一部分。大陆方面始终坚持在相关水域属于中

国的"历史性权利",台湾方面则明确主张线内为"中华民国的历史性水域"。在维权执法等实际操作中,双方实质上把"断续线、九段线"都作为与周边国家的海上分界线。二是两岸均主张加强南海共同开发管理,积极促进南海合作,和平处理南海争端,维护南海生态环境。三是面临的挑战是一致的,要维护的利益也是重叠的。四是两岸在应对挑战方面的基本思路也有共同之处,目前及今后很长一段时间,无论是台湾还是大陆均主张和平解决争端,不愿因为南海之争与近邻开战,台湾尤是如此。

(二)目前两岸在南海问题上合作的主要障碍

两岸在南海问题上的合作既可涉及低敏感度的领域也可涉及高敏感度的议题,诸如共同加强对南海历史与法理的研究、共同开发南海石油资源应该属于低敏感的领域,台湾能不能参与到目前中国与东盟国家的南海争端解决机制,以何种身份参与,则是高敏感度的问题,客观而言,在当前情况下,两岸若要在高敏感度领域携手合作存在不少的困难与障碍。

障碍之一,是两岸对台湾参与的方式、身份均有截然不同的看法。由于台湾"国际"身份的特殊,台湾一直被排除在由主权国主导的南海争端机制谈判之外。为拓展国际空间,自李登辉执政以来,台湾当局均主张台湾应作为主权声索方不应被排除在与东盟五国的南海行为准则谈判中,一直要求有合适的身份参与其中。而大陆方面则认为,若台湾要参与,两岸必先进行政治谈判,即对一个中国原则进行政治谈判,在台湾参与国际活动,包括台湾参与南海争端解决机制的名称与方式在两岸达成共识后,方可能进行。现实情况是,目前两岸政治谈判迟迟未摆在议事日程上,可想而知,事关南海的两岸政治性议题合作有相当大的难度。

应该看到,在两岸政治议题谈判未取得突破之前,台湾参与南海行为准则谈判可能性不大,这也使得两岸在南海问题上的深度合作空间不大。

障碍之二,是台湾蓝绿两党多数政治人物或者学者拒绝两岸在南海问题上进行合作。虽然大陆方面希望两岸能在南海问题上携手合作,但无论是台湾当局还是在野的民进党,态度基本一致,都认为无合作的可能性。今年4月19日,台"外交部长"杨进添在"立法院"接受质询时称,对南海主权,台湾不会与大陆联系。马英九本人也对外称,不会与大陆进行合作。

（三）两岸近期应先在低敏感度的领域加强合作

1. 当前两岸应该互补历史证据，为南海争端国际化作充分的法理与历史准备。

由于台湾拥有 20 世纪 30 年代以来与南海问题主权争议有直接关联的对外交涉档案，掌握"中华民国"二战后接管南海诸岛，以及"旧金山条约""对日和约""日台条约"等历史证据，而这些证据又是支持中国拥有南海主权的重要依据，因此，一旦需要通过国际仲裁和平解决南海问题，必须考虑提交中国对南海历史与法理权利的证据。有鉴于此，我们不仅要关注己方和对方的证据，在证据链上提供合作与彼此的声援，而且要努力强化两岸共同参与国际仲裁的合作意愿与合作行动。

2. 两岸官方与民间智库应加强对南海问题的共同研究，寻求共同应对南海危机的应对之策。诸如提出两岸可优先合作的领域，之后逐步探索台湾如何与大陆一道参与南海争端解决机制。

3. 先在一些低敏感度的领域开展合作。如两岸在开展海洋资源调查、研究、大气与天气海象预报与预警，维护南海环境生态，联合勘探开发油气资源方面进行交流与合作，在合作中增进共识与理解，为未来的进一步合作打下基础。

2011 年 7 月

马英九当局应对钓鱼岛危机之策略分析

杨仁飞

2012 年年中以来，中日钓鱼岛主权争端已因日本蓄意推动"国有化购岛"计划，演变为一场东亚区域安全危机，而且也因日本政府一意孤行强化对钓鱼岛的实际控制以及对华交涉采取硬软结合的多面策略，使中日关系面临二战以来最严重的后退。作为利益相关方的台湾当局，在这场中日钓鱼岛主权之争中，抓住时机，主动出击，乘机提出"东海和平倡议"，派舰艇护渔进入钓鱼岛海域，打出一套有别于大陆的保钓组合拳，除彰显"中华民国"对钓鱼岛主权主张外，还为台湾赢得了实实在在的利益。

一、提"东海和平倡议"，倡导多边谈判机制

2012 年 8 月 5 日，马英九提出"东海和平倡议"。这一倡议共有五点内容：第一，相关各方应自我克制，不升高对立行动；第二，相关各方应搁置争议，不放弃对话沟通；第三，相关各方应遵守国际法，以和平方式处理争端；第四，相关各方应寻求共识，研订"东海行为准则"；第五，相关各方应建立机制，合作开发东海资源。

应该看到，马英九是在纪念 1952 年国民党当局与日本签订的"中日和约" 60 周年之场合提出"东海和平倡议"，因此提出的时机点并不寻常，透露出许多重要信息。

一是马英九重新解读了"中日和约"，并将"中日和约"与《开罗宣言》、《波茨坦公告》三个文件视为确认台湾"归还中华民国"的国际法律文件，有强化"中华民国"及钓鱼台主权主张的意味。马英九称，"中日和约"适用范围是"中华民国"现在或将来所有效控制的领土，当然包括台湾在内。"中日和约"

的重要意义在于在国际法上做一次确认。马英九这一说法等于否定了台湾岛内及美国国内一些人利用"中日和约"主张"台湾地位未定论"的说法。

当然马英九还声称，1972年日本与中国大陆建交，日本宣布"和约"终止，这并不影响1952年"中日和约"生效后所发生的法律效力，因为生效后就不可能改变。这一表态意味着马英九从法律角度，仍然坚持"中华民国"的法统。不过马英九在通篇发言中，未从历史与法律的角度提及钓鱼岛争端的由来，仅由台"外交部"在稍后发出的新闻稿中重申不论从历史、地理、地质及国际法的观点来看，钓鱼岛列屿是"中华民国"固有领土。由于中日钓鱼岛主权之争的真正推手与历史根因与美国有关，马为避免得罪美国，在致辞中刻意回避了美国因素。

二是透露出马英九主动出击，并且试图将钓鱼岛争端拉入东亚岛屿之争的大框架中解决的战略意图。马英九"东海和平倡议"比台当局一直坚持的"主权在我、和平处理、共享资源、共同开发"四原则适用范围更宽，内容更加具体、清晰。从名称上来看，马英九用"东海和平倡议"，而不是用钓鱼岛争端解决机制，这使得"东海和平倡议"的适用国家与地区有可能包括了整个东北亚，乃至亚太地区的相关国家，显示台湾邀请美国、韩国介入钓鱼岛的意味较强。从适用地区来看，"东海和平倡议"的五大原则也适用于南海主权争端上，因此，不妨从"东海和平倡议"来解读马英九对南海争端可能采取的立场。"东海和平倡议"中提到的所谓各方应遵守国际法、研订东海行为准则的提法，与美国、菲律宾、越南主张的南海争端机制有共同之处。如美国反对单边行动，主张南海"合法通商与航行"，按包括海洋法公约在内的国际法来解决南海争端，早日展开具有约束力的"南海行为准则"磋商；菲律宾、越南是"南海行为准则"的头号推手，主张"强制不可使用武力"、"维持现状"和"美日澳印为行为准则监督关注方"等内容。

三是马抛出"东海和平倡议"事先告知了日本，相信也早就事先与美国沟通过，但大陆肯定是最后一个知晓者，反映了马英九不欲两岸联手捍卫钓鱼岛与南海主权的政治考量。

可以说，马当局的东海和平倡议是一把双刃剑，是台湾权衡了区域安全形势、迎合了美国战略重心东移，并且兼顾了台、美、日利益的一种精算策略。但在现有国际格局与形势之下，这一策略未必能实现。

二、军事、政治、外交相配合，强化主权宣示

马当局虽然一直希望钓鱼岛争端不要升级，但形势的发展使马英九无处可避，促使他必须有所作为。因此，在综合考虑之下，马当局近期还是采取了一系列强化捍卫主权的行动。

在对外关系层面，9月11日本政府在完成"购岛"签约后，马当局第一时间召回驻日代表沈斯淳回台说明情况，并派"外交部长"杨进添召见日本驻台代表进行抗议。

在军事层面，马英九本人于9月7日乘飞机到彭佳屿，痛批日方"购岛"举措"违反国际法，是侵略、窃占行为"，同时呼吁岛内各界在东海议题上停止对立与内耗，团结对外。9月19日马英九在"宪兵司令部"要求"海巡署"在第一线对依法出海作业的渔船提供保护，"渔船到哪里，我们就保护到哪里"，告诫军方站在第二线，要维持海空军的战备。接着马当局派军舰进入钓鱼岛附近海域护渔。9月24日下午宜兰渔民发起的"为生存、护渔权"活动，共有69艘渔船出发前往钓鱼岛海域，台当局派12艘舰船护航，其中有多艘渔船与舰艇25日进入钓鱼岛2—3海里处，当日本海上保安厅舰艇以水柱驱离台湾渔船时，台"德星舰"也以水柱还击。虽然台湾渔民并未实现登岛计划，但这一次行动却是近年来台湾官方支持、推动的最大规模的一次保钓、护渔行动，表明马当局正以实际行动展示其捍卫钓鱼岛主权与渔权的决心。

三、保钓两岸有别，各自精彩

在捍卫钓鱼岛主权问题上，马英九一直秉持两岸不联手合作的立场。

在过去四年中，马英九在多个场合均明确表示两岸不可能在钓鱼岛与南海问题上进行合作。2011年3月，马英九在接受日本《读卖新闻》采访时声称，领土及领海问题，台日、台湾与东南亚相关国家双方立场不同，解决的时机尚未成熟，同时台湾也不会因为南海和钓鱼岛问题，与大陆联手来刺激美国和日本。2011年7月马英九在接受美国《亚洲华尔街日报》采访时称，各方应该以和平方式来解决争端，保障公海航行自由，共同开发、共享资源。台当局有关部门在其他不同场合也表示出相同的立场，如2012年4月，"陆委会"主委赖

幸媛公开否认两岸南海合作的可行性，5月2日在"立法院"里，台"外交部副部长"董国猷坚持，两岸关系虽日趋和缓，但双方交流还未扩及军事及政治层面，若台湾在"主权"问题上与"中国"合作，可能使周边国家误会，不仅无法增进"国家利益"，还可能造成损害。5月3日，台"陆委会"再一次声明，南海问题不单独与美、陆合作。9月24日台渔船前往钓鱼岛宣示主权之前，台"陆委会""海巡署"官员均出面否认会出现两岸联手保钓的情形。

虽然马当局在钓鱼岛主权问题上采取两岸区隔，从各自的角度来表达及捍卫主权，排斥两岸合作的做法，有彰显"中华民国"符号、突出两岸政治分歧之意涵，但由于目前马当局仍坚持"九二共识"，因此其积极主动的保钓行动，对维护全中国的领土主权完整仍有正面的意义。起码如国民党荣誉主席吴伯雄最近接受中评社记者采访所说的那样，在钓鱼岛主权问题上，台湾当局与民间不能站在大陆的对立面上。因此，两岸保钓，虽各自精彩，但终有遗憾。

当然台湾方面这种拒与大陆合作、各自表达立场的做法，与马当局主张两岸关系先经后政、先易后难的政策有关，与马英九坚持"中华民国"立场有关，更与近期钓鱼岛形势急剧变化以及美国对台施压有莫大的关联。

四、友日政策不变，台日关系回旋余地大

近来，马当局在钓鱼岛主权问题上的立场越趋明朗与坚定，但仍可以观察到台湾始终为台日关系发展留有余地。

首先，马当局多次表示希望日本及其他各方保持克制，避免冲突升级。如日本政府与栗原家族签订"购岛"协议当日，马当局第一时间表达强烈抗议，召回"驻日代表"，以行动表达守卫钓鱼岛的决心与意志，但考虑到美日有同盟关系，美台存在准同盟关系，台日关系又十分密切，因此，呼吁日本不要采取造成区域不安的行动，希望日本保持克制。被召回台湾报告情况的"驻日代表"沈斯淳也声称，未来台湾"驻日代表处"工作方向，继续坚定表述台方立场，争取日本各界对于东海和平倡议的理解与支持，并持续推动台日各项实质交流。

其次是为台日协商解决渔权纠纷作准备。在今年9月的APEC会议上，代表台湾出席的国民党荣誉主席连战与日本首相野田佳彦举行了会谈，期间传出日本有"搁置争议，共同协商处理渔权"的考虑。消息传到台湾，一度令台湾上下欣喜若狂。9月11日，台外事部门负责人杨进添在召见日本"驻台代表"

樽井澄夫表达台湾严正立场的场合，同时传递台日双方同意应就共享资源之事项予以正面处理的讯息。9月18日这一天，杨进添除重申钓鱼岛列屿主权外，对于台日渔权谈判问题，表示目前台日双方都有尽速召开渔业会谈的认知，但要视日方善意与诚意，复谈日期还在磋商中。9月25日日方派遣交流协会理事长今井正到台访问，主动说明日本将钓鱼岛列屿三岛"国有化"的作为，并表示将就台日渔业会谈的时程和议题，以及往后双方关系发展交换意见。可见，即使钓鱼岛主权争端升级，台日的渔权谈判仍在推动中。

此外，台日其他交流合作管道仍然畅通。台日情报交流原本并未受到钓鱼岛主权争端的影响，台湾海军原定10月中旬由将领率团与日本海上自卫队开展情报交流的会议照常举行（这一会议每年固定在日本举行）。但由于相关消息被媒体曝光，使得"国防部长"高华柱在9月25日在"立法院"不得不表示，各项军事工作在与日本关系和缓后，再按照年度计划执行。

由此可见，马当局"友日"政策并没有发生变化，对日交涉弹性十足，为台日关系发展留有余地。日本则乘机在两岸挑拨离间，给台湾一些好处，相关动向值得警惕。

五、符合美国期望，实现多重目的

目前马英九在钓鱼岛问题上的一系列举措，符合马上任以来的战略布局，而且也充分考虑了美国的因素，符合美国的期待。

在美国的新亚太战略中，美国自然希望台湾与大陆不要在钓鱼岛与南海问题上联手，也希望台湾保持克制，不要主动作为。近期美国透过各种管道对台的东海与南海政策与行动表达关切，台"外交部"官员、一些智库学者在各种场合承认美国的介入，这意味着美国时时刻刻透过种种的渠道表达意见，目的是使台湾之举动不偏离美国的利益航道。

马当局理所当然地借助了美国重返亚太、大搞战略再平衡以及中日钓鱼岛主权之争炽热化之时机，寻求达到放大"中华民国"在国际存在效应的目的，从而使国际社会认识到台湾是处理东海与南海之争的关键力量之一，继而提升台湾在国际上的地位与影响力，加强在两岸关系中的主动权。正如台"外交部"公众外交协调会执行长兼发言人夏季昌9月4日表示的那样，不管钓鱼岛或南海岛屿，台湾都希望相关国家能与台湾对谈。

确实，近期马当局抓住了东海与南海形势变化的可乘时机，做出了积极应对措施，一方面显示了马当局捍卫主权的意志，对内有安抚民众情绪、转移内部经济与社会矛盾的意味，同时也通过高分贝声音与一系列高姿态举措，赢得世界的关注，从而达到逐步扩大台湾"国际话语权"的多重目标。

2012 年 9 月

蔡英文的对外政策

曾建丰

在选举政治中，政党或代表政党参选之候选人的对外政策一般在选战期间就已形成，胜选的执政党利用组织执政团队、控制议会的优势，将党的政策主张转化为执政的政策实践，在野党则通过行使质询权、倒阁权、弹劾权等议会斗争手段对执政当局外交决策进行监督和间接牵制。代表民进党投入2012年"大选"的党主席蔡英文，近期密集抛出有关"对外政策"的论述，综而观之，其以"国际多边体系论"为核心内容的"对外战略"思考与政策主张已经基本形成，而此一论述是以"两国论"或"一边一国论"为前提的，其本质是蔡英文"台独"分裂主张与意识形态的延伸，也是为其"台独"分裂图谋服务的。因此，2012年蔡英文一旦胜选，民进党重新执政，陈水扁时代的"烽火外交""冲撞外交"政策势必死灰复燃，当前两岸关系和平发展的良好势头必然受到严重的威胁和影响。

一、蔡英文"对外政策"的核心内容是"国际多边体系论"

蔡英文早在去年就计划在7月间召开的党代会上推出其全套政策主张，即所谓《十年政纲》，但后因内部意见分歧，未能如愿。2011年6月20日，蔡英文在菲律宾表示:《十年政纲》会在9月28日全代会与党庆合并举行时出炉。能够较为全面、完整体现蔡英文"对外政策"主张的《十年政纲》之"对外关系篇"虽未面世，但从蔡英文2008年5月就任党主席以来，尤其是近期密集抛出的相关言论看，其以"国际多边体系论"为核心内容的"对外政策"思想与主张已基本形成。

1. 主张以"国际多边体系"作为与中国互动的架构。从2010年以来，蔡英文反复提及"国际多边体系""多边架构""从世界走向中国"等概念或说法，这些论述大致可以视之为其"对外政策"的总体"战略思考"。2010年4月25日，在马英九、蔡英文两岸经济合作框架协议（ECFA）电视辩论会上，蔡表示："民进党跟国民党的两岸思维最大不一样的地方，就是说民进党是走向世界，跟着世界一起走向中国。而国民党是透过中国，走向全世界"。2011年2月23日，在民进党智库成立大会上，蔡英文在致辞时说：民进党作为台湾主要政党，必须提出与美国、日本、欧洲、大陆及亚洲其他国家互动的策略；民进党处理大陆问题，不能局限在两岸结构或陷入历史框架，更不能被政治前提压缩处理两岸问题的空间。两岸议题必须有国际战略思考，也是"内政"议题的延伸，若只在两岸议题上打转，无法根本解决台湾与大陆的问题。应该以"国际多边体系"作为与中国互动的架构。4月10日，在民进党2012年"大选"候选人第一场初选政见发表会上，蔡英文称："我们必须在国际及区域架构下来思考及形塑与中国的关系，而不是在两岸的历史框架中打转"；"我们不会陷入两岸的框架，会从国际多边体系出发。让两岸关系，成为全球化趋势下更为正常、稳定的关系"。6月6日至11日，蔡英文以民进党2012年"大选"候选人身份出访德国与英国，在柏林，蔡英文表示两岸议题不只是台湾与中国大陆的问题，台湾应以"国际多边关系"作为两岸互动架构，才不致陷入用政治退让来交换经济利益的框框；在伦敦，蔡英文宣称：要以前瞻性眼光，专业方式处理，"台湾与中国"都是国际社会的一分子，也是世界贸易组织（WTO）等多边架构组织成员，在这个架构下运作即可，不需再另创规则。

2. 主张以"亚洲一分子"参与"美日同盟"。从区域与地缘的角度出发，蔡英文极力主张以"亚洲一分子"参与"美日同盟"。2009年3月15日至17日访日期间，蔡英文呼吁：日本在亚洲的经济发展和安全保障上，扮演积极的领导角色；面对快速崛起的中国，亚洲主要国家须共同维持亚洲地区的平衡和稳定。亚洲国家有责任帮助台湾，以因应"中国的阻挠"，使得台湾在政治、经济和安全上都能真正融入亚洲；期待日本能扮演领导者的角色，加强和台湾的经贸关系。2010年9月27日，蔡英文在与日籍媒体茶叙时表示："美日同盟"是亚太安全的基石，支持"美日同盟"在亚太持续扮演稳定的力量，台湾也应善尽"忠实盟友"的角色。2011年3月29日，蔡英文与到访的美国前副国务卿阿米塔吉会面时声称："中国崛起带来的政经与安全挑战，不该由台湾独自承担，必须由区域国家共同面对"，"民进党认知到台湾做为'亚洲一分子'，台美都有责任共同维持亚洲地区稳定";"美日安保是亚太地区和平稳定的基石",乐见美国近来宣示重返亚洲。

3. 反对马英九当局现行的"外交休兵"政策。对于马英九当局现行的"外交休兵"政策,蔡英文明确持否定与反对态度。2008 年 8 月 9 日,蔡英文在一场名为"新政府就任后的台湾安全形势"的研讨会上表示:"台湾'外交处境'是中国打压的结果,必须要凸显中国的不合理,但被害人却与加害者协商'我不挣扎,你就不来打我',这样如何争取友邦为台湾发声?"对于马当局的"外交休兵"策略,蔡英文进一步抨击说:台湾是自我缴械,未谋其利、先受其害,无法令人苟同。2011 年 2 月 8 日,针对菲律宾将涉及跨国诈骗的台湾人遣送至大陆一事,蔡英文表示:"这是马政府近年来外交工作最大的挫败,也显示'外交休兵'政策路线的错误,更是对'外交休兵'政策最大的警讯,呼吁马英九立即调整两岸、外交以及国安的总体战略。"

4. 寻求外力支援、"联外抗中"。利用国际社会残余的冷战思维以及近年兴起的所谓"中国威胁论",蔡英文极力寻求外力支持,试图"挟洋自重""联外抗中"。2009 年 3 月 15 日至 17 日访日期间,蔡英文宣称:"面对艰难的局势——包括中国对台湾'主权'的主张、中国对台湾的'军事威胁',台湾必须找到最佳的定位,以最有效地参与亚洲事务,这才是我们最大的挑战"。2010 年 7 月 19 日,在"新台湾国策智库"与美国 2049 研究机构合办"崛起的中国霸权与对区域的挑战"国际研讨会上,蔡英文表示:不管民进党在"朝"或在野,都会持续要求美国政府出售武器给台湾,"台湾现在需要 F16-C\D,愈早愈好",有足够的武器才能吓阻"对台湾有野心的国家",台湾对外谈判也会更有自信与筹码。2011 年 3 月 29 日,蔡英文与到台湾的美国前副国务卿阿米塔吉会面时表示:民进党一贯的立场,就是支持台湾"国防力量"提升,因应"国家"所面临的军事威胁,希望美国就台湾所提出之军售项目正面回应,"持续强化双方的安全合作关系"。2011 年 6 月 6 日至 11 日,蔡英文在出访德国与英国时表示:"中国的崛起对台湾和美、日、欧盟主要国家在内的西方民主集团形成极大挑战";"台湾不是单独面对中国大陆,两岸议题也不仅限于台湾、大陆双方的问题,台湾与世界及亚洲国家共同面对中国大陆崛起带来的政治、经济与安全等方面的影响,因此必须在国际的多边结构下思考两岸关系,透过国际共通的规范与准则,平衡台湾与中国大陆实力的不对等,让双方保持行为的理性,这对台湾才是最好选项"。

5. 对于钓鱼岛、南海等敏感问题，拒绝与大陆合作。2009年3月15日至17日访日期间，针对钓鱼岛问题，蔡英文说："台湾对钓鱼台主权的主张"，与"中国"完全无关；台日之间对此的"主权争议"是台日"两国"的问题，也与"中国"无关。2010年11月1日，蔡英文主动向到访的日本前首相安倍晋三表示：民进党对钓鱼岛的立场从执政时期到现在未改变、政策持续。这四点态度包括，第一，主张钓鱼岛主权是台湾的；第二，相关争议应该和平理性处理；第三，民进党不考虑与中国大陆合作处理钓鱼岛问题；第四，希望双方以对话、共同合作的态度来和平处理渔权及天然资源开发问题。针对最近热议的南海议题，蔡英文6月20日出访菲律宾时表示：台湾对南海的主张，植根于以台湾为出发的"主权"主张，与"中国"的主权基础不尽然相同。她担心两岸在南海议题上合作会引起其他国家对两岸主权的混淆。

二、蔡英文"对外政策"的本质是主张"台独"

政治人物或政治组织的对内、对外政策通常都是一体两面、交相为用的。对外政策是对内政策的延伸，是为对内政治服务的。蔡英文也不例外，其"对外政策"思想与主张完全体现了其始终如一的"台独"分裂主张并为之服务。其要主特点有：

1. "台独"性。众所皆知，蔡英文是李登辉"两国论"的始作俑者，也是陈水扁"一边一国论"的护航者和执行者，蔡英文曾表示"自己对'台独'的信念很坚定"。蔡英文"对外政策"总体论述或战略思考中反复强调的所谓"在国际及区域的多边架构下思考及型塑与中国的关系"、"处理大陆问题不能局限在两岸结构或陷入历史框架"、"必须在国际的多边结构下思考两岸关系"、"和世界一起走向中国"等等类似说法，细究之，完全是把台湾定位为"主权独立的国家"（与民进党"台独党纲"一致），把两岸关系定位为"两国"或"一边一国"的关系（与李登辉、陈水扁的主张一致）。在事涉国家主权与领土完整的钓鱼岛、南海问题上，蔡英文仍从"台独"立场出发，拒绝与中国大陆保持一致、共同对外。蔡英文的"对外政策"既是其"台独"分裂主张的延伸，也是其"台独"思维与意识的一面镜子。

2. 挑衅性。维护国家主权和领土完整是国家核心利益。解决台湾问题、实现国家完全统一是中国内部事务，不受任何外国势力干涉。实现祖国的完全统一,是海内外中华儿女的共同心愿,是中华民族的根本利益所在。蔡英文、民进党等"台独"势力,完全置中华民族的根本利益于不顾,不惜充当工具或棋子,唱和甚至勾结国际上不希望看到中华民族崛起的右翼"反华"势力,或承袭"冷战思维"试图继续"围堵""封锁"中国大陆,或借口"中国威胁论"蓄意煽动"抑制""遏阻"中国大陆发展。蔡英文声称台湾要以"亚洲一分子"参与"美日同盟"善尽"忠实盟友"角色,台湾要与世界及亚洲国家共同面对中国大陆的崛起,要求美国政府出售武器给台湾,要求马英九立即调整两岸、"外交"以及"国安"的总体战略等等,显然都是为谋求"台独"分裂而进行的冒险与挑衅,其挑衅的对象是中华民族的根本利益、两岸关系的和平发展以及亚太地区的和平稳定。

3. 权谋性。也可以说就是欺骗性。随着2012年"大选"临近,为了争取中间选民的支持,无论是对内、还是对外政策,蔡英文都进行了一番修饰包装,如近期提出的所谓"和而不同、和而求同"、"跳脱历史框架"、"国际多边体系"、"跟着世界一起走向中国"、"寻求两岸可以和平共处的方法"、"愿意跟中国坐下来谈可长可久的架构"、"和平稳定是两岸共同利益"等等,虽然这些论述里面没有赤裸裸的"台独"字眼,但因其前提是把两岸关系定位在"两国"或"一边一国"基础之上,其实这与主张"台独"分裂并没有本质上的区别。这些经过精心修饰和包装的论述,没有了直白的"台独"诉求,也没有了"反中""去中国化"叫嚣,而是出现了"和平共处""和而求同""共同利益"等颇为好听的概念,加之抽象、空洞、绕口、模糊的词汇,极容易给台湾选民或国际社会造成"有改变""有新意"甚至"有善意"的印象或错觉。就连吕秀莲都揶揄说:蔡英文的论述很有学问,"所以我一直不懂什么是'和而不同'、'和而求同';大概太深奥,我还没了解真正含意"。倒是蔡英文的重要智囊、民进党前"立委"林浊水坦诚表示:"民进党的('台独')基本立场、基本价值观目前并没有调整,只不过这些都是原则性的东西,随着岛内外以及两岸政治经济形势变化,民进党在具体政策上做一些务实、弹性的调整"。坦率地说,只要蔡英文、民进党的"台独"分裂主张与立场没有从根本上改变,再怎样弹性、务实,再怎样包装、修饰,终究欺骗不了世人,更不可能找到两岸和平发展"可长可久的架构"。

三、前景与影响

按照台湾现行的"宪政体制","外交""国防"与大陆事务是由台湾地区领导人亲自掌握的行政职权。代表民进党投入 2012 年"大选"的蔡英文,其"对外政策"的基本内容与特性已然形成并定调,而其作用与影响端视 2012 年"大选"蔡英文能否取胜。

蔡英文如果未能取胜,民进党继续处于在野地位,则其"对外政策"论述与主张或将停留在"政策宣示"或"竞选文宣"这一层面上,其对继续执政的马当局的"对外政策"只能通过"立法院"党籍"立委"质询、召开记者会、发动传媒攻势等等方法,制造舆论压力,进行影响、干扰甚至破坏。若依民进党的传统,蔡英文如果在 2012 年"大选"失败后连党主席的位子都无法保住,则其"对外政策"(也包括《十年政纲》)的作用与影响力将更加微不足道。

反之,如果蔡英文在 2012 年"大选"中取胜,其"对外政策"的影响则将大为不同。蔡英文曾说:"民进党若再重返执政,会延续前朝政策,不会横柴入灶"。话虽如此,由于"台独"分裂主张与意识形态作祟,蔡英文、民进党始终否认"九二共识"这一两岸互信的基础,并与马英九当局在两岸与"对外政策"方面形成最为明显的政策差异,因此,蔡英文如果胜选,民进党重新执政,最有可能的做法就是选择性地延续"前朝"(包括李登辉、陈水扁、马英九各时期)的政策,取其所需,为其所用,如对无法逆转的两岸经贸交流与人员往来政策,蔡英文只能延续,而在两岸关系定位以及"对外政策"方面,蔡英文、民进党势必选择"李朝"或"扁朝"政策,马英九当局现行的"对外政策"必然要被调整甚至完全改变。

其一,"对外政策"将优先于两岸政策。马英九当局曾经强调"大陆政策位阶高于对外政策、对美政策",后来调整为"两岸关系与对外关系相辅相成,同步前进,不会有所偏废"。蔡英文则是明确将"对外政策"置于高于两岸政策的位阶上,两岸政策只是其"对外政策"的一个部分,是其所谓"国际多边体系"中的一个环节,而且是要"跟着世界一起走向中国",也就是"对外关系"优先于两岸关系,"对外政策"优先于两岸政策。简言之,蔡英文首先要做的是拓展国际空间,争取国际承认,然后再与大陆打交道。

其二,"亲美、联日、抗中"将取代"和陆、友日、亲美"政策。马英九当局自 2008 年执政以来，采取"和陆、友日、亲美"政策，两岸关系大幅改善并初步形成和平发展的良好势头，陈水扁时代反复出现的"台海危机"与紧张局势烟消云散。蔡英文曾多次表示，若执政对美、对日关系将优于马英九当局。当然，改善与美国、日本的关系并非坏事，亦无不可，但问题在于蔡英文和民进党是将大陆和平发展与和平崛起视为其"台独"战略的重大威胁，不停地恶意唱和与鼓噪"中国威胁论"，极力拉拢美国、日本一起对抗中国大陆，甘当美、日右翼势力"以台制华"的工具。这与陈水扁当年极力拉拢美国介入台湾问题、千方百计"拖美国下水"的思维如出一辙。

其三，"烽火外交"势必死灰复燃、烽烟再起。2008 年马当局执政以来，对外推行"活路外交"与"外交休兵"政策，主张两岸"和解休兵，并在国际组织及活动中相互协助、彼此尊重"，两岸不互挖"邦交国"、不再"外交"恶斗，不做"麻烦制造者"。事实上，两岸基于"九二共识"为基础的互信与默契，在涉外事务中避免了不必要的内耗与争斗，台湾同胞在参与国际活动方面也取得了诸多实质性的进展。然而，蔡英文不仅明确表示反对马英九当局的"外交休兵"政策，要求马英九"立即调整两岸、外交以及国安的总体战略"，而且始终认为"中国是个变数，也是威胁的来源"，宣称台湾要"与世界及亚洲国家共同面对中国崛起带来的政治、经济与安全等方面的影响"。依此思维，2012 年蔡英文、民进党一旦执政，势必在涉外事务中与大陆重燃战火，陈水扁时代的"烽火外交""冲撞外交""金援外交""军购外交"等等，也势必死灰复燃、烽烟再起。

综而观之，蔡英文与民进党若不能正视现实，正视国际社会普遍奉行和坚持一个中国原则的现实，正视中国大陆和平发展与和平崛起得到绝大多数国际社会成员肯定与支持的现实，正视两岸关系和平发展得到两岸人民普遍拥护以及国际社会广泛认同的现实，尽快改弦易辙，放弃"台独"分裂主张，那么，2012 年蔡英文即使胜选、民进党重新执政，其内外政策势必重蹈陈水扁时代的覆辙，台海两岸和平稳定、两岸关系和平发展的良好局面均将受到影响和冲击。

2011 年 7 月

美国亚太新战略对台湾问题之影响

曾建丰

奥巴马上台执政以来，不论是前国务卿希拉里推行的"重返亚太"战略，或是新任国务卿克里所谓的"亚太再平衡"战略，实际上都是美国调整全球战略布局、全面提升并强化其在亚太地区政治、经济、外交以及安全利益的新举措。美国的亚太新战略无论是否针对正在崛起的中国，其客观上形成的中美两国地缘竞争与战略对峙态势，迫使两国不得不重新思考战略竞合与互动关系，从而催生并确立了中美建构新型大国关系的基本思路与发展方向。台湾问题是中美关系中的核心与敏感问题，在美国推行亚太新战略、中美构建新型大国关系的背景之下，美国如何调整对台政策，台湾当局如何应对，值得密切关注。

一、美国亚太新战略催生中美建构新型大国关系

冷战结束后，随着欧洲威胁的解除，美国逐渐将战略重心从欧洲转移到亚太地区，崛起中的中国似乎成了继苏联之后美国"确定的不确定性威胁"。进入新世纪之后，亚太地区特别是大东亚地区在政治经济上发展与崛起，美国充分意识到21世纪将是太平洋世纪，如果缺席，势必失去全球霸主地位。为了保持全球霸主地位，美国积极将21世纪塑造成"美国的太平洋世纪"。2009年奥巴马上台执政以来，不论是国务卿希拉里推行的"重返亚太"战略，还是奥巴马连任后新任国务卿克里所谓的"亚太再平衡"战略，实际上都是美国将全球战略重心向东挪移、战略布局从"重欧轻亚"转向"欧亚并重"，从而全面提升与强化其在亚太地区经济、外交、安全与战略利益的新举措。2009年11月，奥巴马在日本访问时称：美国是太平洋国家，自己将当第一位"太平洋总统"。

美国的亚太新战略，在政治领域，推广美国式的民主价值理念；在经济领

域，倡导以美国为中心的"跨太平洋伙伴关系协定"（TPP）谈判；在军事领域，强化与亚太国家之间的双边军事同盟关系，包括美日、美韩、美泰、美菲、美澳关系，宣称到 2020 年，美国海军将把六成军力转到亚太地区；在外交领域，以东亚峰会等多边机制为平台直接插手亚太事务。

风乍起，吹皱一池春水。不论美国的亚太新战略是否针对正在崛起的中国，但美国的一系列动作，客观上引发了中美之间的地缘竞争与战略对峙，尤其是美国高调加强与传统盟国之间的安全合作关系，大有重启冷战时期对华"新月形"战略围堵之态势。在此背景之下，与中国有领土、领海争端的国家如日本、菲律宾、越南等，更是狐假虎威、有恃无恐，公然挑衅或侵犯中国的领土、领海主权。大陆学者王辑思表示：2009 年美国"重返亚太"后，中美之间的矛盾变得更加复杂，中国周边的安全环境有恶化的趋势，东海、南海、中印、中缅、朝鲜半岛、中亚等方向安全形势都有了不同程度的变化，而这种种变化的背后似乎都有着美国"重返亚太"政策的影子。

"祸兮福之所倚"，危机可能就是转机。美国亚太新战略所引发的中美地缘竞争与战略对峙态势，也将中美关系引到了十字路口，迫使中美两国领导人不得不面对一个共同的课题：即一个既有的强权与一个正在崛起的新兴大国该如何相处，是对抗还是合作，是敌人还是伙伴。2012 年中美关系在峰回路转之间迎来全新的历史机遇。中美两国都意识到：在全球化的大舞台上，两国相互依存，休戚与共，利益交融，实际已成为发展共同体、利益共同体和责任共同体；中美携手虽无法解决世界上的所有问题，但没有两国的合作，所有全球性的问题都无法得以解决。2012 年 5 月，在北京举行第 4 轮"中美战略与经济对话"期间，双方将构建新型大国关系这一主题高调推出。奥巴马在书面致辞中称：美中两国可以向世界证明，美中关系的未来不会重蹈历史覆辙，美中两国可以携手解决 21 世纪面临的严峻经济与安全挑战。希拉里表示：当今世界，国与国关系已不再是"零和"博弈，美中两国你中有我，我中有你，世界上任何重大问题的解决都离不开美中合作；美方相信，一个繁荣的中国对美国有利，一个繁荣的美国对中国也有利。

2013 年 6 月 7 日，习近平主席同奥巴马总统在安纳伯格庄园成功举行了历史性会晤。中美元首一致同意，共同努力构建中美新型大国关系，为中美关系的未来指明了方向，开启了中美"跨太平洋合作"的新篇章。关于中美新型大国关系的内涵，习近平主席在会晤中用三句话作了精辟概括：一是不冲突、不对抗；二是相互尊重；三是合作共赢。9 月 20 日，外交部部长王毅应邀在美国布鲁金斯学会发表题为《如何构建中美新型大国关系》的演讲，提出以亚太地区作为构建中美新型大国关系的"实验田"。王毅强调：中国尊重美国在亚太的传统影响和现实利益，我们从未想过要把美国从亚太排挤出去，而是希望美国为维护亚太和平稳定发展发挥积极和建设性作用。正如习近平主席指出的，宽广的太平洋有足够空间容纳中美两个大国。同时，亚太是中华民族几千年来的安身立命之所，我们希望美方也应尊重中国的利益与关切。

综上所述，美国的亚太新战略仍将继续推进，中美两国地缘竞争与战略对峙态势仍将持续，美国对华"接触加遏制"的两手策略一时不会改变，但同时，中美两国也有信心打破历史上新兴大国与守成大国必然走向对抗的所谓"定律"，走出一条相互尊重、和平共处、合作共赢的新型大国关系之路。

二、中美构建新型大国关系将促使美国务实调整对台政策

台湾问题是中国内政，本不该成为影响中美关系的因素。但在冷战的背景下，中国领土台湾被美国当作其国际棋盘上的一个棋子来摆布，台湾一直是美国制衡中国大陆的战略前沿。冷战结束之后，美国战略重心东移仍然没有忽视台湾既有的角色。2011 年 10 月 4 日，美国负责亚太事务的前助理国务卿坎贝尔（Kurt Campbell）在众议院外委会作证时表示："与台湾保持强有力的、多方面的非正式关系，以及对保障台海和平稳定的承诺，是美国转向亚洲的重要组成部分"。一些坚持"冷战思维"的美国国会议员甚至宣称："没有台湾，华盛顿的'亚太再平衡'将出现一个巨大黑洞"。因此，从短中期看，只要美国对华"接触加遏制"的两手策略不变，台湾仍会有利用价值，美国"以台制华"策略就暂时不会改变。在具体做法上，美国尚不会轻易放弃其在台湾的利益，包括战略与军售利益，美国仍会维持与台湾既有的安全合作及传统关系，如售台武器、官员互访、支持台"有意义"参与国际组织、强化美台经济关系等。

但从长期来看，中美关系不仅是当今世界最重要的双边关系之一，也是美国推行亚太新战略的重要支柱之一，而美国与台湾关系则完全处于相对次要的地位，美国的对台政策只是美国对华政策中的子政策，美国的对台政策要完全服从或服务于对华政策。因此，美国在推动亚太新战略、建构中美新型大国关系的过程中，绝不可能"因小失大"、因台湾问题而影响中美关系发展及其亚太

新战略的实施。台湾问题作为中美关系的核心问题，中美两国领导人在历次高峰会晤中都将其作为稳定和改善中美关系的重中之重。中国始终强调，台湾问题是中美关系中最重要、最敏感的核心问题，美方也充分意识到维护台海地区和平稳定对其实现亚太战略乃至全球战略利益的重要性，中美妥善处理台湾问题将成为两国关系健康发展以及建构新型大国关系的重要保障。2013 年 9 月 20 日，王毅在美国演讲时再次强调：多年来，台湾问题始终是中美关系中损害互信、干扰合作的一项负资产。如果美方能够顺应两岸关系和平发展的大势，切实理解和尊重中国反对分裂，致力于和平统一的努力，那么台湾问题就会从中美关系的负资产变成正资产，从消极因素变成积极因素，就能为中美关系长期稳定发展提供保障，为中美开展全方位合作开辟前景。

因此，从中美构建新型大国关系的大局出发，台湾问题不仅在现阶段很难成为美国亚太新战略的重点，而且不难预期，未来台湾问题在中美关系中的地位与分量还将逐步下降。希拉里 2011 年 11 月在《外交政策》月刊发表题为《美国的太平洋世纪》一文，详细阐述美国在今后 10 年里的亚洲政策，其中提到了与中国的关系至为重要，需要与中国合作共同面对诸如朝鲜、伊朗核问题，阿富汗、巴基斯坦反恐问题及南海开发问题，而只字未提"台湾问题"。同时，近年在美国国内围绕两岸政策的战略辩论中，减少甚至放弃对台军售，逐渐从台海事务中脱身，打破中美关系因此而来的恶性循环等等，诸如此类所谓"弃台论"的呼声已经越来越多，包括美国前国务卿基辛格和前国家安全事务助理布热津斯基等一些重量级智囊和专家，都不约而同地提到美国未来对台政策的这种走向。

当然，打铁还需自身硬。随着中国的崛起以及世界多极化发展，美国在台湾问题上的影响力呈现下降之势也是客观事实，一方面随着两岸关系和平发展理念日益深入两岸民心，美国插手两岸事务的难度将大大增加；另一方面，随着中美共同合作利益增多、相互依赖加深，在一定程度上也对美国插手台湾问题形成约束。大陆学者时殷弘对中美关系的未来持乐观态度，他分析指出："台湾问题跟美国亚太再平衡战略没有多大关系，因为中国的崛起以及美国对中国的重视，台湾当局对中美关系的影响力比过去弱"。可以预期，与时俱进、理性务实将成为美国对台政策调整的大方向。

三、新形势下台湾当局应放弃冷战思维、调整发展策略

面对错综复杂的周边形势，台湾当局似乎并未准确把握未来发展的大趋势，而是继续维持"冷战思维"，采取所谓"经济靠大陆、安全靠美国"策略，试图左右逢源、两边获利。台湾当局声称，已展开全面性战略布局与配套措施，采取"亲美、和陆、友日、联结亚太、布局全球"的平衡策略，以灵活因应挑战，并适时选择最有利的战略位置。在实际作为上，台湾在与大陆积极发展经贸往来与经济合作的同时，又将美国视为战略盟友与安全依靠，不断强化台美关系，借美国推行亚太新战略之机，继续扮演美国制衡中国的角色。2013年8月23日，马英九在金门表示：两岸关系逐渐和缓，是60多年来最和平时刻，但不代表台湾没有安全威胁，战备仍不能松懈，会继续向美国采购军备。这一表态，说明台湾当局在当前两岸关系和平发展的大背景下，仍然把大陆当成"假想敌"或"安全威胁"，是典型的"冷战思维"。在这一思维之下，台湾不仅没有与大陆站在一起，携手合作"一致对外"，共同维护中华民族的整体利益；相反，台湾常常是站在美、日一边，共同抗衡中国大陆，有损中华民族的整体利益。因此，有必要提醒台湾当局：认清形势，改变冷战思维和短期行为，调整发展策略，只有两岸同胞携手合作，才能真正维护好、建设好中华民族的共同家园，才能切实保障台湾人民的利益与福祉。

首先，台湾问题变成中美关系的积极因素只是时间问题。在美国推行亚太新战略、中美构建新型大国关系的新形势下，现阶段无论是中国大陆还是美国都会尽量避免因台湾问题而影响两国关系，并进而影响各自既定的发展战略。台湾问题从中美关系的负资产变成正资产，从消极因素变成积极因素，从而为中美关系长期稳定发展提供保障，为中美开展全方位合作开辟前景，这将是大概率事件。

其二，"安全靠美国"明显是个假议题。美国推行的亚太新战略，其目的是为了维持其全球霸主地位，绝不是为了在亚洲的"传统盟友"。不论希拉里是否承认说过，但"美国政府、美国人民永远不会为了台湾去打仗"这句话倒是千真万确的。台湾媒体与军事专家称："美国之所以要售台湾武器，原因之一是比卖废铁更赚钱"，美国售台武器所能发挥的实际军事作用并不大。

其三，两岸关系和平发展才是台湾经济永续发展、台湾安全确保无虞的根

本保障。2008 年 5 月以来，两岸关系在和平发展的正确道路上不断前进，两岸双方在"九二共识"基础上恢复制度性协商，目前已达成 19 项合作协议，两岸经济合作不断深化、文化及社会交流日益广泛，两岸关系呈现大交流、大合作、大发展的良好势头。近年的发展事实已经证明：台湾的经济利益来自于两岸和平红利，台湾的安全保障来自于两岸关系和平发展。

其四，两岸联手共同保卫家园是两岸神圣的历史使命，也是无可推卸的历史责任。可以说，在维护国家主权和领土完整的大是大非问题上，没有模糊的空间可以游走。台湾只有旗帜鲜明、坚定不移地维护两岸中国人共同的领土主权，才能赢得两岸中国人的共同支持，台湾的利益也才能够得到切实保障。

总之，无论世界风云如何变化，台湾当局都应以前瞻的眼光和战略思维来看待两岸关系发展，从维护中华民族整体利益、实现中华民族伟大复兴这一"中国梦"的高度，审时度势地思考和推进两岸关系发展，破解阻碍两岸关系发展的瓶颈问题，共创两岸关系和平发展新前景。

2013 年 10 月

四、专题调研对策

对商签两岸综合性经济
合作协议（CECA）的建议

唐永红

一、提出商签两岸综合性经济合作协议的背景与动因

1. 两岸经济关系特别是台湾经济发展需要制度性交流合作机制。众所周知，近30年来的两岸经济交流与合作，一方面，在市场、民间力量的推动下，不断突破两岸政治关系的约束，在全球化进程中日益加强；当前，两岸经济体在贸易、投资、分工方面有着较为密切的联系，并在发展中自发形成了一定的相互依存性与功能性一体化。另一方面，又是在有限制的经贸政策环境空间的约束下，被政策扭曲的市场机制主导下进行的，呈现出单向、间接、民间的状态，不仅本身未能实现其可能的发展规模，而且远未充分发挥其对两岸经济发展的促进作用；两岸经济体在基于互补性的交流交往中呈现了竞争性态势，在相互依存性的发展中呈现了不对称性特征，需要制度性的协调与合作。因此，两岸有识之士一再呼吁，需要在两岸经济体之间建立制度性的交流、合作与一体化机制，实现两岸经济关系正常化、规范化与一体化。而在大陆已成为世界经济发展的一个增长极，两岸经济关系对台湾经济发展有着重要作用的现实面前，加强两岸经贸合作是台湾当务之急，并已成为台湾岛内各界主流的意见。

2. 基于两岸经济发展现实条件与规避政治敏感问题的策略性名称。两岸综合性经济合作协议（Comprehensive Economic Cooperation Agreement, CECA）是马英九在竞选台湾地区领导人过程中，鉴于早先大陆不赞同"自由贸易区"（FTA）的提法而提出的"更紧密经贸关系安排"（Closer Economic Partnership Arrangement, CEPA）被岛内各方认为有矮化或港澳化台湾之嫌，而先前"泛蓝"阵营提出的"两岸共同市场"在当前不具备经济条件又遭到岛内"泛绿"阵营

污名化为"一中市场",而提出的所谓"第三条道路"或"第三模式"。马英九希望以如此的创意安排回避CEPA五项原则之首的"遵循'一国两制'的方针",既规避两岸政治的敏感性,又规避岛内政治的敏感性,找到各方都可以接受的用语,并符合当前两岸经济关系发展对正常化与制度性交流的需要。事实上,马英九曾明确表示,可以单独关税区的身份与角色在WTO框架基础上寻求两岸经济关系正常化,进行两岸经贸互动。

3.CECA内容的演化体现台湾方面对两岸制度性经济合作的迫切性。当时马英九所谓的CECA,实质上是就两岸经济关系正常化及其内容商谈并签订协议,实现WTO框架下的两岸经济体之间的制度性交流,即两岸经济关系正常化。具体内容包括两岸商品(货物与服务)贸易的正常化、两岸资本投资的正常化、两岸货币兑换与金融开放的正常化,并希望就两岸产品标准、知识产权保护、投资保护、避免双重课税与争端解决机制等达成共识与协议。然自CECA提出以来,各界人士各自解读其内涵。许多人是特别是台湾方面的人士基于台湾在抢滩大陆市场商机方面已经落后于其他WTO成员,认为CECA内容应不止于经贸活动正常化层面的制度性交流,而还应包括更加自由化与便利化层面的制度性合作与一体化安排,以避免台湾经济体被东亚区域经济一体化所进一步边缘化,有助于台湾经济体参与国际区域一体化、拓展国际空间并应对当前的金融海啸的冲击。CECA内容的这种演化,体现了台湾方面基于岛内竞选政治的考虑为求经济脱困,急于启动两岸制度性经济合作与一体化。

二、对商签两岸综合性经济合作协议的具体建议

1.单独关税区为台湾角色与身份。两岸经济体间的制度性交流、合作与一体化,本质上是同一主权国家内部不同关税区之间的经济交流、合作与一体化安排,是中国主体与台湾单独关税区之间的交流、合作与一体化安排,而不是通常意义中的主权国家之间的经济交流、合作与一体化安排。因此,两岸经济交流、合作与一体化的机制与模式安排,首先必须坚持"两岸同属一个国家"甚至"两岸同属一个中国"的原则,必须在"两岸同属一个国家"甚至"两岸同属一个中国"的国家主权架构下进行,避免陷入"两个中国"或"一边一国"的政治陷阱,防止被"台独"势力滥用而成为台湾取得"独立国体"资格的证

据。实践中，一方面须迫使台湾按照加入 WTO 时所采用的单独关税区角色与身份与大陆方面签订有关协议，另一方面应将"两岸同属一个国家"甚至"两岸同属一个中国"作为两岸制度性经济交流、合作与一体化的政治共识与前提，并写进有关协议中。

2. 符合 WTO 规则并对等开放市场。两岸经济体都已是 WTO 成员方，WTO 下两岸经济交流、合作与一体化方式安排自然应遵守 WTO 的法律原则和有关规定。多年来，台湾当局禁止或限制两岸进行直接的贸易、投资与航运，并对与大陆交往设立种种限制，拒绝给予大陆"最惠国待遇"和"国民待遇"，从而造成对大陆公司和居民的歧视，并使两岸经贸交流长期处于局部、间接、单向状态，严重阻碍了两岸经济互补性优势的充分发挥。WTO 下两岸制度性经济交流、合作与一体化过程中，应坚持平等互利原则，对等开放彼此市场，特别是台湾当局更有义务遵守 WTO 非歧视规则，调整其大陆经贸政策，按照对 WTO 的承诺开放市场，给予大陆"最惠国待遇"和"国民待遇"。此外，坚持符合 WTO 规则原则还要求遵照 WTO 的"一体化例外"规定建立两岸经济合作与一体化协定，并对之进行组织管理。例如，根据 WTO 关于区域贸易协定的规定，向 WTO 的"区域贸易协定委员会"提交相关的文件，履行通知义务，接受相关审议。

3. 制度性经济交流、合作与一体化须循序渐进。经济体间的制度性合作与一体化是一个有着经济发展内在规律性的循序渐进的过程，在这一过程中体现为合作与一体化程度不同的各种阶段性形态，如互惠贸易安排、自由贸易区、关税同盟、共同市场、经济联盟、完全的经济一体化等。不同程度的合作与一体化形式相应需要商品与要素流动的自由化与便利化程度不同。CECA 的具体内容，应根据两岸经济关系发展的需要和可能的条件，由双方协商确定，并动态调整，宜循序渐进，分阶段实施。当前，两岸经济关系急需实现交流正常化，这也是进行制度性合作与一体化安排的必要前提与基础。在此基础上，两岸经济体宜从内容广泛的新型自由贸易区形式着手（包括货物贸易自由化、服务贸易开放、经贸活动便利化），进而迈向关税同盟、共同市场、经济与货币联盟等更为高级的一体化形式。

4. 经济关系正常化安排（制度性交流）宜积极推进。当前，大陆需要灵活处理两岸事务问题。鉴于台湾新当局暂不追求"台独"并急于推进两岸经贸交流正常化以振兴台湾经济，鉴于扩展与深化两岸交流有助于做台湾人民工作，并鉴于经贸关系正常化是作为 WTO 成员的义务（若台湾要求做，而大陆拒绝，台湾会在 WTO 中起诉大陆，会使大陆在国际社会与对台工作中处于被动），更鉴于台湾方面的对大陆经贸政策没有遵循 WTO 无歧视原则，新形势下大陆总体上可以坚持以对等开放为准入原则，和台湾方面协商制度性交流安排，发展经贸关系，以展现善意，并有利于做好对台工作。特别需要指出的是，鉴于台湾已是自下而上的选举政治生态，并为促进台湾民众对祖国大陆以及和平统一的认同，新形势下大陆对台经贸交流政策应充分体现对台湾基层民众利益的关照，让台湾基层民众感受到发展两岸交流关系的好处。

5.经济一体化安排（制度性合作）须以经促政。在两岸制度性经济合作与一体化安排方面（如两岸自由贸易区、两岸共同市场等），鉴于台湾经济发展更需要此一安排。而台湾方面目前又尚未明确承认大陆与台湾同属一个主权国家（更不要说一个中国），又鉴于这种制度性安排并非作为 WTO 成员之义务，而是双方自愿的合作行为，更鉴于经济一体化并不必然导致国家统一，大陆应继续采取"以经促政""以经促统"的做法。即：只有在台湾方面承认两岸同属于一个国家甚至一个中国的政治前提，并同意将其写进制度性经济合作与一体化协议之中的条件下，才可签订并实施这种协议。这样，既可以达到"以经促政""以经促统"的目的，又可以在台湾政党轮替时是否继续执行这种协议问题上保持主动性。事实上，新形势下大陆在对台经贸工作中可以而且有条件实践"以经促政""以经促统"的做法。两岸经济体在发展层面形成的众所周知的不对称性依赖（台湾经济体对两岸经贸往来的依赖程度明显高于大陆经济体）为大陆实践"以经促政""以经促统"奠定了经济基础与筹码条件。

6.次区域合作与互惠贸易安排可先行先试。在启动两岸整体性的制度性合作与一体化安排之前，可就先行在两岸邻近的次区域层面进行试点。这既可顺应经济全球化与一体化以及两岸政治经济关系发展的需要，也可作为在两岸自由贸易区、两岸共同市场等全面性两岸合作与一体化机制建立之前对台湾新当局领导人之有关呼吁的回应，有助于两岸政治互信与共识的建立与积累，为两岸将来更大范围、更高层次的制度性合作与一体化探索经验，并构筑必要的经济、社会和政治基础与动力。此外，如果两岸就制度性经济合作与一体化取得了政治共识与前提，并准备启动两岸经贸自由化进程，但鉴于自由贸易区协议要求 90% 以上的产品免关税进口，其协商过程必然旷日费时，两岸可先就关税减让项目订出总目标，对降税年限、服务业开放列出工作清单，订定早期收割计划，针对有迫切性的产品，双方优先协商实施，先行降至零关税，即采取互惠贸易安排形式，分阶段降税。

2009 年 3 月

对两岸经济合作政治效应问题的看法与建议

唐永红

一、两岸经济合作的政治效应及其机制、限度与条件

（一）两岸经济合作的政治效应及其机制

推进两岸经济合作与一体化发展，就是要在充分发挥市场机制的作用基础上，借助两岸公权力携手合作的作用，建立健全两岸贸易合作机制、投资合作机制、产业合作机制、两岸经贸争端解决机制，以制度化的方式推进两岸经贸活动的正常化、自由化与便利化，形成"你中有我，我中有你"的一体化发展格局和日益紧密的两岸经济共同体。

如此，经济上可以克服市场机制的局限性，有助于进一步整合发挥两岸经济的互补性与比较优势，拓展两岸经济合作与互利共赢之利基，协调两岸经济体之经贸竞争态势，维护两岸经济关系发展的秩序，共同应对全球化与区域化之挑战；政治上可以厚植两岸共同利益，不仅有助于夯实两岸关系和平发展的经济基础，而且有助于共同的认知与观念的形成乃至国家认同的建构，从而有助于促进两岸关系和平发展，推进两岸和平统一进程。

首先，通过推进两岸经济合作与一体化发展，特别是通过建立两岸产业合作机制，可以减小两岸经济竞争，预防两岸经济冲突；通过建立两岸经贸争端解决机制，可以有效处理两岸经济摩擦与纠纷，维护两岸经济关系发展的秩序。所有这些都最终有助于减小两岸出现对立或冲突的风险，促进两岸关系的和平与稳定发展。

其次，通过推进两岸经济合作与一体化发展，两岸共同利益将不断增长，当两岸共同利益在两岸各自利益中占有难以割舍之比例与地位的时候，两岸双方各界会更加珍视两岸关系和平发展的环境，从而会更加重视维持两岸政治关

212

系的稳定性，并更加愿意加强、深化和扩展两岸交流与合作。

最后，通过推进两岸经济合作与一体化发展，两岸共同利益将不断增长，当两岸共同利益在两岸各自利益中占有难以割舍之比例与地位的时候，两岸双方也会改变既有的观念，形成更多的共识，从而有助于两岸共同的认知与观念的形成乃至国家认同的建构，进而有助于两岸政治关系问题的和平解决。

（二）两岸经济合作的政治效应的限度与条件

但值得注意的是，两岸经济合作一体化发展，虽然可以巩固和深化两岸关系和平发展的经济基础，有助于推进两岸和平统一，但它并非两岸和平统一的充分条件。根据区域一体化理论与实践，经济合作与一体化深化发展，虽然客观上会相应提出一定程度上的政治合作与一体化要求，但政治合作与一体化的启动与发展仍然有其非经济因素层面的逻辑，至少需要双方共同的政治意愿与行动。事实上，双方共同的政治意愿与行动，还会在双方共同的认知与观念的形成、国家认同的建构等多个层面影响经济合作与一体化的政治效应。

首先，除了经济条件之外，经济合作与一体化的启动与发展还得取决于各方的政治意愿。经济合作与一体化的根本动因与目的在于区域成员方实现自身利益最大化的内在需要。由于经济关系、政治关系、文化关系、社会关系之间的互动性，这里的利益包括经济、安全（政治）、价值（文化）三方面的基本内容。而在具体的实践中，经济合作与一体化通常有其不同的具体动因与主要目的，包括经济的、政治的、文化的、社会的，通常需要对各方面利益特别是政治与经济目的进行权衡与综合考虑，有时候甚至需要交换与取舍。只有当经济合作与一体化的收益大于成本，而且无论是区域整体还是区域内部各成员方都具有这一成本—收益条件的情形下，经济合作与一体化才有可能产生与发展。

其次，经济合作与一体化的深化发展，特别是其外移发展（促进政治一体化等政治效应的产生与发挥），需要基于区域内部合作各方之间在主要价值上的相互适应性（相容性）以及在此基础上的行为上的相互可预测性。所谓各方之间主要价值上的相互适应性，是指有关各方对于一些基本问题有着共同的或相容的而非相互冲突的认识、标准甚至信仰。所谓各方之间行为上的相互可预测性，是指各方对彼此的意图偏好、行为习惯、思维模式、民族性格等方面有着相当的了解，相信对方不会轻易采取对己方有害的行动。显然，这种行为上的相互可预测性是建立在主要价值的相互适应性的基础上的，它消除了有碍于合作与一体化深化发展与外移发展的敌对心态或互不信任。

两岸经济合作与一体化的深化发展与外移发展，总体上无疑也将遵循区域经济合作与一体化的一般规律与条件。由于两岸关系存在结构性矛盾，两岸政治互信脆弱，特别是当前两岸双方关于两岸关系和平发展的未来方向（是否要达成某种形式的统一）缺乏共识，预期不仅两岸经济合作与一体化的深化发展将面临严峻的政治考验，而且在两岸经济合作与一体化发展过程中，台湾方面在主观意愿上将可能不仅不会通过采取正面的言行推进经济合作与一体化向政治合作与一体化方向外溢发展，而且可能通过采取负面的言行抑制这种外溢发展。

据此，也就不难理解当前两岸关系"经热政冷"、甚至"只经不政"的现象。马英九当局在过去5年未能在符合"中华民国宪法"要求下对陈水扁违背"中华民国宪法""去中国化"的"文化台独"采取任何力所能及的拨乱反正措施（如教科书问题），而且在连任后依然以反对党反对、不具备民意基础为由拒绝进行两岸政治对话与协商。而事实上，笔者民调显示，69.9%的台湾民众支持拓展两岸交流合作，推进政治等其他层面的两岸交流合作，不支持的只有30.1%。因此，尽管"先经后政"具有一定的理论与现实逻辑，但必须警惕台湾当局"只经不政"的动机与可能性。

二、提升两岸经济合作的政治效应的政策建议

综上所述，推进两岸经济合作与一体化发展，形成日益紧密的经济共同体，可以巩固和深化两岸关系和平发展的经济基础，有助于推进两岸和平统一，但并非两岸和平统一的充分条件；而且，推进两岸经济合作与一体化发展，以及发挥两岸经济关系对两岸和平统一的促进作用也需要相应的主客观条件，至少需要两岸双方的共同政治认知、意愿与积极行动，以便在共同利益不断增进的基础上建构国家认同。近年来两岸经济合作虽在反"独"中起到了一定的积极作用，但在"促统"方面收效甚微（虽然时间短是一个因素，但这一问题并不能因经济合作与一体化发展自然解决），并面临诸多挑战，有着调整和改进的空间。而国家认同的形成，乃是两岸和平统一的关键。因此，必须坚持特定的推进原则，选择适宜的推进方式，以提升两岸经济合作的政治效应。

（一）以正确的合作理念推进两岸经济合作

其一，推进两岸经济合作，应以形成两岸经济共同体、厚植两岸共同利益为导向，以积极开放、平等互利为原则，不宜过分强调单方利益。如此，才能为两岸经济合作的持续发展提供动力，也才能形成"你中有我、我中有你"的一体化发展格局，才能更有助于共同观念乃至国家认同的形成，从而也才能在经济基础与意识形态方面为两岸和平统一创造条件。

其二，两岸经济合作是否推进，应以宏观整体利益为依据，不宜仅以企业生产者利益为依据，而不顾消费者与民众的利益。如此，一方面可以切实并及时推进总体上利大于弊的两岸经济合作政策，另一方面也才能让两岸经济合作的成果惠及广大的两岸民众。

其三，两岸经济合作的推进，应兼顾长期利益与短期利益、动态利益与静态利益，而不宜仅以短期利益与静态利益为依据。如此，才能整合发挥双方互补性优势与比较优势，在获取短期利益与静态利益的同时，培育并提升两岸可持续的国际竞争力，并有助于两岸经济的持续发展。

（二）以"两岸一国"的前提推进两岸经济合作

两岸经济合作对大陆的经济意义有限，大陆推进两岸经济合作的主要目的在于其政治效应，特别是争取台湾民心，型塑国家认同。但两岸经济合作与一体化发展，虽然有助于但并不必然导致两岸和平统一。而且，两岸经济关系的政治效应的获得，特别是国家认同的建构，也需要两岸双方自始至终共同的政治认知、意愿与行动。

而在当前的台湾社会，"两岸同属一个国家"并非主流民意，民共两党还没有共识，国民党也没有推进两岸统一的意愿。因此，当前在公权力层面推进两岸经济合作，必须在必要的政治基础与前提条件下进行。应坚持将"两岸同属一个国家"的政治共识作为其政治基础与前提条件。如此，有助于"两岸一国"框架的维护与观念的普及，有助于国家认同的建构。否则，不仅将可能只有经济关系的发展而没有政治关系的发展，而且难以保证和平发展沿着和平统一的正确轨道进行。

（三）以"以经促政"的方针推进两岸经济合作

在"两岸一国"的前提条件下，推进两岸经济合作，尽管在战术与局部层面可以考虑"政经分离"的做法，但在战略与总体层面，不能搞"政经分离"，必须坚持"以经促政""以和促统"的方针。如此，大陆才可以掌控两岸关系发展走向，确保和平发展为和平统一创造条件。事实上，大陆在推进两岸经济合作发展中可以而且有条件实践"以经促政"的做法。两岸经济体在发展层面形成的众所周知的不对称性依赖为大陆实践"以经促政"奠定了经济基础与筹码条件。

实践中，在台湾方面要求更多经济利益和国际空间的时候，大陆至少可以要求台湾当局在台湾社会对"文化台独"进行拨乱反正，并积极推进两岸社会文化教育交流合作；可以要求台湾当局削减甚至停止采购军事武器；更应在不承认"两岸一国"的政党执政台湾的时候停止两岸经济合作，中止ECFA及其他惠台让利政策措施的执行。

（四）以"原则互利＋策略让利"的原则推进两岸经济合作

在ECFA后续协商谈判中，在推进两岸经济合作中，大陆应该而且可以以遵循WTO规则等国际经济惯例为由，坚持以积极开放、平等互利为原则。台湾经济规模纵深小，抗冲击能力因而受限，确有稳步推进开放的必要，但作为WTO会员，且是发达经济体，目前至少应遵循"最惠国待遇"原则，实现两岸经贸关系正常化，以拓展两岸交流合作与互利共赢的利基。如此，一方面有助于形成"你中有我、我中有你"的一体化发展格局，壮大两岸共同利益，促进国家认同的建构；另一方面，有助于大陆商品、资本、人员进入台湾市场，有助于台湾先进技术与战略产业向大陆转移，从而提升两岸经济交流合作对大陆经济发展的贡献，并加强对台湾战略资源、战略产业的渗透和控制。如此，即便将来和平统一失败也不至于损失太大。

在此基础上，适当考虑两岸经济合作对台湾中南部地区、中小企业、中下阶层（"三中"）等社会问题的可能影响与作用，在有助于解决台湾"三中"等社会问题的市场开放方面可做适当让步与让利，以有助于争取台湾基层社会民心，进而以自下而上的路径推进台湾各政党特别是绿营政党在国家认同上的态度转变。事实上，正如民调表明的，在推进两岸合作交流的过程中，有必要以适当的方式方法采取有针对性的措施，让台湾中南部地区民众、中下阶层民众、绿营政治倾向民众体认到两岸合作交流的好处。如此策略让利，也有助于加强台湾方面推进两岸经济合作深化发展的意愿。

此外，还可在大陆的一些竞争性不够的行业领域，向台湾多开放一些，以借助台湾业者或产品的进入压力，迫使大陆业者改进，并有助于提升大陆消费者的福利。

2013 年 6 月

从"新安全观"视角看台海安全问题

曾建丰

　　"安全"一词，在百度百科中是社会学名词，意指"不受威胁，没有危险、危害、损失"，安全观是指人们对安全地位和作用的看法。本文讨论的"安全观"则是政治学和国际关系学中的概念，它是指一个国家在维护国家安全过程中对安全问题的认识、观点以及形成的理论体系，包括国家对其所处的安全环境和威胁的判断、评估，对国家安全利益的体认以及维护国家安全利益的策略和手段等。本文试图通过对中国"新安全观"的认识与理解，并以此为视角考察台海安全问题，建议两岸合作共建共享台海和平。

一、中国"新安全观"的内涵与特点

　　冷战结束后，国际关系与安全形势发生了深刻变化，随着东西方对抗关系的结束和大国之间以合作为基调的新关系确立，中国所面临的安全问题也发生了重大改变。为应对新形势，早在 1995 年和 1997 年的东盟地区论坛上，中国代表团就向大会提出了以"互信、互利、平等、协作"为核心内容的新安全理念。2002 年 7 月，参加东盟地区论坛外长会议的中国代表团向大会提交了《中方关于新安全观的立场文件》，对中国在新形势下的新安全观进行了全面系统的阐述，其核心内容是：互信、互利、平等、协作，实质是"超越单方面安全范畴，以互利合作寻求共同安全"。

　　中共"十八大"以来，习近平全面继承前任几代领导人关于国家安全战略思想的精华，同时结合如何实现国家安全与国际安全，从全局和战略高度，在诸多国际场合与重要会议上，进一步提出"总体国家安全观""新国家利益观""新亚洲安全观""中国核安全观"等一系列关于国家安全与国际安全问题的新理念与新论述，有媒体称之为"习近平安全观"。与此同时，中共中央还于2014年1月24日，正式成立中央国家安全委员会，完善国家安全体制，健全应对国内外综合安全和制定国家安全战略的顶层运作机制，强化对国家安全工作的集中统一领导。

2014年4月15日，中共中央国家安全委员会在北京召开第一次会议，委员会主席习近平主持会议，首次全面阐述了"总体国家安全观"的指导思想和基本内涵。其指导思想即："以人民安全为宗旨，以政治安全为根本，以经济安全为基础，以军事、文化、社会安全为保障，以促进国际安全为依托，走出一条中国特色国家安全道路"。其基本内涵为："既重视外部安全，又重视内部安全，对内求发展、求变革、求稳定、建设平安中国，对外求和平、求合作、求共赢、建设和谐世界；既重视国土安全，又重视国民安全，坚持以民为本、以人为本，坚持国家安全一切为了人民、一切依靠人民，真正夯实国家安全的群众基础；既重视传统安全，又重视非传统安全，构建集政治安全、国土安全、军事安全、经济安全、文化安全、社会安全、科技安全、信息安全、生态安全、资源安全、核安全等于一体的国家安全体系；既重视发展问题，又重视安全问题，发展是安全的基础，安全是发展的条件，富国才能强兵，强兵才能卫国；既重视自身安全，又重视共同安全，打造命运共同体，推动各方朝着互利互惠、共同安全的目标相向而行"。

习近平指出：当前，我国面临对外维护国家主权、安全、发展利益，对内维护政治安全和社会稳定的双重压力，各种可以预见和难以预见的风险因素明显增多。中国国家安全的内涵和外延比历史上任何时候都要丰富，时空领域比历史上任何时候都要宽广，内外因素比历史上任何时候都要复杂。综观中国以"总体国家安全观"为核心内容的新安全观，主要有以下特点：

1. 坚持"以人民安全为宗旨、以政治安全为根本"。以人民安全为宗旨，强调国家安全的人民主体性，本质上体现为人民利益高于一切，这是唯物史观的必然要求，也是中国共产党的性质宗旨的重要体现。中国共产党是始终代表广大人民利益的无产阶级政党，党的根本宗旨是全心全意为人民服务。维护国家安全的根本目的，就在于保障人民的生命和财产安全，保障人民生存发展的基本条件，促进人的自由而全面发展。政治安全是指国家领土主权、政治制度、意识形态等免受各种侵袭、干扰、威胁和危害的状态。政治安全在国家安全体系中居于核心地位和最高层次，具有根本性的战略意义。中国作为中国共产党领导的社会主义国家，政治安全不仅包括领土完整、主权独立，而且包括坚持中国特色社会主义制度的性质、坚持马克思主义意识形态的主导地位不被动摇，其中最关键的是确保中国共产党的领导地位和执政地位绝对巩固。以政治安全为根本，就要把政治安全、政权安全放在首要位置，高度敏锐、高度自觉加以维护，为国家安全提供根本政治保证。

2. 坚持和平发展道路，强调捍卫核心利益。走和平发展道路，是中国共产党根据时代发展潮流和我国根本利益做出的战略抉择。中国提出了"两个一百年"奋斗目标，正在努力实现中华民族伟大复兴的中国梦，比以往任何时候都更需要一个和平稳定的外部环境。中国要聚精会神搞建设，需要两个基本条件，一个是和谐稳定的国内环境，一个是和平安宁的国际环境。我们坚持走和平发展道路，但决不能放弃我们的正当权益，决不能牺牲国家核心利益。任何外国不要指望我们会拿自己的核心利益做交易，不要指望我们会吞下损害我国主权、安全、发展利益的苦果。在事关中国主权和领土完整的重大原则问题上，中国不惹事，但也不怕事，将坚决捍卫中国的正当合法权益。

3. 重视发展大国关系，坚持睦邻友好政策。中国重视各大国的地位和作用，致力于同各大国发展全方位合作关系，积极同美国发展新型大国关系，同俄罗斯发展全面战略协作伙伴关系，同欧洲建造和平、增长、改革、文明伙伴关系，大家一起来维护世界和平、促进共同发展。同时，中国坚持与邻为善、以邻为伴的周边外交政策，坚持睦邻、安邻、富邻，突出体现亲、诚、惠、容的理念；坚持互信、互利、平等、协作的新安全观，倡导全面安全、共同安全、合作安全理念，推进同周边国家的安全合作，主动参与区域和次区域安全合作，深化有关合作机制，增进战略互信；明确提出"共同、综合、合作、可持续"的新亚洲安全观，提倡以共同安全为前提，综合安全为方向，合作安全为手段，可持续安全为关键的内在推动力的追求平等、正义和公平的新型安全观。中国将继续妥善处理同有关国家的分歧和摩擦，在坚定捍卫国家主权、安全、领土完整的基础上，努力维护同周边国家关系和地区和平稳定大局。

4. 坚持"破旧立新"，致力建设当代国际体系。习近平提出：要跟上时代前进步伐，就不能身体已进入 21 世纪，而脑袋还停留在过去，停留在殖民扩张的旧时代里，停留在冷战思维、零和博弈老框框内。一些早已过时、作为冷战遗产的同盟体系，还在以自己的惯性发挥作用，但已越来越跟不上时代的步伐，特别是这一体系过分突出军事色彩和排他性，有悖地区求和平、促合作、谋发展的潮流。中国一贯反对建立在霸权、强权和军事威胁基础上的旧有安全观；反对霸权主义和强权政治，反对军事同盟；反对不对等、不公平的军事规则；反对欧美主导下的不平等、不公平的经济秩序。中国正通过自己的努力，在经济、政治、军事和安全等领域为这个亟待"破旧立新"的世界创立全新的发展和实践模式。中国是当代国际体系的参与者、建设者、贡献者，将继续同国际社会一道，推动建设新型国际关系和持久和平、共同繁荣的和谐世界。

综而观之，以"总体国家安全观"为核心内容的中国新安全观是与时俱进的国家安全与国际安全理论的重大创新，不仅对维护中国的国家主权、安全、发展利益具有重要的指导作用，而且对于维护亚太地区和国际社会持久安全、进一步推动国家间新型关系的确立以及致力于加快建立公正合理的国际政治经济新秩序也同样具有重要意义。

二、从"新安全观"看"台海安全"问题

台海是台湾海峡（Taiwan Strait）的简称，是指福建省与台湾省之间连通南海、东海的海峡，也被称为"海上走廊"。台海安全问题，是指与台湾海峡地区相关的安全问题，通常是指该地区（包括海峡两岸以及台湾地区）是否存在现实的战争威胁或可能引发战争或危机的忧虑和恐惧等。

从法律地位看，根据《联合国海洋公约》（1982 年）、《中华人民共和国领海及毗连区法》（1992 年）、《中华人民共和国专属经济区和大陆架法》（1998 年）的相关条文，台湾海峡位于中国的大陆架上，台湾海峡海域除去领海以外的其他部分都是中国的专属经济区，中国对台湾海峡依法"行使主权权利和管辖权"。据此，毋庸置疑，中国是台海安全的责任主体，台海安全问题是中国总体国家安全的一部分。但由于众所周知的原因，海峡两岸自"20 世纪 40 年代中后期中国内战遗留并延续的政治对立"仍未结束，加上岛内外"台独"分裂势力仍然活跃，以及美国、日本等国际势力插手和干涉仍在进行，使得台海安全成为与两岸关系、中国统一以及国际因素等等问题相互交织、相互制约、相互影响的复杂问题。

面对错综复杂的台海安全问题，用中国"新安全观"的视角来审视，可以得出以下基本立场与观点：

1. 台海安全是中国总体国家安全的一部分。"总体国家安全观"明确要求维

护国家主权、安全、发展利益，重视国土安全与国民安全。中国政府在台湾问题上的一贯立场是："世界上只有一个中国，大陆和台湾同属一个中国，中国的主权和领土完整不容分割。台湾是中国的一部分。国家绝不允许'台独'分裂势力以任何名义、任何方式把台湾从中国分裂出去"。因此，台海安全（包括台湾海峡安全与台湾安全）本质上是中国总体国家安全的一部分，维护台海安全，就是维护国家主权和领土完整，核心内容就是"反'台独'分裂"和"反外敌入侵"。另一方面，"总体国家安全观"强调重视"国民安全"，这里的"国民"概念是政治上不可分割的"中国人民"，自然是包括台湾同胞在内的全体中国人民。这与"两岸人民同属中华民族"、"两岸同胞是一家人"、"两岸同胞一家亲"等理念是一脉相通的。

2. 台海安全是中国的核心利益，也是中华民族的根本利益。2011年9月6日，中国政府发表《中国的和平发展》白皮书，明确指出中国的核心利益包括：国家主权，国家安全，领土完整，国家统一，中国宪法确立的国家政治制度和社会大局稳定，经济社会可持续发展的基本保障。台海安全问题不仅涉及中国主权和领土完整问题，同时也涉及中国的安全与发展利益，是中国的核心利益，也是中华民族的根本利益。正如习近平强调："我们坚持维护中华民族根本利益，维护包括台湾同胞在内的全体中华儿女共同利益。从中华民族整体利益把握两岸关系大局，最根本的、最核心的是维护国家领土和主权完整"。

3. 维护台海和平稳定是两岸同胞共同的责任与义务。大陆和台湾虽然尚未统一，但两岸同属一个中国的事实从未改变。目前两岸虽然仍处"敌对"状态，但两岸之间的政治对立并非领土和主权之争，台湾现行的法律法规（"中华民国宪法"、"两岸人民关系条例"等）与中华人民共和国宪法对主权和领土的界定是一致的，国际社会也普遍承认"世界上只有一个中国"。也就是说，两岸之间的政治对立，并不涉及国家主权与领土完整，大陆和台湾都是中国的一部分，"台湾海峡是包括2300万台湾同胞在内的13亿中国人民的台湾海峡"，因此，海峡两岸无论是中国政府还是台湾当局，无论是大陆人民还是台湾人民，在对待台海安全问题时，都共同担负着维护台海安全、保障台海和平的责任与义务。

4. 台海安全的现实威胁来自"台独"分裂活动与外国势力介入。从1949年以来两岸关系、台海局势演变的历史进程看，历次台海安全局势的恶化，均与"台独"势力的分裂活动、外国势力介入和插手台湾问题有关。"台独"分裂势力及其分裂活动严重损害中国的国家主权、尊严和领土完整，危害中国的安全与发展利益。习近平指出:"'台独'分裂势力及其分裂活动仍然是对台海和平的现实威胁,必须继续反对和遏制任何形式的'台独'分裂主张和活动,不能有任何妥协"。另一方面,美国、日本等外国势力从其自身政治、经济与战略利益考量,希望两岸维持目前"不战、不和"、"不统、不独"状态,因而在两岸之间推行所谓"双轨"或"平衡"政策,甚至或明或暗地破坏两岸政治与军事互信关系的发展,如美国对台湾所谓的"安全承诺"、继续维持对台军售、美日扩大"安保条约"适用范围等,都是对中国内政的干涉,是侵犯中国国家主权与安全的行为,也是对台海安全的威胁与挑衅。

5. 和平统一是台海安全的最大保障。邓小平曾说:"台湾不实现同大陆的统一,台湾作为中国领土的地位是没有保障的,不知道哪一天会被别人拿去。现在国际上有好多人都想在台湾问题上做文章"。伟人虽逝,言犹在耳。习近平表示:"两岸长期存在的政治分歧问题终归要逐步解决,总不能将这些问题一代一代传下去。我们已经多次表示,愿意在一个中国框架内就两岸政治问题同台湾方面进行平等协商,做出合情合理安排"。从长远看,统一是中华民族的根本利益所在,统一而强大的中国将永远是台海安全、台海和平最可靠的保障。

三、用"新安全观"共同建构台海和平

习近平指出:"我们应该登高望远,看到时代发展、民族振兴大趋势,看到两岸关系和平发展已经成为中华民族伟大复兴的重要组成部分,摆脱不合时宜的旧观念束缚,明确振兴中华的共同奋斗目标"。台湾海峡是两岸中国人的海峡,维护台海和平自然是两岸中国人共同的责任与义务,台海安全问题的最终解决还是要靠两岸中国人自己,两岸完全可以运用"新安全观"来共同建构台海和平。

首先,要增强政治互信,确保两岸关系和平发展。习近平指出:"两岸双方要巩固坚持'九二共识'、反对'台独'的共同基础,深化维护一个中国框架的共同认知。这个基础是两岸关系之锚,锚定了,才能任凭风浪起、稳坐钓鱼台"。在当前两岸政治对立与分歧一时仍难以解决的情况下,两岸更应坚定不移地坚持"一中原则"或"一中架构",只有在一个中国的原则与前提下,台湾安全、台海安全才不会成为两岸之间紧张与对立的理由,相反,随着大陆的和平崛起与经济腾飞,台湾可以获得更多发展机会,台海和平也将更有保障。可以说,

台海安全是建构在大陆与台湾共同维护"一个中国框架"这一基础上的，维持台海安全的唯一路径就是持续推进和深化两岸交流合作，促进平等协商，加强包括政治、经济、文化、军事安全等各个领域的制度建设，并及早开展两岸政治对话和谈判，探讨国家尚未统一特殊情况下的两岸政治关系，做出合情合理安排，打开破解政治难题的瓶颈，一起承担避免国家分裂的义务和责任，一起规划两岸关系进程，构建两岸关系和平发展框架，开创两岸关系和平发展新前景。

其次，台湾方面要改变"冷战思维"，调整发展战略。两岸由于长期处于"政治对立"与"军事敌对"状态，因此，即使是两岸经贸交流与人员往来发展到了如此频密的今天，台湾社会仍然对大陆存在相当程度的疑惧与敌意，尤其是在政治、军事、意识形态方面，比如在政治上认为大陆是台湾安全和"外交"上最大的威胁，在军事上以大陆为唯一假想敌，在意识形态上认为大陆是"专制社会"等。2008 年马英九上台执政以来，一方面强调要"明确地把台湾安全系于两岸和解，进而透过和解制度化来追求两岸和平，为台湾创造更安全的环境"，另一方面又反复宣称："即使两岸关系缓和，也别忘了威胁性还是存在"；"大陆是威胁也是机会"；"大陆对台湾在安全和'外交'上都是威胁，但在经济上却是机会，处理两岸事务，针对不同议题应该有不同做法"。由此，马英九当局演绎出所谓"经济靠大陆、安全靠美国"的发展战略。此一发展战略的结果使得台湾社会经济发展窒碍难行、两岸政治关系裹足不前、台海安全无法获得有效保障。台湾"国家政策研究基金会国安组"顾问曾复生建议："台湾如果改变战略不以中共为唯一假想敌，而是以处理专属经济海域范围内所有重大威胁、危机或灾难作为防务战略核心思维，等于是开拓一条台湾同时可与大陆发展和平协议，也可和美国继续保持军事合作的空间，这是一个双赢的结果"。

最后，加强安全合作，"共建共享"台海和平。2008 年以来，两岸关系和平发展，两岸签署了包括 ECFA 在内的 21 项协议，使两岸关系处在历史发展的最好时期，两岸关系呈现出好的发展形势、态势和趋势，同时也为两岸开启政治对话创造了难得的历史机遇。两岸应抓住机遇乘势而上，为两岸关系和平发展，为维护两岸同胞的切身利益和实现中华民族的伟大复兴，捐弃前嫌，尽早开启两岸政治对话协商与谈判，从政治、军事、法律、意识形态等方面结束两岸敌对状态，从根本上清除推进两岸关系和平发展的障碍，并在一个中国原则和国家统一大方向的指引下，逐步建构两岸互信、互利、交流、合作、和平、稳定的新型安全关系，商谈建立两岸军事安全互信机制，以利缓和台海局势、降低军事安全顾虑，最终协商达成两岸和平协定，让台湾海峡成为永久和平的海峡，让两岸人民永享和平红利。

2014 年 8 月

低烈度冲突环境下两岸南海合作机制探索

杨仁飞

2014 年以来，南海成为国际低烈度冲突的重要区域，而且争端呈现冲突面广、形式多元、冲突频率高、冲突时间长等特点，对海峡两岸维护南海主权构成了严峻挑战。目前南海出现的新危机与新挑战，引发两岸学界与民众深入思考两岸能不能合作、如何进行合作等问题。本人认为在当今两岸关系继续推进、两岸当局政策日趋务实的背景下，两岸应超越先经后政的常规思路与做法，将南海合作作为未来深化两岸关系的试验田，设计多个层次，安排多个阶段，努力从多个面向、多个渠道，探索切实可行的沟通、合作方案。

一、低烈度冲突

从 20 世纪 50、60 年代起，社会冲突理论得到学术界的重视。该理论主要代表人物有刘易斯·科塞（L. Coser）、达伦多夫（R. Dahrendorf）等，他们主要研究社会冲突的起因、形式、效应及如何调节社会矛盾。科塞认为，冲突可以看作是对有关价值、稀有地位的要求、权力和资源的斗争。达伦多夫提出"冲突强度"与"冲突烈度"两个概念，前者是指"冲突各方的力量消耗及其卷入冲突的程度"，后者是指冲突各方在追求利益时采取的手段。按达伦多夫的理论，冲突的程度分低、中、高三种。

随着社会冲突理论的发展，相关概念与内涵被国际关系学者所接受，美国学者康威·汉得森在《国际关系：世纪之交的冲突与合作》一书中指出，战争以下的冲突有很多种形式，如报复行为、武力示威、复仇、军事干预与国际恐怖主义等，根据面对的情形不同，不同的国家采取不同的战略与战术。国内有学者将冲突分为五个阶段，即语言冲突、缄默、力量显示、危机及战争阶段。

一般而言，报复（一个国家针对另一个国家合法但不友好的抗议行为被视为报复）、政治、经济、文化的对峙属于低烈度的冲突，武力威胁、军事干预、恐怖主义属于中烈度的冲突，战争是高烈度的冲突。

目前低烈度冲突这个概念被广泛运用。本文所指的低烈度冲突概念，既包括冲突的程度，也指各方在制造冲突或消弭冲突中所采取的战略与战术。

二、南海冲突：复杂、升级的低烈度冲突

由于亚太区域众多国家纷纷将南海确定为他们的"国家核心利益"，并设定不同的战略目标逐步加以推进，注定了南海问题的复杂化与冲突的不断升级。然而由于一些国家并无意愿控制冲突，并蓄意制造冲突，致使过去长期存在的南海争端及紧张局势演正在演变成一场区域性、低烈度的冲突，且冲突的程度随着一些国家采用武力威胁，正由低阶向中阶转化，冲突呈现复杂尖锐的态势。未来能否控制冲突或降低冲突的烈度，将取决于利益各方能否寻求出一套被各方接受又能实际遵守的方案。

近期南海冲突的程度与烈度主要反映在以下几个方面：

1. 冲突面扩大，争端国际化

目前南海冲突方已从南海利益的直接相关方中国与南海其他主权声索国，扩及间接利益相关方美、日、澳，甚至俄罗斯等国，冲突面不断扩大。

近年来，美国将自己定位为南海利益的重要攸关方，南海利益的捍卫者；将中国定位为战略对手，美国南海利益的挑战者与对立者，因此单方面认定中国关于U型线或九段线主张不符合国际法；认为中国在南海的行动为破坏现状；7月中旬美国官员更是抛出"三不建议"，要求南海争议各方不再夺取岛礁与设立前哨站、不改变南海地形与地貌、限制针对他国而发的单边行动。这是美国首次对南海各方提出具体的建议，也是美国首次明确给中国在南海的利益画出了红线。

可见，美国在南海的战略角色定位正在发生变化，即从相对中立者向利益攸关方转移；从观察者向干预者方向转化，从战略模糊向战略清晰方向转变，从暗中较劲到公开对冲转变。美国战略、政策的大幅调整，改变了南海原先的利益格局，也改变南海的力量平衡。可以预见，随着美国介入程度的深化，随着南海争端的国际化，海峡两岸将共同面对来自域内域外新老对手对我南海主

权与利益的共同挑战。而中美、中日、中印、中俄等大国之间的博弈，使得南海局势更加诡谲多变。

2.各方竞相争夺南海话语权与控制力，冲突尖锐化

2013年，特别是2014年以来，菲、越等国将南海中菲、中越双边争端直接提升到对整个南海主权、领海、岛礁重新定义的争夺战上，并且企图通过国际司法干预，直接否定我关于南海U型线的主权主张与其国际法效力，决心与我打一场南海国际话语权之战。

众所周知，U型线及南海历史性水域主权主张是中国向外界表述的南海利益的重心。如今菲律宾、越南等国欲改变往日的被动局面，争相将中国告上国际法庭或国际媒体，企图在国际舆论中抢占主动地位，目的是争夺整个南海的话语权。今年年底国际海洋法庭将在中国反对且不应诉的情况下对中菲南海争端做出裁决，虽然该法庭对南海岛礁的定义、对我U型线的国际法律效力做出的裁定不具约束力，但仍对两岸南海维权构成重大国际挑战。

当然中国也采取了打蛇打七寸的回击战术。针对长期以来菲律宾、越南肆无忌惮地在南海抢占岛屿与强化行政管理，大陆采取了设立三沙市、成立中国南海海警力量等措施予以应对；针对菲、越等国在南海疯狂开采石油，中国大陆派出981钻井平台在南海钻探，为未来在南海开采石油做准备。针对菲、越武装南海，大陆加强了对控制的南海岛礁的防卫能力。

冲突各方针锋相对，冲突呈现尖锐化的特点与趋势。

3.军事对峙升级，潜在军事冲突风险加剧

一是各方强化军事存在，提升南海防卫力量。

越南加快在南海的军事部署，包括加快将购买到的俄国先进潜艇与战机投入使用，强化鸿庥岛、南威岛等强占岛屿的防御能力；菲律宾与美国重新签署军事合作协议，同意将更多的港口、机场出租给美国，以换取美国对菲律宾的保护，菲律宾同时接收日本援助的军舰，企图借外力阻止中国在南海的军事行动，菲律宾将12架OV-10侦察机部署在巴拉望省，以便监视南海。此外，美国计划在未来两年投入1.56亿美元帮助东南亚国家提升"海上行动能力"。

为因应南海冲突升级的风险，中国大陆对南海的永暑礁、赤瓜礁等岛礁进行扩建行动；台湾也加快对南海太平岛的防卫能力提升，原本2015年完成码头建设任务，有望提前到今年完成。此外马当局还特别编列预算1亿多元新台币，扩建加长太平岛上的机场跑道等。

南海各利益方竞相开展"军备竞赛"，南海面临爆发军事冲突的风险。

二是美、日等国加大对南海的威慑与军事讹诈。

美国凭借其强大的军事力量，利用在新加坡、菲律宾驻军，近距离地监控南海，并且赤裸裸地武力威胁中国。2014年中菲仁爱礁对峙，美国航母尼米兹号现身；2014年3月，当中国军舰试图阻止菲律宾向仁爱礁坐摊旧军舰提供补给时，一架美军侦察机有意低空飞过，美国防部前高官指出，"这是美国是向中国发出信息，我们知道你在干什么，你们的行动会造成后果，我们有能力与意愿，而且我们就在那里"。美国在南海的所作所为是典型的军事威胁与讹诈。

此外美国虎视眈眈寻求在南海岛礁上建立美军军事基地或支援基地，如中业岛或太平岛。

三是海上对峙常态化。

2014年5月中国981石油钻井平台在西沙正式启动后，越南派出海上武装力量与渔船进行连续的挑衅与干扰，中越海警船已在相关的水域发生了一百多次的直接冲撞与对峙；中菲黄岩岛与仁爱礁对峙仍在继续，2014年2月，中国渔警船驱赶了两艘菲律宾渔船；3月，菲律宾军方人员搭乘渔船再次进入仁爱礁，与中国海警船3401号再度对峙；5月，菲律宾军警在半月礁附近抓捕并起诉我渔民。

这些海上对峙案例是典型意义上的中烈度冲突，反映南海的冲突正在深化。

总的来说，目前中越、中菲关系因为南海争端进入低潮期，中美南海冲突也在升高，这些必定加剧南海地区的不确定态势。

三、两岸南海合作开启机会之窗

（一）挑战孕育机会

1. 美、菲、越等国大打国际司法战、舆论战，构成两岸南海维权史上最严峻的挑战，但相信也将迫使两岸在U型线、南海历史性水域、权利、地图的法律效力等重大问题上做出更加清晰的表态与回应。2014年7月10日台湾"驻美代表"沈吕巡在接受美国《今日美国报》采访时称，"事实上，最早为这些争议岛屿分类与命名的是台湾"。台湾不少学者认为，台湾虽对两岸南海合作意愿不高，但不会轻易放弃目前南海政策与立场。可预计，如果台湾当局坚持一中框架、"九二共识"的立场不变，坚持现有"宪法"对主权与疆域范围的规定，即使从台湾的角度进行解释，不出意外的话，两岸在南海重大议题上都会出现相似或相近的立场，从而使两岸在南海问题上形成相对默契的局面。

2. 为了因应国际社会要求两岸对南海 U 型线做出清晰回应的压力，或为了共同应对国际司法、舆论战，以及大陆希望台湾在南海问题上有更积极的合作姿态，这必促使两岸共同正视"中华民国"历史因素与南海问题不可回避的关系，促使两岸以更广阔的视野与胸襟面对两岸分隔的事实，谋求在一个中国大框架下台湾定位的解决之道，这也许能为解决两岸政治分歧，推动两岸政治与军事互信沟通与合作，包括两岸南海合作，提供新的机会之窗。

3. 南海事态日趋复杂化，冲突朝着不由两岸控制的方向发展，相信两岸任何一方将无法置身于冲突漩涡之外，特别是重大偶发冲突的发生，将催生出海上人员与船只救难、海上航行安全、海洋环境保护等传统与非传统领域的新合作空间。今后双方如果能更及时、主动伸出援手，两岸南海合作可从建立默契，向落实具体合作方向发展，从而为两岸政治对话、协商或合作累积经验。

（二）两岸关系发展现状为两岸南海合作创造良好氛围与基础

1. 两岸南海合作有利基。目前两岸关系仍在积极务实向前推进，为两岸南海合作提供了重要支撑与保障。马当局坚持"九二共识"，视两岸关系为一个中国框架下的两个特殊地区，使两岸开展事务性合作有较稳定的政治基础。而且在继台湾"陆委会主委"王郁琦访问大陆后，2014 年 6 月 25 日国台办主任张志军应邀访问台湾，两岸事务主管负责人的互访与会面，被外界视为两岸均有正视两岸根本性分歧、推动两岸务实沟通与解决分歧的意愿、决心与能力。由此可以推定，在条件合适或成熟的情况下，两岸进行南海事务的积极沟通与合作不是不可能，问题在于双方能不能抓住时机，能不能及时应因挑战。

2. 两岸南海合作民意基础有所加强。在经历了台湾渔民被菲律宾军警所杀，台商、陆干被越南暴民所杀、所伤重大事件后，两岸不少民众真正感受到两岸一家人，事端起来，两岸谁也躲不开，因此，从目前岛内民意来看，台湾社会对两岸南海合作比过去有更大的包容与支持，如不少学者建议两岸开启双边对话的机制，在渔业纠纷与反海盗上进行合作，避免双方执法时因认知差异而产生冲突；在人道救援与打击海上犯罪上建立两岸互信机制，创造双赢局面。

四、两岸南海合作阶段、层次、路径探索

目前两岸关系发展遇到一定的阻力，重大、敏感的议题合作推进缓慢，加上东海南海挑战增大，在这种情况下，两岸学界与执政者有必要进一步解放思想，敢于创新，共同谋划将南海合作作为新一轮推动两岸关系发展的试验田，由浅入深，不断累积经验，从而为推动两岸关系实现质的飞跃打下基础，做好准备。

（一）共同应对挑战，共创战略主动，共谋战略优势

战略主动是指一个国家或地区积极采取军事、政治、经济、外交等各种手段，甚至不惜采取军事威胁、恫吓或结盟等极端手段，目的是让对方跟着你的脚步、策略走，让对方疲于被动应付、劳于奔命，失去解决问题的最佳时机，被牵着鼻子走，付出更大代价。

当下，两岸必须改变战略相对被动的局面。2013年中共中央召开周边外交工作座谈会，系统阐明了中国周边外交的目标、方针和布局，这标志中国大陆对周边外交政策的升级与主动性正在增强。台湾当局近年来也为因应东海、南海冲突提出了一些对策建议，如东海和平倡议等，但目前两岸在南海、东海的战略目标缺乏必要的契合。因此，两岸应在战略与政策层面共同思考体现两岸南海主权的重叠性，并且思考如何主动作为、积极作为，摒弃守成思维，综合运用军事与非军事力量，强化吓阻与快速反应能力，共谋两岸东海、南海战略优势，共造两岸合作形势之战略高度，寻求扩大两岸在国际舆论、司法、外交层面对南海问题的话语权与影响力，化被动为主动。

（二）照顾彼此利益，分阶段、分层次循序渐进两岸合作

谋势，包含两岸与政党审时度势，谋解两岸所面临的挑战与困局之势；谋两岸合作之架势，使两岸在南海等议题上有一定的合作形态与合作模式；随势的不同，合作形态可有形，也可无形，可机制化，也可非常态化；如谋两岸合作之声势，即通过造被动与主动作为的方式，造声威与气势，形成一定的气场；如谋两岸合作之力量，合作产生新能量，形成威力与影响力。

当然，任何合作方案必须考虑它的可行性。可行性是指双方合作在需求、

能力、影响及风险的可控性方面，达致可预见性、公正性、可靠性、科学性的结果。

两岸南海合作，应根据两岸南海主权一致，利益彼此尊重与照顾的原则，根据现实条件，谋划合作方案，少说空话，多做实事，设计多个阶段，安排多个层次，通过多个面向，多个渠道，以小搏大，以近求远，从半心半意或者差强人意的交流、沟通，最终过渡到全心全意的合作。

1. 两岸南海合作的三阶段安排

第一阶段可为酝酿阶段。主要为商议、讨论、谋划寻求内部共识的阶段。目的是通过内部机制形成相对成熟的意见，并完成战略与政策制定。目前两岸仍处于各自政策酝酿的准备阶段。在这一政策酝酿过程中，双方可以继续通过二轨、民间，条件允许情况下，甚至通过官方渠道，交流不同意见。

第二阶段为协商阶段：通过与对方接触，逐渐了解对方的意图，并且抛出自己的构想与需求，双方进入利益讨价议价、寻求共识的阶段。目前两岸可就可行、易行以及急迫的议题，开启不同层级的接触、协商、谈判的过程。虽然由于台湾方面有来自美国的压力，有来自内部不同势力的反对，短期内两岸要正式启动协商仍有较大的难度，但两岸仍需努力，寻求开启半官方与官方层面协商的可能性。

最后是分步、分议题实施阶段。这一个阶段，一种是双方搁置争议，逐步实施共同开发，一种情形是，双方逐步缩小争议，在事务性问题、甚至是敏感问题与重大突发事件上进行合作尝试。

当然每个阶段，可视具体情形，在适当时机推动两岸交流与协商，甚至推动合作。

2. 两岸南海合作的层次安排

合作讲究策略，讲究方法，还讲究层次，依次推进，不能急于求成。

其一是合作的可行性与可操作性确定内外合作的优先秩序。两岸南海合作，可以分为两岸间的内部事务合作与两岸对外事务合作。两岸对外合作又可分为在两岸达成合作协议前与后的合作。在两岸未有协议之前，各自应利用自己的优势与能力，对外进行调和、干预，采取有利于维护我南海主权、又能促进南海和平的合作举措，即采取兄弟登山、各自努力的方式。

其二是制度性安排与非制度性安排。两岸南海合作，最理想的方式是追求制度性、机制性及最终达到法制化的安排，如在新阶段两岸谋求建立包括南海事务的军事安全互信机制与和平协议。但制度性的安排本身是一个艰难、长期的过程，在实现这一目标之前，可以探索非协议性、非制度性的临时合作安排，探索个案合作，累积经验。如台湾要不要参与菲律宾提出的国际海洋仲裁法庭的听证，台湾想以什么身份出席，台湾会提出什么立场，这些极为敏感的政治问题，如有必要，可以作为例外个案，或特殊个案，及早纳入两会、两岸事务机构的具体沟通机制与联系通报机制中，避免两岸立场严重对立。制度与非制度性的安排也可以包括为单一事件建立两岸的单次性热线联络、沟通，避免彼此的猜忌与情绪性的发言。

其三是低敏度与高敏度事务的合作。原则上两岸先在低敏度事务上进行合作尝试，然后进行高敏度事务的合作，但两岸相关机构也可根据突发事件的紧急度、重要性启动高敏度事件可行性的合作方案。而低敏度的事务性合作，也可以民间与官方同步进行的模式开展。如两岸南海智库的建设运作问题，两岸南海历史资料库、南海考古资料库、南海水文资料库的筹建问题，如两岸渔业、海上紧急救援、两岸石油开采的技术与资金合作等事宜，拟落实搁置争议的精神，加快推进步伐。

（三）共同开发：以项目与突发事件为合作起点的合作路径

当前全球海洋事务合作的内容多样，合作方式灵活，层次多，但总的来说，两岸南海合作路径与渠道的选择更应强调务实性、科学性、可操作性与可控性。

鼓励两岸民间共同开发南海，逐步推进南海渔业、海洋考古、海洋生态保护、石油勘探、开采、海洋文化传播的人员、资本与技术的合作。两岸两会有必要及时将事关两岸人民生命与财产安全的东海、南海事务与技术层面协商提上议事日程。

鼓励两岸学界深入、全方位开启南海项目研究。如 U 型线的定义与性质、U 型线与国际法关系、U 型线两岸的立场差异与互补、南海行为准则与两岸参与机制、南海突发事件应对模式、两岸联合维护主权的法理基础与各自行动方案、美国因素与两岸南海维权的关系等等，建议两岸分别设立南海研究专项基金，鼓励两岸民间组织共同成立两岸南海基金会或研究性团体，以招标的形式，鼓励两岸学界参与，传递两岸共同应对南海争端的民间决心与意志。

鼓励两岸官方与半官方机构联合开展海洋资源调查与研究，大气与海上气象预报，海上人员与船只救难与海上安全、渔业资源共同管理、联合勘探开发油气资源、打击跨国海上犯罪等方面的合作。可先进行交流，评估合作的可能性与可行性，在探讨中增进共识与理解，提出合作的预案，为推动未来两岸实质合作打下基础。台湾政治大学国关中心研究员刘复国认为，在非传统领域两岸已经有非常好的合作基础，如金厦联合搜救机制，在民间层面上有海洋文物联合考古、打捞、保护的合作等等。

建议建立重大事件信息沟通、应对与合作机制。一些学者认为，重大突发事件应急机制的框架是一个由主体、过程、客体组成的"工"字形结构。具体而言，重大突发事件的应急机制主要包括九大机制：预防准备机制、预测预警机制、信息沟通机制、决策处置机制、社会动员机制、恢复重建机制、调查评估机制、平战结合机制、各方合作机制。在目前的情况下，两岸在南海重大事件应对上，可以参考过去的经验，先在各自的部分着手预防准备南海冲突应对机制、预测预警机制，此外，两岸应尝试建立南海重大事端信息沟通机制，最后待条件成熟时确立以及推进信息共享合作机制。

探寻两岸共同开展南海外交的可行性方案。当今，在全球化背景下，尽管海洋外交的主体仍然是一国的中央政府，但是随着海洋在人类发展中的重要性日益凸显，越来越多的非国家行为体或主动或被动地卷入海洋外交事务当中，诸如国际涉海组织和机构、跨国航运公司、非政府组织、涉海民间团体等行为体也构成海洋外交不可或缺的执行主体。两岸应在遵循一个中国原则的前提下，鼓励台湾利用自身优势，特别是民间社会团体，在国际舞台上为捍卫南海主权、海洋文化传播交流、保护珊瑚礁等在内的南海岛礁生态环境方面发挥更积极的作用。

建议寻求两岸南海实务合作的法制安排。目前两岸在东海、南海未能合作，除了美国的施压、台湾自身利益的考虑外，两岸均无各自具体的法律与条例来推动双方的合作，如"台湾地区与大陆地区人民关系条例"主要针对两岸人民交往延伸的问题为主，而非针对争议领土的维权合作，在没有修法的情况下，台湾相关机构，包括海基会、"陆委会"均不可能推动两岸南海的合作。然而，随着南海、东海等主权争端不断升级，突发性事件增多，两岸应该提早规划，因应由此可能引发的对两岸人民生命与财产安全的挑战。

总的来说，两岸南海合作应从交流开始，从交流中探索合作的可能性，增进合作的意愿与彼此的信任。"以小事大以智，以大事小以仁"，小与大、智与仁均是相对的，两岸各自要有处理复杂关系的智慧与胸襟，秉持同理心，客观地理解对方的处境与内心感受，且把这种理解传达给对方，并且讲究科学性，减少感性的因素，增加理性的思索，不断探索解决彼此分歧、矛盾的方法，结论不管是暂时搁置争议，还是分歧中趋向共识，都不应影响彼此维护与推动两岸关系向前的决心与行动。

2014 年 8 月

2014 年台湾军队政战工作回顾

罗　清　苏清心

2014 年，台湾军队在整体军事战略指导下，政战工作出现新变化新特点，突出加强政战教育塑造军人武德、全力推展"全民国防"教育凝聚"国防共识"、密集组织黄埔建军纪念活动彰显正统、注重心理辅导改善官兵心理状态等重点，力图构建精神战力稳固的现代化军队。

一、开展形式多样的政战教育，巩固官兵精神状态。年内，台军采取长官训导、专题教育、举办活动等形式，借助"莒光园地"、"汉声"电台、《青年日报》等平台，广泛开展"爱国"信念、战备形势、军纪安全、保密防谍等教育，力图改善官兵思想状况，重塑官兵军人武德。一是组织专题教育。开展为期 5 天的"精神战力周"活动，设置"发扬黄埔精神""精实战备整备""凝聚共识共行""建构坚实劲旅"等四个主题，采取多种形式加强教育；集中三军五院校 1100 余位毕业生进行"爱国教育"，强化"爱国"信念；组织 20 场"反情报巡回宣教"，深入基层倡导"国军正义项目""官兵反情报责任制度"及"检举破案奖金发放规定"等相关法令，"政治作战局"保防安全处特别制发"戈正平笔记本"等文宣品发送官兵，并公布安全状况反映专线及信箱，力求"全民保防"。二是举办纪念活动。通过举办古宁头战役 65 周年、"823"战役 56 周年公祭，组织缅甸境内远征军阵亡将士迎灵暨入祀典礼，召开"九二海战"研讨会等活动，宣扬先贤先烈"为国奉献"精神，借机要求台军官兵要发扬"不贪财、不怕死、爱国家、爱百姓"的传统精神，强化敌我战备意识，认清唯有积极备战才能有效止战，扎实练兵、勤练战技。三是开展经常性教育。"国防部长"严明、"参谋总长"高广圻等高层下部队视察时反复强调，虽然两岸关系缓和，但大陆不放弃"武力犯台"的企图，建军备战不能松懈；各级部队主官（管）注重离营宣教，要求官兵休假期间要恪遵军纪营规，加强"安全防险"的观念，不要前往容易肇生危安的场所，杜绝军纪安全事件发生；根据季节变化，颁布春、夏、秋、冬季节军纪维护安全规定，以及"汉光 30 号"演习等重大任务安全规定，特别提醒注意纪律与安全。

二、举办系列黄埔建军纪念活动，彰显所谓"正统"。2014 年适逢"黄埔军校"建校 90 周年，为了与我争夺话语权，台军除了劝阻退役将领赴大陆参加纪念活动外，以"薪传九十，永续荣光"为主轴，扩大举办了一系列活动。一是布展史料。陆军官校展出黄埔勋迹史料展，与陆官校友总会共同筹办埔光艺文联展；台军历史文物馆举办"黄埔建军 90 周年特展"，并设置珍贵史料查询系统、经典影片播放系统、结业拼图游戏区等，让民众参与其中、了解历史。二是发布文宣。以"薪传·飞跃"为主题，设计兼具创意、吸引力与效果醒目的图腾（LOGO），广泛运用于相关活动及各式文宣品；发行"辉煌画志——黄埔建军 90 周年纪念册"、"国军经典战役专书"、"国军建军九十周年纪念月历"等，系统介绍台军历史与贡献。三是庆祝活动。"国防部"配合"中央军事院校校友总会"在"中正纪念堂"自由广场举办"庆祝黄埔建军 90 周年暨对日抗战 77 周年纪念活动"；陆军官校在校庆暨联合毕业典礼中，办理"黄埔先烈纪念塔"剪彩、"埔光 90 号"联合阅兵等，马英九亲自主持；与地方共同担纲演出"国与家"音乐剧，分别在台北、高雄演出。四是座谈研讨。举办"庆祝黄埔建军 90 周年学术研讨会"、2014 年度"战略与国防：黄埔薪传庆 90"学术研讨会、"飞跃 90——薪传、荣耀、新国军"等研讨会，强化对"黄埔精神"的认知。

三、组织丰富多彩的"国防"教育活动，强化"全民国防"共识。为了强化"全民关注、全民支持、全民参与"的"全民国防"理念，台军紧紧围绕"国际形势、国防政策、全民国防、防卫动员、国防科技"五大教育主轴，区分"学校教育"、"政府机关（构）在职教育"、"社会教育"、"国防文物保护、宣导及教育"等 4 类对象，采取体验、宣导、研讨、评比等 13 种形式，开展内容丰富、趣味浓厚的教育活动。一是举办多元体验活动。举办 3 个梯次"南沙研习营"活动，接训 54 位师生；开设 17 个暑期战斗营，组织 33 梯次活动，接训 3056 名学生；组织 4 场"国防知性之旅——营区开放"活动，超过 22.5 万人入营参观；在北、中、南、东部地区各选取 1 所中学，举办 4 场"推动全民国防暨倡导募兵制"走入校园活动，吸引超过 9000 名学校师生参与；组织 4 场"首长下乡——偏乡乐教"活动，吸引超过 3000 名学生参与；配合"瑞滨艺术与品格教育营"开放学童参观海军舰艇，推动"全民国防"向下扎根。二是制作发布文宣作品。举办第 48 届文艺金像奖活动，向官兵、退伍军人及眷属征集作品；制作"一次了解募兵制"及"募兵制答客问"两款文宣说贴、"2014 年专业志愿士兵暨储备士官甄选"文宣折页及系列文宣品，分送各院校、地区招募中心、县市后备指挥部、地方行政系统及捷运站等，供民众取阅，让民众了解、支持"募兵制"；制播《让您一次了解募兵制》《想飞》《报告班长七——勇往直前》等倡导影片，并举办电影欣赏活动，引导民众关心、支持"国防"。三是加强研究反馈。"国防大学"与"教育部"首度合作举办"2014 年全民国防教育学术研讨会"，召集学者专家进行学术交流提供建言；"国防部"还频繁举办"东海和平倡议与南海主权维护"、"海洋与国防"暨"纪念甲午海战二甲子"、"南海主权争议——现况及我国政策基调与作为"等学术研讨会，强化全民共识。

四、加强专业素质培养，提升政战人员能力水平。为了提升政战工作效能，台军也十分注重人才培养，采取培训、见学、实作等方式，着力提升能力水平。一是讲习研讨。频繁组织"政战干部讲习""军事发言人讲习""政战工作检讨会"等活动，传授政战专业知识，提升基层政战干部专业技能；政战局也积极与地方大学策略联盟，鼓励政战干部进修学习，拓展视野。二是示范观摩。"国防部"举办"政治作战共同作战图像"暨"战场情报准备"运用示范观摩，提升旅以上政战主管借助政治作战共同图像，协助部队指挥官掌握战场兵力配置、下达命令决心的能力。各军兵种组织"政治作战训练示范观摩"，安排"战场四要"（人人要爱民、人人要宣传、人人要调查、人人要守法）、"防卫作战营、连心战作为""心理素质训练""炮宣弹、喊话器操作""文宣心战品"示范等课程，强化政战干部本职学能。三是演训实操。在"汉光 30 号"实兵操演、"联勇"实弹射击操演等实战演练中，纳入心理战验证科目，进行传单制作、投撒，组织 155 毫米炮宣弹装填、发射训练等，设置模拟战场辅导科目，演练战时作战部队官兵产生战斗衰竭症候群的处置作为；在"精神战力周"安排"战场四要"状况演练，让官兵了解演训过程中遭遇民众反应事件的正确处置作为；定期召集政战后备役进行空飘、喊话、文宣、信息等心战专业课程训练，维持技战术水平。

五、注重心理辅导，改善官兵心理状态。针对自伤自戕、两性丑闻、不服管教等事件频频发生，台军采取多种举措加强官兵心理辅导，极力促进官兵心理健康。一是组织巡回宣教。以"拥抱心幸福，预见心希望"为主题举办心理健康倡导活动，协助官兵培养正向思考，营造包容关怀的生活氛围；配合此活动，地区心理卫生中心组成活力服务团队，赴台军高压力单位，进行动、静态的"懂幸福，得希望正向心灵之旅"、"身心仪品（HRV）检测"等心理健康体验行动，协助官兵身心纾压；"国防部"制作"心灵哈啦聊天室"系列节目，在10 月份"莒光园地"电视教学时机播出，扩大宣教效果。二是开展应急辅导。针对复兴航空澎湖飞安事故、高雄气爆中，执行现场救援的官兵可能面临的身心状况，分别编组成立"乙级重大意外事件心理卫生中心"，协助官兵安抚情绪、缓解压力，并于事后 2 周进行压力检核，评估心理受冲击程序，区分心理受伤轻重缓急分个别、团体进行辅导。三是强化抗压训练。持续在北部、南部的战场模拟抗压训练馆组织战场抗压训练，提升抗压能力；结合三军九院校入伍生结训开展"震撼教育"，让新生体验战场真实环境；后备部队通过组织心理素质训练，强化应召员心理抗压与战场调适能力；陆军还拟建置"合成化战场"，提供班队教育及部队训练模拟场景，强化官兵临战处置及战场抗压能力。

六、深化台美政战合作关系，拓展交流领域。台美军事交流升温，促成台美军政治作战交流交往也越来越密切。一方面，现役人员互访频繁。3 月 6 日，美太平洋陆军司令部信息作战处助理参谋长杜拉克上校率队赴台，对台军文宣心战、公共事务推展、建立战略沟通机制提出专业经验；3 月 9 日至 15 日，美太平洋陆军司令部作计处处长尤西斯上校（COL Ulses, Robert J.）率队访台，观摩第五作战区灾防共同兵推演练；4 月，台军"政治作战局"副局长黄开森少将赴美夏威夷出席杜拉克荣退典礼，并拜会美军高层，参加研讨交流，了解美军战略沟通机制实际运作模式及公共事务、民事作战的实务经验；9 月中旬，美太平洋陆军司令部派遣观摩团赴台参加"汉光 30 号"演习，并就资讯心战方面提出指导建议。另一方面，资源共享得到加强。美军第七心战群拟与台军"政治作战总队"缔结"姐妹盟"关系，这是台美"断交"以来，台军首次与美军单一专业部队以"姐妹盟"的方式，进行实质的军事交流与合作。目前，双方已经达成初步合作共识，预估 2015 年可实现。关系确定以后，双方除可增加军事学术交流合作、实战经验共享外，台军还可在大陆切断台湾对外通联方式时，透过心战大队与美军共同使用的军事网络讯号，经由第七心战群平台，向全世界媒体发布战况，争取国际舆论支持。

2015 年 4 月

2015 年台湾军队动向

罗　清　苏清心

2015 年，马英九当局面对"九合一"选举后支持率持续探底、施政提前"跛脚"的现况，维持军队稳定不乱、继续推动落实"国防"政见成为其治军重点。台军在"军队国家化"政策原则下，基本能够按照当局防务指导持续开展整军备战工作，力图打造"精、强、巧"的现代化军队。但受当局威信不高、内部管理混乱、社会多元文化渗透等因素影响，"勇固案"兵力结构调整被迫推迟，弊案丑闻频发，爆料文化盛行，严重打击军队形象和军心士气，制约建军效果。

一、发布新版"国防报告书"，宣扬"国防"施政成效和理念。10月，台"国防部"发布两年一本的"国防报告书"，全书以"荣耀传承、淬炼转型、和平永续"为主轴，区分"战略环境""国防政策""国防战力""全民国防"四篇，全面回顾了马当局近年来的治军成效和防务政策。一是渲染大陆威胁回应"亲中"质疑。为反击外界对马当局"亲中"两岸政策导致官兵"敌情"意识弱化的批评，报告书在深入剖析当前全球和亚太安全形势基础上，刻意回避两岸和平稳定发展的事实，用较大篇幅细述我对台军事斗争准备详情，鼓吹大陆军事威胁是台面临的"首要挑战""最主要的安全威胁"，并研判我将于2020年完成"全面攻台"准备，妄言我军力扩张影响区域安全稳定。二是罗列施政成效宣扬治军贡献。全书用了近2/3篇幅，从编制调整、兵役转型、装备更新、军法改革、灾害防救、动员整备等方面，系统盘点马英九上台以来"国防"施政成效，特别是"精粹案""募兵制"、新型力量建设等"不对称"建军成果，以及近两年扩大举办建军和抗战纪念活动，意在通过"展示精锐新国军的风采"，回应外界对马治军无能的批评。三是阐明建军构想强调政策延续。针对民进党陆续发布12本"国防政策蓝皮书"提出"国防"施政政见，报告书除了在发

240

展资电战力等内容加重笔墨强调外，基本上沿承马任内已发布 2 部"四年期国防总检讨"和 3 部"国防报告书"的政策基调，提出未来建军方向将继续按照"国家安全铁三角"理念，制定"国防"政策主轴、战略目标和战略指导，从基本战力、"创新／不对称"战力、战力保存、灾害防救等重点面向加强战备整备，借以期望台湾新当局能够延续既有"国防"理念，维系建军政策。

二、频频调整军队高层人事，强化实际掌控军队能力。年内，马英九当局借请辞异动、晋任升迁、届龄退役等时机，大幅对"国安"、军方高层进行调整换血。其中，1 月，马当局核准"国防部长"严明请辞及"海军司令"陈永康、"副参谋总长"兼执行官廖荣鑫调任"总统府"战略顾问，安排高广圻接任"国防部长"、严德发接任"参谋总长"、邱国正接任"陆军司令"、刘震武接任"国防部军备副部长"、沈一鸣接任"空军司令"并晋升二级上将、李喜明接任"海军司令"并晋升二级上将、蒲泽春接任"副参谋总长"兼执行官并晋升二级上将，此次"国防部长"、"参谋总长"、"三军司令"同时换人，并晋升 3 名二级上将，在历史上绝无仅有；2 月，核准"国安会"秘书长金溥聪请辞，安排前"国防部长"高华柱接任；7 月，核准"国安局长"李翔宙因病请辞，安排前"国安局副局长"杨国强接任；11 月，核准"国防部军备副部长"刘震武届龄退役，安排前"总统府"侍卫长、"国防大学"校长郑德美接任，调整吴万教接任"国防大学"校长并晋升二级上将；12 月，核准"国防部政战局局长"王明我提前退役，安排"海军司令部政战主任"闻振国接任。据统计，年内，台军现编的 2 名文职特任官（"国防部长""军政副部长"）、7 名上将（"军备副部长""参谋总长""副参谋总长"兼执行官、"三军司令"、"国防大学"校长）、2 个"国防部"直属机构指挥官（后备、"宪兵指挥部"）悉数异动，还有近 40 个中将职位人事调整，并晋升了 4 名上将、12 名中将、45 名少将，层级之高、范围之广历史罕见。可以看出，马借任期即将结束之机，在遵循军中伦理和建军发展需要的前提下，除了按照正常管道调整人事晋任升迁外，加紧军中人事布局，优先拔擢信得过、有能力、认同当局理念的军中干才，大量安插"马家军"成员占据"国安"和军队系统要职，强化对军队的实际掌控。

三、多手并举强化募兵活动，极力推动兵役制度革新转型。受在野党杯葛、政策计划不够成熟等多重因素影响，台军推迟原计划 7 月展开的"勇固案"计划，军事革新转型重点以推动落实募兵制为主。一年来，台军继续采取"增加募兵、减少征兵"方式，从"待遇、尊严、出路"三个方面强化招募和留营诱因。一是修订完善配套法规。推动"立法院"三读通过"推动募兵制暂行条例"、协调"内政部"研修"军人及其家属优待条例"、修正"国军退除役官兵辅导条例"等法规，并完成 31 项募兵制配套法令与规则整合，在权利福利、升退机制、进修就学等面向建立完善制度性保障。二是大幅提升薪资待遇。核发"战斗部队加给"和"留营慰助金"，鼓励优秀青年到战斗部队和留营服役；设置 18 个营区教学教室和 13 个证照教学点，提供多元进修管道；与"退辅会""劳动部"等建立联系平台和职业咨询等制度，改进志愿士兵退前职训和就业辅导；协调"考选部"修正转任公职考试规则，提供服役 10 年以上的现役中校以下官兵参加退除役特考，增加官兵多种生涯选择。三是频繁举办招募活动。密集开展募兵政策宣传，扩大举办 130 多场次校园招募活动，广泛借助营区开放、"国防战力展示"甚至是夜市闹区等时机场合开设招募点，争取青年学子从军。全年共办理 8 梯次志愿士兵甄选，共招获 18550 员，达成率 132.5%，志愿士兵留营率 72.4%，在数量上完成年度招募 14000 员的预期目标。但是，台军募兵存在"产量达标、质量不达标"的严重问题，所招募兵员大部分从事相对轻松的行政职务，而战斗兵科则乏人问津，今年还被迫改变政策，继续征集 2.3 万余名 1993 年次以前出生役男入营服役 1 年，引发民怨，被批"募兵跳票"。

四、注重武器装备发展建设，"有形战斗力"得到有效提升。台军长期信奉"唯武器论"观点，每年投入大量预算采购和自制高新武器，企图形成对我装备质量优势。年内，台军继续按照"夯实基本战力、强化不对称战力"的装备建设指导，研发接装了一批新型武器装备，着力提升关键领域战力。其中，防空反导方面，完成 3 套"爱国者"Ⅱ型反导系统升级并担负战备，继续接收"爱国者"Ⅲ型反导系统（共 6 套，2017 年接收完成）；着手展开新型地空导弹系统、"蜂眼"CS/MPQ-90 机动点防御相位数组雷达等新装备研发，以取代老旧装备。制压作战方面，持续量产"雄风"ⅡE 巡航导弹；加紧执行"翔展"专案，对台中清泉岗基地未作业的 IDF 战机改装升级；推进 F-16 战机升级工程，美方已经完成单座机构型修改，10 月开始飞行测试，预计 2017 年开始由"汉翔"公司执行性能提升，每年 25—28 架，2022 年全部完成。制海作战方面，完成首艘"沱江"号近岸巡逻舰成军入列和初期作战测评，展开后续舰建设量产；展开购美 2 艘"佩里"级导弹护卫舰接舰计划，未来将接替已遭汰除的"济阳""海阳"号导弹护卫舰所担负的任务；启动潜艇自制程序，审查通过投资纲要，展开第一阶段合约设计作业，预计 2024 年建成首艘艇；继续接收购美 P-3C 反潜机，计划 2016 年完成。地面防卫方面，接收 2 批 11 架 UH-60M 型"黑鹰"通用直升机（3 架拨交"内政部"使用），拟于 2018 年前完成 60 架接装；分阶段研发射程超过 100 和 200 千米的"雷霆 2000"多管火箭弹，提升打击精度和杀伤效能。除此之外，台军还于 12 月再度获得美方宣布军售，将购得"派里级"导弹护卫舰、AAV7 两栖突击车、方阵快炮等 10 项装备，总价值 18.31 亿美元。客观来看，随着新式武器装备陆续列装部署，台军立体拦截、机动打击、远程制压等作战能力有望得到明显增加，将有效反制我攻台行动，影响我作战效能。

五、频繁举行演习训练，部队实战能力受到检验提升。一年来，台军按照"训战一致"的原则，区分"基础训练""驻地训练""基地训练""军种联合演训""联合作战演训"等五个阶段，组织 40 余次重大演训，并参与台湾当局主导的"民安 1 号""万安 38 号""核安 21 号"和政军兵推 30 余次，相比 2014 年演训次数更多、重点更突出。一是突出基础战技训练。着眼落实马英九要求强化体能的要求以及鉴于"募兵制"后士兵役期由 1 年增至 4 年，"驻地训练"调增轻武器射击、手榴弹投掷、综合格斗和游泳等基础战技体能训练比重，增加"战斗体适能"训练；"基地训练"明确期末测验"增加昼夜连贯、倒置、战术行军与夜间实弹射击训练项目"，以提升官兵战场抗压与夜战能力；2015 年年底还重新调整训练编组，设立北、南 2 个专长训练中心，强化专长训练。二是从难组织重大演习。强调"演习视同作战"，以"料敌从宽、御敌从严"为指导，紧贴实战从难构设演习想定，严格按照实际作战预案，采取昼夜不间断方式全程对抗，突出研练重点难点课目，着力解决影响防卫作战的关键问题。比如，"汉光 31 号"实兵演习以我 2015 年年底如期形成对台大规模作战能力为前提，研拟攻击军最可能行动方案，设置了大量临机导调复杂状况，重点演练了网络攻防、电子对抗、特种作战等 57 个课目，磨炼提升量敌用兵、快速决断等能力。三是注重联训联战成效。坚持"无训不联"的原则，充分运用"三军"兵火力，灵活统合对抗编组，提升诸军兵种协同能力。比如，在"长青 14 号"实兵演习中，攻、防双方都在建制部队基础上加强特战、陆航、防空、电子战、无人机等各类作战分队，构设诸军兵种高度联合的独立作战单元，在对抗全程中贯穿联合战场侦察、联合火力协调、联合后勤保障等课目。四是深度检验新型编装效能。视演习为新编装检验场，针对"精粹案"兵力结构定编完成以及"阿帕奇"直升机、P-3C 反潜机、"磐石"号油弹补给舰等新型装备陆续接装，及时进行针对性验证以获取具体参数，为下步修订作战计划、编制调整及装备发展建设提供参考依据。此外，针对国际社会恐怖事件频发、台湾被列入恐怖袭击名单，台军所属特勤部队全面提升警戒，持续完善反恐应变计划，积极推进与其他国家反恐经验交流，频繁组织反劫持、反劫机等训练，强化反恐应变制变准备。可以看出，台军越来越注重按照实战要求锻炼摔打部队，强调"求精求实、求难求严"，瞄准制约作战能力生成的关键瓶颈障碍，紧贴现代战场环境研练战术战法，力求"超敌胜敌"目标。

六、继续采取"倚美协防"策略，"准军事同盟"关系有所升温。在马当局"亲美、友日、和中"的政策布局下，台军积极迎合美国"亚太再平衡"战略，持续深化对美战略依存关系，美方则视台湾为遏制大陆的重要棋子，大力配合推动防务交流合作，双方"准军事同盟"关系快速发展。一是互动层级不断提升。持续放宽现役高层互访交流，3月台"参谋总长"严德发赴美访问，拜会美军参联会主席、美太平洋司令部司令等军方高层，探讨台军参加"环太平洋演习"等事宜；5月美方邀请严德发、"海军司令"李喜明，赴夏威夷参加美军太平洋司令部司令交接仪式；6月美军太平洋司令部派遣军事观察团10多位现役军官，赴台观摩"汉光31号国防战力展示"预校活动，双方互动交流逐步公开透明。二是防御指导渐进深化。除了依惯例派遣大型观摩团指导台军"汉光31号"实兵演习外，美方还于5月邀请台"海军陆战队"首次赴夏威夷参加太平洋司令部两栖领导人研讨会（PALS），并观摩两栖登陆演习；11月美国会还通过"2016年国防授权法案"，授权美政府邀请台湾参与南海交流训练计划、参加美空军"红旗"演习等活动。三是合作领域持续拓宽。除了既有的情报交流共享外，台美现役部队交流互动不断深入。年内双方全面展开台军政战局政战总队和美太平洋司令部第七心战群缔结"姐妹盟"、台陆军601航空旅和美太平洋司令部第25战斗航空旅缔结"姐妹旅"后续相互学习、联合演训及建立"战略沟通平台"等合作事宜；台军2014年底派遣一个侦搜排赴美进行为期半年的高寒地带作战技能交流，2015年下半年派遣一个机步排前往夏威夷学习第25步兵师史崔克战斗群装甲车训练与战斗部署，显见台军赴美学习已从学员生换训、参访、观摩，逐渐扩大到完整小部队层级的实质交流；美方还将台湾列为反恐合作伙伴，10月至11月派遣太平洋司令部"绿扁帽部队"赴台协助进行反恐特训。可见，面对"我强台弱"的战略态势，台军虽然强调"独立自主的国防政策"，但与美军事交流合作逐渐由暗中走上台面，极力强化与美战略同盟关系，为必要时"拉美介入"预做准备。

七、积极配合当局政策，采取措施维护南海权益。一年来，台军按照当局"南海和平倡议"指导以及"海巡护渔民、军队挺海巡"的做法，采取系列举措维护南海"主权"。一是举办研习活动强化"全民国防"意识。协助当局举办 3 梯次南沙"全民国防研习营"和 2 梯次"东沙巡礼——海域安全及国家公园生态体验营"，共接训 100 余名教师学生，开展南海地区海洋法制、生态保护、南海战略论述等方面的宣传教育，强化岛内民众的南海"主权"意识。二是加强情报侦察监视掌控周边动态。"参谋本部"电展室、军情局、海空军雷达部队严密监控进出南海舰机动态、演训和各方政策立场，并着手拟制 P-3C 反潜巡逻机前往南海侦察巡逻的计划。台军还从 2011 年起在太平岛建立技侦站点，加强对南海周边动态的侦察监视。三是开展战场基础建设推进作战准备。2015 年底完成太平岛码头、灯塔兴建和机场延长整修，码头建成后可供大型军舰靠泊补给，马英九原计划亲自前往主持落成典礼，后因"美方关切"而改派"内政部长"陈威仁率队前往。此外，台军还结合年度重大演训时机，组织"卫疆"南沙太平岛规复演习，台高层多次对外宣称，针对南海局势，已完备空中快速反应及海上增援部队作战计划，"可随时执行快返驰援行动"。

八、弊案丑闻频频发生，军队的社会形象受到严重打击。虽然近年来马英九当局在军中强力推动廉政整治，军方也持续以"双轨并行、复式监督"方式整顿军容军纪，马英九还亲自夜宿陆战队、带队出早操，极力提升官兵士气，但台军内部管理仍然问题不断，各类弊案丑闻还是频频发生。一是违规事件屡禁不止。3 月份"陆军航特部"爆发"阿帕奇贵妇团"事件，军方处理过程草率、手段粗糙，军队负面印象迅速蔓延，导致岛内民怨沸腾，"航特部"指挥官陈健财上任仅半年被迫调职退伍，"参谋总长"严德发等一大波将校军官遭到惩处，成为继 2013 年"洪仲丘案"后军中又一丑闻；此外，"参谋本部"电展室军官战备值班睡觉、"海军舰指部"士兵营内喝酒狂欢、"国防大学"军官酒醉闹事等事故频频发生。二是两性丑闻层出不穷。"陆军司令部"通资处处长翁锰挥少将、东引地区指挥部指挥官杨嘉智少将等高官因为性骚扰案遭调职，其他不当男女关系、涉足不当场所、偷拍摄像等花样百出；"军备局"局长陈麒中将涉嫌透过军品供应商为其妻投保被迫请辞，还有多名台军官兵因为感情问题、心理抗压问题自杀身亡。三是安全事故一再发生。"空军官校"1 架 T-34 教练机失事坠毁造成 2 名飞行员丧生，"陆军金防部"1 辆运输车失事坠湖导致 2 名士兵落水淹亡，海军"子仪"军舰触碰浅滩、空军 IDF 战机座舱爆裂等事故防不胜防。诸如此类，凸显台军内部管理存在制度性缺失和难以调和的军中矛盾，严重削弱台湾当局"国防"施政权威，重创台军社会形象，打击官兵军心士气，影响部队正常发展建设。

2016 年 1 月

两岸携手共同探索"一国两制"的台湾模式

曾建丰

2014 年 9 月 26 日，习近平总书记在北京会见台湾和平统一团体联合参访团并发表重要讲话。习近平首次集中阐述我们实现和平统一的一系列政策主张，明确指出："'和平统一、一国两制'是我们解决台湾问题的基本方针，我们认为，这也是实现国家统一的最佳方式"。对此，台湾岛内主要政党国民党、民进党异口同声表示："不接受""不认同"。由此可见，两岸对"一国两制"方针存在着重大的认知分歧与理解误差。因此，台湾方面很有必要重新认识"一国两制"方针，并与大陆共同探索"一国两制"的台湾模式。

一、实践证明，"一国两制"方针具有高度科学性与灵活性

"一国两制"是"一个国家，两种制度"的简称，是中国共产党为解决祖国大陆和台湾和平统一的问题以及在香港、澳门恢复行使中国主权的问题而提出的基本国策，即在中华人民共和国内，内地坚持社会主义制度作为整个国家的主体，同时允许台湾、香港、澳门保留资本主义制度。该构想于 1983 年 6 月由邓小平首次提出。其基本内容包括：1. "一个中国"，即"世界上只有一个中国"；2. "两制并存"，即在一个中国的前提下，大陆的社会主义制度和台湾的资本主义制度，实行长期共存，共同发展，谁也不吃掉谁。3. "高度自治"，即统一后，台湾不同于中国其他一般省区，享有高度的自治权。4. "和平谈判"，即两岸通过接触谈判，以和平方式实现国家统一。

"一国两制"方针，既有利于实现祖国统一、维护国家主权，又充分考虑到台湾、香港、澳门的历史和现实，体现了高度的灵活性。该方针提出后，首先被成功地运用于解决香港问题和澳门问题。中国政府于 1997 年 7 月 1 日和

1999 年 12 月 20 日相继恢复对香港、澳门行使主权，此后香港、澳门继续保持繁荣、稳定与发展。"一国两制"在香港和澳门的成功实践，一方面证明了它的科学性，一方面也有助于台湾同胞能够具体地了解"一国两制"的实际内涵，对台湾问题的最终解决具有积极的示范与影响作用。

今年 9 月 26 日，习近平在北京接见台湾统派团体联合参访团时，重申我们实现和平统一的一系列政策主张。习近平同时强调：台湾的前途系于国家统一，台湾同胞的福祉离不开中华民族的强盛。我们所追求的国家统一不仅是形式上的统一，更重要的是两岸同胞的心灵契合。我们理解台湾同胞因特殊历史遭遇和不同社会环境而形成的心态，尊重台湾同胞自己选择的社会制度和生活方式，愿意用真诚、善意、亲情拉近两岸同胞的心理距离。10 月 23 日，中共十八届四中全会审议通过的《中共中央关于全面推进依法治国若干重大问题的决定》提出：依法保障"一国两制"实践和推进祖国统一，保持香港、澳门长期繁荣稳定，推进祖国和平统一，依法保护港澳同胞、台湾同胞权益。这表明：我们不但要在制度安排上，对和平统一后的两岸政治、经济、社会关系等做出顶层设计，而且更重视台湾同胞的心理感受，更重视两岸同胞心灵的相融相通。

二、正本清源，台湾应纠正对 "一国两制"方针的"污名化"宣传

"一国两制"构想提出于 20 世纪 80 年代初，当时两岸尚处于"封闭状态"的"冷战时期"，政治对立、军事对峙，民间交流也未开启，在两岸充满"敌意"的特殊年代，"一国两制"在台湾一开始就被贴上"统战工具"的标签，与"吞拼台湾""吃掉台湾""矮化台湾""消灭中华民国""向中共全面投降"画上了等号。1987 年以后，两岸逐步开放民间往来与经贸交流，但由于李登辉、陈水扁时期，推行"两国论"与"一边一国论"的"台独"政策，造成两岸关系持续低迷与紧张，"一国两制"方针在台湾被"污名化""妖魔化"的状况丝毫没有改观。台湾"行政院陆委会"1994 年 7 月 5 日发表的《两岸关系说明书》称："一国两制"之目的，是要"中华民国"向中共全面投降，要台湾地区人民在一定时间后放弃民主自由制度。因此，中共的这项主张，客观上并不可行，主观上我们也绝不接受。

2008 年，国民党重新上台，两岸关系进入和平发展时期，两岸经贸交流

与人员往来呈现出"大交流、大合作、大发展"的良好局面，但由于马英九当局在两岸政治关系的发展上坚持"不统、不独、不武""维持现状""只经不政""偏安拒统"等消极、保守政策，使得两岸政治议题包括"结束敌对状态"、"建立军事互信机制""签署和平协议"等至今仍毫无进展。从某种意义上说，两岸在意识形态与政治层面的"敌对意识"没有得到有效的缓解，这也使得台湾社会对大陆各种制度与政策的误解与偏见仍然十分严重。

直到目前，台湾社会对于"一国两制"的看法仍然十分模糊混乱，甚至是错误解读，绝大多数人是处于疑惑和无知状态，真正理解与拥护的是少数，坚决反对的也是少数。其根本原因是，台湾绝大多数人特别是基层民众并不了解"一国两制"方针的真实内容与思想精髓，仅有的一些印象也仍然是被"污名化"与"妖魔化"的负面宣传与反面解读。事实上，"一国两制"方针的思想精髓与具体内容，当年在台湾完全是被反向宣传与负面解读的，如台湾方面所谓的"全面投降""放弃自由民主制度"等，与"一国两制"方针的核心内容"两制并存""谁也不吃掉谁""台湾现行社会经济制度不变"等正好相反。诚然，台湾方面对"一国两制"方针进行"污名化"与"妖魔化"宣传有其特定的时代背景，而现在应该是到了正本清源的时候了。台湾方面说"不接受""不认同"的同时，也应说出令人信服的理由来，或者提出更好的方案来，而不能"为反对而反对"，更不能继续推行"愚民政策"，台湾民众有权了解"一国两制"方针的真实内容与思想内涵。

三、两岸携手，共同探索和建构 "一国两制"的台湾模式

从实践上看，"一国两制"已成功地运用于解决香港和澳门问题，香港和澳门回归后继续保持繁荣稳定的事实，已经完全证明"一国两制"构想的科学性和生命力。香港、澳门问题的圆满解决表明，台湾问题完全可以按照"一国两制"方针来解决。同时，我们还必须认识到，台湾与澳门、香港的情况毕竟有所不同。因为台湾问题是两岸同胞之间的事情，没有领土主权问题，属中国内政。为早日实现海峡两岸的和平统一，我们党和政府提出了一系列合情合理的主张和建议，考虑到台湾问题是中国的内部事务，将采取比香港、澳门更加宽松的政策。

习近平总书记在 9 月 26 日讲话中也表示："'一国两制'在台湾的具体实现形式会充分考虑台湾现实情况，充分吸收两岸各界意见和建议，是能充分照顾到台湾同胞利益的安排"。这三个"充分"体现了尊重历史、尊重现实的实事求是精神和以人为本的价值取向，具有很大的善意和包容性。可以说，"一国两制"在台湾实现的具体模式，是两岸未来统一的全新模式，也需要两岸中国人运用高超的政治智慧来共同研究，共同探讨，共同建构。因此，有必要加大力度，发动两岸与港澳各界人士一起来参与研究和宣传"一国两制"方针，共同探索和建构"一国两制"的台湾模式。首先，要发动两岸与港澳的学术界、知识界开展对"一国两制""台湾模式"研究，包括"一国两制"与统一理论、统一模式的研究、"一国两制""港澳模式"与"台湾模式"的比较研究、"一国两制"对中国统一与发展意义的研究以及"台湾模式"的创新思维与构想研究等等；其次，要欢迎两岸与港澳各界人士、意见领袖提出具有建设性和针对性的意见、建议，不断丰富和充实"一国两制""台湾模式"的具体内容；其三，要在未来海峡两岸举办的各种研讨会、论坛、合作研究等等学术交流活动中，有意识地加入对"一国两制""台湾模式"的研讨与宣传，也可在两岸与港澳举办相关的系列专题研讨会；其四，要大力扶持岛内支持"一国两制"方针的政党、团体、媒体、学术单位，以适当的方式鼓励和支持他们开展"一国两制"方针及台湾模式的研究与宣传工作，特别要注意运用新媒体在台湾青年中进行宣传；其五，两岸媒体、学术界以及涉及两岸事务的相关单位，也应该及时准确地报道、介绍两岸有关在"一国两制""台湾模式"研究的相关进展，让台湾民众了解"一国两制""台湾模式"的真情实况。

总之，让台湾各界参与到"一国两制"的"台湾模式"的共同研究与建构中来，这既可体现大陆对"'一国两制'是实现国家统一的最佳方式"的自信，展现大陆"理性探讨、包容务实"的诚意和善意；同时，也能让台湾同胞逐渐了解和相信"一国两制"方针是能充分照顾台湾同胞利益、保持台湾现行社会制度和生活方式、维护台海和平稳定的政策与制度安排，"一国两制"才能最终赢得台湾同胞的信任与支持，真正成为推进祖国和平统一的最佳模式。

2014 年 12 月

"九二共识"在台湾面临的客观环境、现实挑战与相关建议

曾建丰

2008 年以来，两岸关系进入和平发展的新阶段，正如习近平总书记 3 月 4 日在政协联组会上的重要讲话那样，"九二共识"对两岸建立政治互信、开展对话协商、改善和发展两岸关系，发挥了不可替代的重要作用。"九二共识"的重要性不言而喻，然而"九二共识"在台湾岛内面临的客观环境、现实挑战却令人担忧。

一、客观环境：台湾社会整体上趋于"本土化"和
"绿化"的走向仍将持续与深化

其一，政治环境。战后两岸隔绝，台湾社会"独自"发展，加上"李扁时代"（1988 至 2008）长达 20 年推行"去中国化"与"绿化""独化"的政策与教育，台湾社会整体呈现"本土化"和"绿化"走势。2008 年国民党重新上台"执政"，马英九当局虽曾表示要大刀阔斧"拨乱反正"，但事实上，马当局继续执行"以台湾为主""对台湾有利"的总方针，尤其是在两岸政策方面执行"不统、不独、不武""只经不政""维持现状"等一系列保守政策，更有甚者在意识形态方面继续坚持"防共""反共"立场，对"历史教科书"中的"台独"史观也未能从根本上拨乱反正，致使台湾社会"本土化"和"绿化"趋势不但未能遏制，甚至越走越远。从深层次看，去年发生的"反服贸运动"以及国民党在"九合一选举"惨败，是台湾社会持续走向"本土化"和"绿化"的必然结果。其二，舆论环境。台湾社会整体走向"本土化""绿化"甚至"独化"的过程，与台湾岛内舆论环境全面走向"绿化"与"独化"形成互为因果

与互相刺激的关系。自 20 世纪 90 年代初废除"惩治叛乱条例"、通过"刑法第一百条修正案"后，台湾所谓"言论自由"已经走向"'台独'言论霸凌"："搞'台独'的人可以放火，主张'统一'的人别想点灯"。当前台湾舆论媒体，从平面媒体（报纸、杂志）到电子媒体（电视、电台）再到新兴媒体（网络、手机），几乎"一面倒"成为"绿营"或"独派"的喉舌：真实宣传报道大陆改革开放、政经发展成就以及对台方针政策的版面、节目寥寥无几，负面报道甚至恶意解读大陆政经情势及各项政策的内容充斥媒体，各种"台独"论调甚嚣尘上。台湾媒体形成如此局面，马英九当局不仅负有不可推卸的责任，同时也造成"蓝营"军心动摇、自食恶果。自从 2006 年身为党主席的马英九从"终极统一论"滑向"'台独'选项论"，国民党完全丧失"统一理想"，形同向"台独"势力缴械投降，媒体舆论"绿化""独化"趋势愈演愈烈，即使 2008 年马英九上台，此一趋势也未能从根本上逆转和改观。其三，社会环境。2008 年马英九上台执政，并未如其所言进行全面的"拨乱反正"，尤其是在意识形态领域和人事制度方面没有进行"正本清源"，如陈水扁时代的"九八课纲"迟迟未能根本改变，陈水扁时代刻意培养的"深绿"分子长期位居要津，使得台湾社会继续在"绿化"与"独化"的道路上滑行，其结果是"蓝营"选民对马英九当局从失望到绝望，"铁票严重生锈"，中间选民大量流失；另一方面，马英九当局在社会经济福利发展方面也让台湾民众感到失望，以台湾社会突出的所谓"三中一青"问题为例，由于马英九当局在施政过程中偏向利好"特定财团"，使得台湾"中小企业、中南部民众、中低收入阶层"并未能从两岸关系和平发展与两岸经贸频密交流中获得明显的"和平红利"与"经济实惠"；台湾有投票权的青年世代（20—35 岁）成长于"李扁时代"，深受"去中国化"及"台独"教化之影响，对中国大陆存在明显疏离与"冷感"，普遍缺乏"中国认同"。因此，尽管 2008 年以来两岸关系进入和平发展新阶段，两岸经贸交流与人员往来快速增长，但台湾民众的"中国认同"不升反降，形成明显反差。

"九合一"选举之后，台湾地方政治版图已经打破"蓝大于绿""北蓝南绿"格局，民进党加"深绿"的台北市市长柯文哲，民进党已经成功实现了"地方包围中央"的战略，"绿色执政"实际上已经掌管了台湾近三分之二的土地与人口，这些县市在"绿营"与"台独"的意识形态统治之下，全面"绿化""独化"的步伐势必再次提速。

二、现实挑战：在台湾岛内马当局曲解、民进党否认 "九二共识"是最严峻的挑战

众所周知，"九二共识"是指 1992 年 11 月海协会与台湾的海基会就解决两会事务性商谈中如何表明坚持一个中国原则的态度问题所达成的以口头方式表达的"海峡两岸均坚持一个中国原则"的共识，其核心内容是"海峡两岸都坚持一个中国的原则，努力谋求国家的统一。但在海峡两岸事务性商谈中，不涉及'一个中国'的政治含义。"

然而，台湾的主要政党国民党、民进党出于意识形态需要，对"九二共识"肆意曲解或否认，并造成台湾社会对"九二共识"普遍认知混乱与产生偏差，这是"九二共识"面临的最严重危险与挑战。首先，国民党、马英九当局将"九二共识"曲解为"一中各表"或"各表一中"，即"一个中国、各自表述"，用马英九的话说就是："大陆方面说自己是中华人民共和国，我方则说自己是'中华民国'"；其次，民进党则完全否认"九二共识"存在，称其为"没有共识的共识"。其理由是 1992 年两岸两会并没有正式签署白纸黑字的共同协议、协定或声明之类的文本，时至今日共产党与国民党对"九二共识"的解读仍然各执一词、说法不一。其三，台湾社会普遍对"九二共识"存在认知模糊或偏差。正是由于长期以来国民党、马当局对"九二共识"的曲解、民进党对"九二共识"的否认，使得台湾社会普遍对"九二共识"的认知模糊不清甚至以讹传讹、信假成真，很少有人能准确把握"九二共识"核心内容与思想内涵。

2008 年马英九上台执政以来，海峡两岸基于"九二共识"而取得两岸关系和平发展的重大成果，正如习近平总书记所言，"九二共识"对两岸建立政治互信、开展对话协商、改善和发展两岸关系，发挥了不可替代的作用。但也要清楚地看到，马英九当局对岛内民众解读与宣传的所谓"一中各表"的"九二共识"，实际上与"九二共识"的本意与内涵已经出现明显偏差，其对大陆采取"只经不政"策略，拒绝两岸"政治接触与对话"，实则是将"九二共识"作为"只和不统""以和拒统"的挡箭牌。

2016 年台湾"大选"日益临近，民进党卷土重来、重新执政将是大概率事件。再次执政的民进党势必吸取陈水扁"急独"路线的教训，走一条"没有'台独'口号的'台独'路线"，也就是"以和谋独"路线，即在两岸政策

方面主张"和平相处""两岸和谐",维护台海和平稳定,在岛内却继续搞"绿化""独化",具体而言,其对 2008 年以来两岸关系和平发展所取得的各项成果将采取"概括承受"的策略,而其拒绝承认"九二共识"、坚持"台独"的立场与主张不会改变。

三、相关建议:大陆宣传"九二共识"就着重强调一个中国原则与统一方向

首先,要在两岸政策论述上始终保持战略高度与理论优势,增强实现祖国统一的政治责任感与使命感。党的"十八大"以来,以习近平为总书记的党中央从实现"两个一百年"奋斗目标和中华民族伟大复兴中国梦的战略高度来审视和谋划对台大政方针,强调"两岸一家亲、共圆中国梦"理念,并明确指出中国梦与台湾前途息息相关,中国梦是两岸共同的梦,两岸统一是实现中国梦的重要环节,展现了大陆在两岸政策论述上的战略高度与理论优势,同时也体现了我们党对实现祖国统一的政治责任感与使命感。正如习近平总书记所指出:"两岸长期存在的政治分歧问题终归要逐步解决,总不能将这些问题一代一代传下去。我们已经多次表示,愿意在一个中国框架内就两岸政治问题同台湾方面进行平等协商,做出合情合理安排"。

其次,宣传"九二共识"必须明确坚持"一中原则"与谋求国家统一。针对"九二共识"在台湾岛内面临的客观环境与现实挑战,以及国民党、马当局"只和不统"、民进党"以和谋独"的策略,大陆在宣传"九二共识"时一定要注重还原"九二共识"的本意与内涵,突出强调一个中国原则与"努力谋求国家统一"。此次习近平总书记在讲话中明确点出"九二共识"的核心是"认同大陆和台湾同属一个中国",可以说是很有针对性与前瞻性的。

其三,坚持以"九二共识"、"一中原则"作为与台湾各政党及政治人物交流交往的政治基础。一方面,我们要坚持原则,始终把坚持"一中"原则、"九二共识"、反对"台独"作为与台湾当局、各政党以及台面政治人物开展交往的基础和条件;另一方面我们也要保持灵活性,强调既往不咎,无论是谁,不管以前有过什么主张,只要现在认同"九二共识"或"一中原则",愿意参与推动两岸关系和平发展,我们都应以积极姿态与其交流交往,争取更多的"绿营"政治人物改变立场。

其四，针对2016年台湾可能出现的"政党轮替"大陆应未雨绸缪。面对台湾岛内错综复杂的政局演变与2016年可能出现的"政党轮替"现象，大陆应有足够的自信与定力，正如习总书记所言："决定两岸关系走向的关键因素是祖国大陆发展进步"。两岸关系的发展的主导权在大陆，不在台湾，2016年台湾"大选"不论蓝绿谁胜，都必须务实面对"九二共识"的现实门槛，必须坚持"一中原则"。如果民进党上台，继续坚持"台独"立场、否定"九二共识"，大陆在拒绝与其进行"党际交流"的同时，还应适度收紧台湾的所谓"国际活动空间"，拒绝与民进党执政县市长直接接触，具体交流活动，如城市交流、经贸交流合作等都只需由承办单位协商办理即可。否则，台湾民众会误以为无论蓝绿谁"执政"都一样，大陆为了和平发展都得买账。与此同时，我们还要广泛团结台湾同胞，坚定推动两岸关系和平发展，持续推进两岸经贸交流与人员往来，坚决遏制"台独"分裂活动，维护台海局势稳定，为解决台湾问题、实现祖国统一不断积累和创造条件。

2015 年 4 月

台湾青年世代的"两岸观"及相关建议

曾建丰

2008 年以来，两岸在坚持"九二共识"、反对"台独"的共同政治基础之上开启和平发展新时期。这一时期，两岸通过大交流、大合作、大发展，共同推进经贸交流与合作、密切人民往来与融合、建构制度化交流合作机制，共享"和平红利"、共同应对全球性经济衰退，两岸关系和平发展出现前所未有的良好势头。但在此同时，台湾社会也出现了所谓的"三中一青"（中小企业、中南部民众、中低收入户和青年世代）群体，这一群体对两岸交流合作给他们带来的实惠与红利感受不深或无感，从而产生"相对剥夺感"，甚至担心未来两岸更多、更快的交流与融合，不仅不会给他们带来实际好处，反而会冲击他们现有的"小确幸"，甚至妨碍所谓的"台湾主体性"。2014 年 3 月台湾爆发"反服贸运动"、今年 7 月又发生"反课纲微调"运动，这不仅仅是台湾青年世代"反马、反中、反交流"的情绪宣泄，更在一定程度上暴露出他们"维持现状""反中拒统"的心理与思想状态。因此，全面深入了解台湾青年世代的"两岸观"并有针对性地开展工作是十分急迫与必要的。

一、台湾青年世代的"两岸观"

在台湾所谓"青年世代"，是指 20 到 39 岁的台湾年轻人，据统计大约为716 万人，接近台湾总人口三分之一。"两岸观"则是指他们对两岸关系相关问题的基本立场和态度，包括对两岸关系的政治定位、发展前景、"国家认同"、"身份认同"、统"独"立场、对两岸交流合作的态度、对大陆政经发展的认知等等。由于受主客观等诸多因素限制，本文无法以量化方式精准说明台湾青年世代的"两岸观"，只是通过与台湾青年面对面交流、文献研究以及参考台湾岛内各种"民调"资料等，简要地对台湾青年世代"两岸观"中的核心问题做轮廓性描绘或趋势性论述。

1. 在"身份认同"问题上，台湾青年世代认同自己是"台湾人"的比例呈上升趋势，认同自己"既是台湾人也是中国人"或"中国人"的比例呈下降趋势（尽管台湾岛内民调机构通常将"台湾人""中国人"割裂成不同选项，十分荒谬，即使加入"既是台湾人也是中国人"形成三个选项，仍不合理，但作为观察分析资料尚有一定参考价值）。

2. 在"国家认同"问题上，呈现"去中国化"或"台湾化"的发展趋势。台湾青年世代的"国家认同"对象逐渐从原来以"大中国"为主转变为"在台湾的中华民国"或者"台湾"，越来越多人认为两岸是两个不同政治体制的"国家"，"中华民国就是台湾、台湾就是中华民国"、"台湾是台湾，中国是中国，彼此互不隶属"。这一点可以从台湾青年普遍把来大陆交流视同"出国交流"的潜意识中清楚地反映出来。

3. 在统"独"立场上，台湾青年世代越来越多的人持"不敢独、不愿统，维持现状以后再决定"或"永远维持现状"的心态与想法，同时越来越多的人主张"台湾前途由台湾 2300 万人民决定"而不能由"中国 13 亿人民"决定；在"终极统独观"上，越来越多的人倾向"独立"。

4. 对大陆政经发展的认识，仍有相当比例的台湾青年对大陆政经发展有偏见、不友善甚至敌意，进而产生"恐共""恐中""拒统"心理。在与台湾青年交流的过程中，不难发现持有"台湾先进、文明，大陆落后、不文明"、"台湾民主自由、大陆专制集权"、"台湾有选举、大陆没选举"、"大陆部署飞弹对着台湾"、"大陆充斥黑心商品"等等类似观点的人相当普遍。

5. 对两岸交流合作的态度，大多数台湾青年持"既期待又怕受伤害"的矛盾心理，他们大多数人肯定与认同 2008 年以来两岸关系和平发展所取得的成绩，也看好大陆发展前景，不排斥到大陆就学、就业，寻找发展机会；同时又担心两岸关系发展太快、台湾对大陆依赖太深，会对台湾社会经济造成冲击，影响到他们的"小确幸"、甚至导致"台湾主体性"丧失。

6. 在种族与文化认同上，绝大多数台湾青年对中华民族与中华文化保持高度认同，认为"台湾人与中国人同属中华民族、共同传承中华文化"。

总体观察，台湾青年世代"两岸观"中对大陆政经发展认知上的偏见或偏差以及对深化两岸交流合作的顾虑和担忧，是浅层次的，是完全可以通过扩大交流交往逐步化解、导正的，而在"身份认同""国家认同"、统"独"立场三个方面，出现逐渐"绿化"与"独化"趋势，则是深层次的，也是较难改变与导正的。

二、台湾青年世代渐趋"绿化""独化"的原因

造成台湾青年世代渐趋"绿化"、"独化"的原因是复杂的、也是多方面。究其主要原因有以下三个方面：

1.两岸政治现实的影响：1949年以来两岸经历了长达60多年的隔绝与对峙，两岸走的是截然不同的两条发展道路，两岸在意识形态、价值取向、政治制度、教育体制、社会管理、生活方式等方面的差异，使得台湾青年难以对大陆建立起认同感。在国际社会，联合国和国际上绝大多数国家都承认"一个中国"是中华人民共和国而非"中华民国"，客观上"中华民国"被"限缩"成为"台澎金马"，因而在台湾青年中很容易形成对"中华民国是台湾"或"台湾"的认同。同时，台湾青年世代出生、成长于台湾社会从威权政体向政党政治、选举型社会剧变的时代，这个时期李登辉、陈水扁主政并主导了"七次修宪"，原本代表"大一统"的"中华民国宪政体制"实际上已经名存实亡，岛内民粹思想与"台独"思潮更是借机泛滥。2008年马英九上台执政后，马当局一方面以"九二共识"、反对"台独"为基础与大陆发展两岸关系，另一方面在岛内又不断强调"一中各表""不统、不独、不武""互不承认主权、互不否认治权""以台湾为主""政经分离""维持现状"等等，这些论述客观上仍在强化台湾民众对两岸"分裂分治""互不隶属"认知与认同。

2."去中国化"与"台独"教育的影响。李登辉、陈水扁在台湾主政的20年（1988—2008年）间，为了推动"台独"理念，在文化、教育和意识形态领域，采取了一系列"去中国化"和"独化"的政策措施，蓄意切断台湾与大陆的渊源与纽带。李登辉推出的《认识台湾》教材、陈水扁推行的"95课纲"等，都是依照台独"史观"修订中小学课纲，将"台湾史"从"中国史"中切割、独立出来，不断向台湾青少年灌输"台湾不属于中国""台湾人不是中国人""台湾史就是'国史'"等等"台独"思想。2008年马英九上台后，碍于体制制约和民进党等"台独"势力的阻挠，并没有及时在文教领域拨乱反正、正本清源，迟至最近推出的"课纲微调（104课纲）"在受到"反课纲微调"运动的压力下，

被迫宣布"新旧教科书并行"、"不干涉各校选教科书的权利",课纲微调无疾而终。可以说,当代台湾青年正是从小接受"台独"史观教育成长的一代。

3. 舆论媒体宣传的影响。在威权统治时代,国民党对整个台湾社会实施"反共"教育,其影响到目前仍未完全消失。20世纪80年代后期,台湾解除"报禁",岛内媒体开始走向开放、自由、多元,但由于受历史原因及价值观、意识形态差异影响,台湾媒体仍长期带着"有色眼镜"看大陆,对于大陆的新闻报道负面多、正面少。随着2000年政党轮替、民进党上台,国民党逐渐退出媒体经营,"亲绿"财团或"独"派金主伺机而入,逐渐占据和掌控台湾媒体优势与主导权。如所谓"三民自"(三立、民视、《自由时报》)则几乎成了"绿营"和民进党的喉舌,而统派媒体在"台独"势力的挤压下,生存空间萎缩,发声困难。对于目前台湾媒体的蓝绿生态,台湾社会政治评论家黄智贤称:"对于台湾的媒体生态,我有一个理论叫24∶2。意思是说,台湾的主流电视媒体,每天从下午到晚上,共有26个小时的政论节目(不计重播),其中有24个小时是挺绿的,挺蓝的只有2个小时"。

存在决定意识。绝大多数台湾青年(七成以上)并未踏足过大陆的土地,他们生活在台湾现实社会政治之中,接受"台独"史观教育和"绿化""独化"媒体影响,他们的"两岸观"潜移默化地出现偏差甚至积非成是,势所必然,而且在两岸政治分歧未能缓和、结构性矛盾未能化解,台湾社会整体意识形态趋于"绿化"与"独化"态势未能遏制与扭转之前,台湾青年世代的"两岸观"仍将继续恶化,发展趋势堪忧。

三、相关建议

习近平总书记指出:"两岸青少年身上寄托着两岸关系的未来。要多想些办法,多创造些条件,让他们多来往、多交流,感悟到两岸关系和平发展的潮流,感悟到中华民族伟大复兴的趋势,以后能够担当起开拓两岸关系前景、实现民族伟大复兴的重任"。习近平总书记的讲话是我们做好台湾青年工作的指导思想和总体思路。

具体而言,我们要在继续深化两岸经济、文化、教育、社会领域交流合作、不断推进两岸关系和平发展的进程中,让台湾青少年参与到祖国大陆发展进步的事业中来,让广大台湾青少年通过亲身参与和自身体验形成对于祖国大陆真切的认同感和归属感，让台湾青少年在两岸交流交往中亲身感受并认同"两岸一家人"与"台湾人也是中国人"的情感意涵，提升他们对两岸共同家园、两岸同属"一个中国"的认同，为重新建构台湾青年世代的"中国认同"奠定基础。

1.打造共同生活圈、形塑共同的历史记忆。针对台湾青年对祖国大陆的陌生感与疏离感，只能从强化与提升两岸青年交流着手，逐步构建两岸青年共同生活圈，培养与形塑两岸青年的共同历史记忆，从而逐渐增强台湾青年对祖国的认同。没有共同参与就不可能产生认同，台湾青年的未来在包括中国大陆在内的整个中国，这不能停留在口号上，要具体落实到台湾青年世代的生活与事业之中。在两岸交流与合作中，要大量吸收台湾青年参与到大陆的各项事业甚至对外合作中来，要让台湾青年有更多参与大陆发展的机会、融入大陆的发展中来，同时分享大陆发展的成果。要争取那些从未来过大陆的台湾学生、年轻人，尤其是中南部的青少年，让他们有机会来大陆交流参访、了解真实的大陆。

2.加强对台湾青年领袖精英的交流工作。台湾各领域的优秀青年人才对整个青年群体有着榜样和示范作用，对普通大众的思想和行为也具有引导与带动作用。因此，在目前两岸经济、社会、文化、科技、法律以及政治等各领域的交流项目中，应有意识提高台湾青年参与人数的比例；应有意识地打造在两岸有影响的两岸青年精英交流项目：在议题设置方面，可选择两岸青年感兴趣且有重要价值的主题进行深入而广泛的研讨；在交流时间和形式方面，除短期的会议论坛之外，也可设立时间较长的合作交流项目，比如大陆高校博士后流动站、科研单位课题项目合作等，便于两岸青年精英之间建立起持续性的互动交流平台。还可以借鉴美国在全球特别是在台湾推动"青年领袖计划"的经验，以及台湾政治人物特别是绿营头面人物开办暑假、寒假"青年军"的经验，尝试进行两岸青年的交流，提升台湾青年对大陆的正面认识。也可以通过友好城市、对口学校、社团之间交流，组织台湾青年到大陆调研考察，鼓励他们将考察调研作为完成学业的论文。在学术成果方面可安排导师指导，同时为其成果在刊物或网上发表创造条件。这不仅能达到有说服力的对台宣传效果，而且也能让台湾学生完成一次对大陆认识的反思。

3.强化两岸教师、青年学生的交流互动。强化两岸教师的互动非常重要，因为教师对学生的影响非常直接与深刻。目前两岸教师交流过于集中在从事两岸研究的领域，应当扩大到其他学科领域，包括人文科学、社会科学以及自然科学等领域，通过他们来正确地引导学生。加强两岸各领域各学科，特别是在台湾意识形态普遍偏绿的医学、法学、政治学、社会学等学科与大陆的对口交流与互动。鼓励两岸学者进行中、长期合作研究，共同编写、合作出版适合两地学生使用的参考书、青少年读物、科普读物等。还应推动两岸中小学教师之间的交流互动，可采取对口性、机制化的方式，持久扎实地开展两岸教师间的交流互动。目前两岸各类青年交流论坛主要邀请对象以 30 到 40 岁为主，建议把此类平台的交流扩大到高校甚至中小学生领袖和精英中。可由大陆各地高校牵头，通过学生会组织邀请 28 岁以下的在校生，开展两岸青年学生领袖间的交流。两岸高中初中甚至小学生之间的交流，可根据各年龄段学生的特点与接受能力，设计形式多样、内容丰富的交流活动，如举办汉字、成语、唐诗宋词等竞赛等，寓教于乐，潜移默化，以便他们形成正确的历史观与祖国认同。

4. 建立两岸共同就业市场，资助台湾青年来大陆发展创业。针对台湾青年人就业困难的情况，在两岸经贸交流与产业合作中应融入青年创业因素。建议以官方与民间合作的方式设立各类型的台湾青年创业专项基金，择优对台湾青年的创业项目进行扶持，引导更多社会资源加入两岸青年共同创业中来，让更多的台湾毕业生选择到大陆自主创业，让台湾青年愿意成为"两岸族"。例如阿里巴巴总裁马云到台湾，提出要提供 100 亿作为台湾青年创业基金，这是让台湾青年参与到大陆的好做法。努力打造两岸共同就业市场，要加强就业咨询服务，促进上岗就业。对于大陆招聘台湾毕业生就业，在政策上基本都放开了，有关部门应加强这方面的政策辅导。可以开设专门针对台湾青年的人才市场或专门机构，如"台湾人才服务中心""两岸青年交流项目中心"等，为台湾青年到大陆工作提供学历认证、就业推荐、职称评定、政策及信息咨询等服务，以便于台湾毕业生来大陆寻找就业机会，也便于已经在大陆就业发展的台湾青年进行人才流动。要逐步取消台湾同胞就业许可证制度，改为参照大陆居民实施就业登记备案制。逐步扩大经营许可，降低申请标准，鼓励台生在大陆设立会计师事务所、律师事务所和社区卫生院等；对招聘台湾毕业生的用人单位，给予适当补助或抵税优惠。应开放台湾毕业生到大陆国有企业和事业单位就业，并与大陆毕业生在工资福利、社会保险等方面享有同等待遇。

5. 充分利用资讯网络，打造新媒体社交平台。两岸青年实地交流的传统形式在时间和空间方面受到很大的制约，而互联网社交媒体打破了时空限制，不仅有利于扩大两岸青年之间的社交网络，更有利于通过实地交流使两岸青年保持更加持久密切的互动往来。根据现有情况，可以积极推广微信、QQ等网络社交平台在两岸青年间的使用，在两岸青年之间建立起一个庞大的自主的社会关系网络，持续推动两岸青年的交流与融合。还可运用新媒体，积极推动虚拟社区文化的共建共享。也可以通过论坛、评论、博客、圈子或社会性网络、即时通讯等载体，形成一种真正的网络文化社区。让更多的台湾网民（主要是青少年），不受时空限制，即使暂时没有机会来大陆交流，也能及时、准确获悉大陆各方面发展的真实情况与最新动态，逐渐改变他们对大陆的误解与偏见。总之，在资讯全球化与自媒体时代，应当充分利用新的资讯技术与新媒体形式，打造包括视频、网络电视、自媒体网络等在内的信息传播平台，开展"入岛、入脑、入心"的宣传工作，牢牢掌握两岸话语权。

6.改进现有两岸青年交流中的某些弊端。近年两岸青年通过求学、就业、访问、旅游等多种形式开始了面对面的直接交流，人员规模与互访频率快速增长，但台湾青年应邀到大陆进行文化参访或参加夏令营、联欢节、训练营、各类会议论坛等仍然是主要形式。这些活动为两岸青年提供了交流与学习的平台，也创造机会使台湾青年更多更深地了解大陆发展的历史与现状。但据一些较常参与这些活动的台湾青少年反映，他们来大陆的参访活动大多是看的多、听的多，互动性差，参与度较低；形式单一、内容老套、深度不够等；同时交流活动还存在：官办或官方主导的多，青年自主相互交流的少；大呼隆粗放式的多，小团队精细化的少；重形式的多，求实效的少；台湾来大陆的多，大陆去台湾的少等一些问题。因此，举办青少年交流活动应该针对台湾青少年的特点，用台湾青年易于接受的形式和语言，结合旅游、游戏、联谊、表演，甚至音乐、电影、戏剧、美食等载体与主题开展交流，注重形式与内容创新，打造通俗新颖、别开生面的交流精品项目，同时突出两岸青年的主体地位，让两岸青年在交流中融洽同胞感情、增进心灵契合。

2015年11月

台湾新媒体的现状与特点

杨仁飞

近年来，台湾新媒体发展迅速，既有传统媒体延伸而来的新媒介，也有看好新媒体前景的纯电子媒体，更有大量依托博客、脸书等社交平台的自媒体。由于台湾大大小小的新媒体不同程度地介入岛内政治与社会抗争，其影响力与渗透力已远远超越传统的媒体，因此有必要对近年来台湾新媒体的发展状况、特点及其与政治结合的情况作一梳理，以期把握台湾新媒体的脉动。

一、新媒体

相对于报刊、户外、广播、电视四大传统意义上的媒体，新媒体被形象地称为"第五媒体"。

一般而言，新媒体泛指利用电脑（计算及信息处理）及网络（传播及交换）等新科技，改变传统媒体之形式、内容及类型所产生的新型传播方式与平台。就其形态而言，主要以网络新媒体、移动新媒体、数字新媒体为主。具体而言，有数字杂志、数字报纸、数字广播、手机短信、移动电视、网络、桌面视窗、数字电视、数字电影、触摸媒体等。就其组织性而言，可分为借助新科技老芽发新枝、线上线下两条线运作的传统媒体，新成立的纯互联网新闻媒体，政党或各类社会团体组织、企业架设的互联网宣传网站，门户网站或搜索引擎或虚拟社区构建的社群平台，以及依附社群平台的自媒体。就特性而言，主要体现为：数字化（Digital）、互动性（Interactive）、超文本（Hypertexual）、虚拟性（Virtual）、网络化（Networked）、模拟性（Simulated）。

二、台湾新媒体现况

（一）传统媒体不甘落后，以新媒体支撑、拓展既有影响

互联网时代让传统媒体不同程度地感受到从受众到话语权等各个方面的挑战。"新媒体的出现重新定义了人们获取信息的方式，同时也颠覆了媒体组织生产内容的方式。"在 2014 年第六届海峡媒体峰会期间，台湾联合报系社长项国宁感慨地说。改变、迎合互联网时代是不少传统媒体的共识。目前来看，传统媒体向新媒体转型，一是改变传播形式，二是增加传播内容，三是改变媒体与读者的单一、垂直关系，强调体验，包括让受众参与新闻采写、编辑、制作。从形式上来看，目前台湾绝大多数的传统媒体实现了新闻网络化、新闻即时化，如《联合报》《中国时报》《旺报》《自由时报》《壹周刊》、东森、三立、华视等岛内传统媒体纷纷触网，联合报系于 2014 年 1 月成立了由 50 人组成的数位媒体创新处（新媒体部），同年 4 月《自由时报》推出新版电子报，三立老板张荣华也在台湾"九合一选举"后宣布 2015 年预计投资 10 亿新台币布局"新媒体"，以期建立从"三立新闻网"延伸到"娱乐网"及"影音平台"的多元格局。此外，移动媒体是传统媒体与新媒体融合的新渠道，如东森 TVBS 等先后开发了 APP 及各式影音载具，《联合报》推出 PLUS 进军移动新闻市场，《自由时报》于 2012 年 10 月推出电子报手机版（m.ltn.com.tw）。在内容上，新闻传播向民生服务等领域延伸，如交通、医疗、气象等方面的资讯推广服务，其中联合报系推出的 APP 就有 20 多个，联合报系还推出"U—data"数据库，把《联合报》60 年来刊发的新闻文字、图片都整合到这个大型数据库里，目前已有 800 多万张图片。在媒体与受众的关系上，双方关系不再那么单一与垂直，在全民新闻或公民新闻概念的影响下，一些媒体尝试推出公民新闻网，即由网民提供各类稿件，由网民来编辑、推送新闻，尝试改变由专业记者、编辑为主导的新闻采写、编审模式。如台湾今日新闻集团下设了 WENEWS 网站，以普通网民推送的"新闻"、见闻或资料为主。

总的来说，台湾传统媒体正被动或主动地因应互联网革命及台湾社会的变化。除了几家媒体集团外，大多数传统媒体向新媒体转型并不容易，一则是传统的媒体经营者与业者对媒体运作有惯性思维，习惯将传统的媒体运作与管理方式照搬到新媒体上，如大投入、大制作思想；二则是一部分在高度竞争的环

境中早已面临较大生存困境的媒体要向新媒体转型心有余而力不足。传统媒体与新媒体融合，能否使传统媒体脱胎换骨仍有待观察。

（二）中外财团看好台湾新媒体前景

风传媒（www.storm.mg）是近年来成长较快的台湾新互联网媒体。该网于 2014 年 2 月 28 开业，创办资金为新台币 6000 万元，创办人张果军从台大社会系毕业，拥有美商高盛台北分公司总经理和富邦证券董事长的经历。创立伊始，该媒体成立 38 人的超级媒体团队，除了发行人王健壮（《中国时报》原总编兼社长）外，总主笔夏珍、副总主笔吕绍炜、执行副总编辑吴典蓉和副总编辑阎纪宇出身中国时报系；总编辑谢忠良以及记者蔡慧贞、朱明等来自壹周刊，团队成员在台湾媒体界有高知名度。目前该网的新闻分为国际、国内、政治、两岸四个方面，关注社运、环保、动物保护、核电等议题。在稿源上，除了一些独家的调查、评论与采访外，风传媒也与网络社群、独立记者及其他媒体合作，争取稿源的多元性。风传媒也推出手机 App，有留言、投票、分享等创新的互动功能。由于风传媒阵营强大，经费充足，加上新闻专业性强与评论犀利，不少台湾媒体人视其为台湾互联网新媒体及新闻传播的风向标，当然仍有不少媒体记者将风传媒看作是传统媒体的延伸："风传媒从报道写作风格、文章没有链接、信息图表少、互动少，显然是个传统媒体，依旧把党政人士当作重要消息来源，只会成为放话工具。"

关键评论网是境外资本看好台湾新媒体的重要个案。关键评论网是 2013 年 8 月 1 日由一群对现今台湾媒体不满又想要做出一些改变的人创立的互联网媒体。创始人之一的杨士范与钟子伟共出资 400 万新台币。杨士范，1980 年出生，是台湾独立媒体工作者协会成员，曾任科技信息网站 CNET Taiwan 执行主编，现在仍是该网站的总编辑。钟子伟，台湾大学外语系、哈佛大学商学院毕业，曾任美国三丽鸥总经理以及台湾"模拟联合国推展协会"创会理事长。2014 年，该媒体引进风投资金（主要来自美资），实行董监事制度，目前董事有 Marcus Brauchli（《华盛顿邮报》前任总编辑、《华尔街日报》前执行副总编，在亚洲担任长达 15 年的特派记者，也曾长期待在台湾）、陈浩（毕业于政大政治系，现为博理基金会执行长、云广科技公司总经理，曾任东森电视新闻事业总部执行副总、中天电视执行副总、TVBS 协理级新闻部总监、传讯电视台北负责人）、李素真（Joyce Lee，曾担任 BBDO 黄禾广告公司执行长，Hill

& Knowlton 公关顾问台湾分公司董事总经理，哈佛企业管理顾问公司执行副总经理，IBM 广告业务负责人等职务）。监事有 Sasa Vucinic（媒体发展贷款基金 Media Development Loan Fund，现改名为媒体发展投资基金的创办人暨前执行长，此基金于 1996 年创设，曾于全球 31 个国家与地区中以买卖"新闻自由债券"或低息贷款的方式，资助所谓受到政府压迫的独立媒体，到目前为止已累计资助 300 个新闻计划和近 100 个客户，总投资额累计达到 1.2 亿美元。该基金 2015 年年中计划推动发射数百颗小卫星实现全球推免费 WIFI 的外联网计划）、陈顺孝（文化大学新闻学研究所硕士。曾任《自由时报》编辑中心头版编辑，现任辅仁大学新闻传播学系副教授、生命力新闻编辑人、莫拉克独立新闻网共同发起人）。目前编辑人员有翁世帆、羊正钰、吴象元、邹琪、郑少凡等人。此外还有 60 多个作者，每个作者一个账号，他们可以上稿、自己发稿子到这个账号，但不能直接刊登，必须经过网站编辑，作者无稿酬。目前该网每月造访人次已有 150 万人，是台湾成长最快的新媒体之一。

（三）"独立媒体"与台湾社运团体、公民运动如影相随

1999 年美国西雅图反 WTO 示威中，Independent Media Center（独立媒体中心）开始被人们熟知。不过早在此之前，在网络平台上全球各地就已经有各种以社会运动为主要报道对象的媒体在运作。2004 年而随着各种博客平台服务的普及化，一股被描述为"草根媒体""公民记者""公民新闻"的新媒体风潮席卷全球。

中文"独立媒体"一词，并没有严格的定义。在台湾，"独立媒体"一般是指起码具有一定的编审机制与团体运作的媒体组织，与较具有个人或平台色彩的"公民新闻"有一定的区分。

目前台湾较有影响力，且标榜"独立媒体"的有苦劳网、上下游新闻市集、沃草、Peopo 公民新闻网、环境资讯中心、四方报、新头壳新闻网、莫拉克独立新闻网、拓峰新闻网（CLUB1069）、关键评论网、进击的向阳（sunlight-seeker.org）、懒人时报、WEREPORT（www.we-report.org）等等。一些媒体人如冯小非、汪文豪等人 2012 年发起成立了台湾独立媒体协会、独立媒体学院，以期培育独立媒体记者，扩大独立媒体在新媒体市场的影响力。

可以说，近几年"独立媒体"之所以有一定的声势，其实是与台湾岛内的社运团体或社会运动兴起有密不可分的关系，一是所谓的"独立媒体"大多是

由一些积极主张社运与公民运动的人士成立，如 we-report 是由台湾优质新闻发展协会成立、新头壳是由台湾新闻记者协会会长庄丰嘉发起成立，沃草是由公民 1985 行动联盟成员柳林玮等人创办、苦劳网受劳动人权协会、工人立法行动委员会或台湾劳工阵线等团体支持，莫拉克独立新闻网共同发起人为陈顺孝等人。二是这些媒体的核心成员还是"大埔事件""洪仲丘事件""太阳花学运"的组织者及支持者，而"独立媒体"则成为他们宣传社运理念、反对国民党、"仇中"的利器。正如独立媒体协会网站所宣称的那样，"独立媒体"是社运力量与公民团队发声的平台，他们通过操作反对旺旺中时等所谓的大媒体垄断，组织街头抗争，将媒体、互联网当作战场。

目前"独立媒体"及媒体人大多标榜新闻的"独立性"，不接受广告，但作为台湾社运或公民运动的工具，决定了台湾的"独立媒体"不可能有真正意义上的独立。除关键评论网外，大多数"独立媒体"由于没有固定的资金来源，缺少广告的稳定支持，大多数记者编辑没有薪水、没有稿费，新闻来源依靠网上言论或某些团体、专家的言论，长远来看，这些"独立媒体"能否稳定发展有待观察。

（四）政党、政治团体或政治人物成立的宣传型媒体任性成长

尽管台湾法律规定政党退出媒体经营，但是近年来台湾大大小小的政党、政治性团体、智库及政治人物突破限制，在互联网开设各式各样的文宣网站，此类宣传型媒体有蓬勃发展的势头。

如民进党主席蔡英文 2012 年成立小英教育基金会，并设立想想论坛。小英教育基金会执行长林全在这一网站开通时曾表示，传统论坛与网路的想想论坛相辅相成，讨论议题也会互相交流，做得好就会有影响力。蔡英文也曾说，想想不只是个网络论坛，还期待它是一场运动，一场温柔、坚定、严肃又细致的思想运动。

如青平台是由曾任民进党执政时代青辅会主委的郑丽君 2010 年设立，重点培养亲绿的青年政治力量与企业家。目前其关联或直接支持的媒体或机构有哲学星期一、台湾公民媒体协会、慕哲咖啡等。青平台自 2011 年起，于每年的寒暑假开办"公民变赢人特训班"，邀请在公共参与上有丰富历练的亲绿政治人物或学者提供经验、和学员相互交流，并引领学员进行思辨。2010 年 8 月 13 日开设的哲学星期五（http://www.5philo.com/index.php/about）是早期青平台推动

公民运动的计划之一，2012 年起该网以小额募款，独立运作。这与其说是新媒体，不如说是宣传机器、宣传工具，是台湾政治人物政治立场宣示、传播的新通路，也是与支持者互动的重要平台。

这些党政背景的网站有强大的组织后援，资金充沛，动员能力强，生存没有问题。

目前经营得较好的宣传类新媒体大多是绿营政党与政治人物经营的，他们起步早，经营时间长，已拥有固定的读者，懂得如何拉拢网友，如何传递政党与政治人物的政治主张。随着经验的成熟，越来越多的政党与政治人物架设多个相关联的媒体，并且在各种社交网站遍地开花，重视线上线下互动，努力将网络点赞变成扎扎实实的选票。

（五）自我体验与经验传播的自媒体

自媒体是普通大众借助互联网，向大众提供与分享他们了解的资讯、情感的平台与载体。2008 年以来社交网络 FACEBOOK、PTT、WRETCH、PLURK、TWITTER、MYSPACE、LINE、微信、微博、QQ 等被网民热捧，这些网站提供网络使用者与他人对话、交换、讨论资讯及经验的平台，在这些平台上，使用者可以发帖子、观察朋友们的活动，和朋友保持联系，并可根据爱好、兴趣等串联社会关系，形成具有凝聚性的社群。目前这些社群平台正在改变使用者，尤其是年轻学生的传播方式及社会关系。

据估计，有四成台湾人热衷使用 FACEBOOK、PTT、LINE 社交平台。由于使用者中绝大多数是 20—30 岁的年轻人，这使得台湾各政党与政治人物竞相在这些社交网站设立平台，争取年轻世代的支持。

传播者越趋私人化、平民化、普泛化、自主化，手段越来越现代化、电子化，传递之信息既有真实规范的一面，也存在大量任意转载他人信息及不加筛选、甄别非规范性的一面，这使得传统媒体与新媒体的新闻信息来源更加丰富，但造成信息泛滥成灾，甚至虚假信息充斥。如何在成千上万的互联网信息中挖掘出有价值的新闻，如何以最快的速度传递新闻，并将碎片化的新闻做深、做实，成为当下台湾新闻媒体最大的挑战。

三、台湾新媒体面临的挑战

一是传统大媒体凭借较雄厚的财力纷纷进军新媒体，但其对新媒体的经营理念、采取的经营方式及报道的内容仍未超越既有思维，吸引客户、赢利仍是传统媒体巨头不得不面对的最重要挑战。不少传统地方媒体虽架设了网页，但只是将平面媒体内容数字化呈现而已，对读者缺乏应有的吸引力。地下电台则通过互联网渠道合法化，影响与受众反而扩大。

二是独立媒体、自媒体一哄而上，低成本、低质量运作。目前注册一个媒体网站，成本低，只要网页设计费，请一两位编辑、两三位记者、网络管理员就可以，不付费、少付费是这类媒体的常态。由于放松抓新闻质量，因此类同、抄袭、负面、恶质的新闻充斥其中，加上台当局对新媒体放宽管理，使得新媒体品质参差不齐，令人诟病。

三是政治力深度介入与以个人、团体的价值观取向代替新闻公正客观的价值取向，使得台湾新媒体泛意识形态化。即使独立媒体声称寻求发出独立的声音，但实际上，作为公民团体或社运团体及支持者创办的新媒体，只是他们实现政治目的的工具或政治力的延伸。而且台湾各种政治力量利用社交平台的开放性与自主性，直营、间接布局多家新媒体，形成媒体扩散效应，进一步影响舆论走向。

四是互联网新媒体与社交媒体交叉运行，形成新圈子，同时亦产生排外效应。如互联网中的一个圈子会剔除异见的声音，或拒绝陌生者加入。有学者认为，社交媒体造就了"阶层属性接近"的复合族群，也会自行簇拥出新的各方意见领袖。这也就是社交媒体被政党、政治人物看好、利用的重要原因。

总之，各类新媒体的涌现、表现方式的多元化、与政治力的结合越来越密切，既带来新闻产业的变革，但同时也使得近年来台湾民众焦虑、彷徨、短视、非理性的情绪无序地被投射出来，形成巨大的飓风效应，这种扩散效应对台湾民众心理健康、对台湾社会的健康发展，甚至对两岸关系构成什么样的冲击，冲击将持续多长时间，仍是一个未知数或是巨大的变数。

2015 年 4 月

台湾批踢踢实业坊（PTT）研究

杨仁飞

在台湾，PTT, Bulletin Board System（BBS），又称批踢踢实业坊，并非像美国、大陆的 BBS 一样随互联网新兴社交平台的兴起被淘汰，反而逆势成长成为全台乃至全球最大的电子布告栏，且在台湾社会具有广泛影响力。

它虽对外宣称是杜奕瑾创办的 BBS 平台，但它用的是台湾学术网路。在所有权方面，2006 年在经历一场纠纷后，台大与 PTT 管理方明确，所有权归台大资讯系，台大供应一部分硬件设备，台教育部门定期给予支持，但站务由 PTT 自行管理，台大系方不干预运作，也不能任命站长，不拥有 PTT 管理实权。

目前 PTT 上百万使用者中 90% 以上是台湾校园学生及曾经的高校学生，由于毕业生可长期拥有账号，因此 PTT 不再是单纯的校园社交平台。它提倡匿名文化，无论是 PTT 的管理人员还是"乡民"很少有人愿意公开暴露自己的真实姓名，但网站管理者对每一位申请人的资格了解得一清二楚，包括大学时住在哪个宿舍。PTT 虽然常被称为怪胎，但它又是台湾社交媒体甚至是新闻媒体的宠儿，是台湾民意的重要风向标，因此有必要通过全面的介绍，揭开 PTT 神秘的面纱。

一、概况

1. 基本架构

1995 年，PTT 由当时台湾大学信息工程学系二年级学生杜奕瑾等人创办，以电子布告栏系统方式架设。

除了最为人知的主站批踢踢（PTT.cc）之外，PTT 另有两个同样采 BBS 系统架设的分站：批踢踢兔（PTT2.cc）、批踢踢参（PTT3.cc）。批踢踢兔成立于

2000 年，提供个人板以及团体等私人性质为主的广告牌服务。批踢踢参在 2004
年 4 月创立于美国华盛顿，主要提供海外学生专用，系统使用 MediaWiki。除
了主要的 BBS 服务外，PTT 也设计了 Blog、Wiki、Web 的服务，供注册用户
申请。

PTT 注册者必须是台湾高校的学生，注册时必须提供学生各类信息，管理
团队掌握每一个注册者的真实信息，匿名只是注册之后对外发文使用的名称，
一旦注册成功，账号拥有者即使离开高校仍可长期使用。大陆赴台学者、大陆
新娘，即使在申请时提供台湾真实的地址、姓名仍无法在 PTT 注册。

2. 2005 年形成一家独大的局面

PTT 成立之初，正是 BBS 平台兴盛之时，当时台湾不少高校设有 BBS 平
台，仅在台大就有椰林风情、不良牛牧场、小鱼的紫色花园、未来小栈、风月
星、阳光沙滩等站。1999 年 PTT 举办台大 PTT 之夜，2000 年与台大学生会合
作举办台大 BBS 之夜等公开活动。之后，除了 PTT 之外，其他校园 BBS 平台
很快衰落。从 2005 年开始，PTT 成为台湾无可挑战的最大 BBS 平台。

目前在台湾 PTT 比脸书更受青年群体的欢迎，使用者平均年龄为 21 岁。
据估计，目前在 PTT、PTT2、PTT3 注册总人数约 150—200 万人，尖峰时段网
站超过 17 万名用户同时上线，拥有超过 2 万个不同主题的广告牌，每日超过 2
万篇新文章及 50 万则推文被发表。

过去几年，PTT 用户人数继续增加，并成为台湾年轻人最大的网络讨论空
间，众多不同种类的话题都能在 PTT 上激荡出讨论的热潮，甚至影响到真实的
生活层面，于是 PTT 成为台湾新闻记者瞩目与取材的焦点。一些组织甚至公部
门亦会参考 PTT 的舆论进行调整，以切合民意。例如：台铁与高铁每日均会查
看相关广告牌之讨论。台湾主要平面与数字媒体均派记者跟踪报道 PTT 动向及
乡民主要言论。除此，PTT 也曾因自身制度或"乡民"的激进言论等引起各种
风波与争议。近年来 PTT 更是积极介入台湾各种社会运动，其社会影响力进一
步扩大。

3. PTT 所有权之惑

自成立起，PTT 获得台大、台"教育部"各种形式的资助，平台也免费开
放所有台湾高校学生进入。2003 年台大资讯系认为 PTT 是学生自主组织不是学
校官方成立组织，且管理与组织成员并非都是台大人，如域名与学校相关将引
发学校不少困扰，决议把 PTT.csie 除名，当年 PTT 也配合将所有与台大相关之

域名除名，避免在网站官方名称上出现台大或 NTU 等字眼。但在 2006 年，台大重新宣布 PTT 所有权归台大所有，从而引发纠纷，后经与 PTT 实际管理维护团队谈判，台大做出退让，PTT 的所有权名义上属于台大资讯系，但资讯系不直接插手 PTT 人事及具体业务管理。在这一特殊协议安排下，PTT 既不具有完整意义上的校园学术平台，也不可能完成纯商业化的转化，因此在台湾，PTT 是一个非常特殊的社交平台。

目前，PTT 的相关服务由台湾大学电子布告栏系统研究社维护运作，大部分的代码由就读或已毕业于资讯系的学生进行维护及创设，并邀请具法律知识及训练的人士作为网站法律顾问或指导者。

4. 组织架构及主要核心成员

PTT 的组织架构呈金字塔分层结构。最高层为发起人杜奕瑾及指导教授们；第二层为掌握 Root 的系统站长及站务总监，2015 年新任站务总监为 Okcool；第三层为站务相关各部部长与警察局长，站务分别设板务部、账号部、法务部、公关部、活动部及美术部等，公关部与活动部在 2015 年由公关部分拆而成，现公关部负责对外发言，活动部负责举办活动。2015 年 1 月 PTT 新任命各部长与站长，其中公关与活动部部长空缺，活动部由实习站长 xxxxgay 负责，板务部、账号部、法务部、美术部的部长分别为 mousepad、disfabulous、longbow、FrankWW；第四层为站长与小组长，目前账号部站长为 makotoyen，法务部实习站长为 LLsolo，活动部实习站长为 xxxxgay；第五层为各主要版的版主，PTT 有数千个版，其中以八卦（gossiping）、joke、黑特（hatepolitics）、表特、西斯（sex）板人数最多，各版主一般由 PTT "乡民" 选举产生，得票多者当选，但有的版主连选连任已干了近 10 年。目前 PTT 组长、站长以上的核心成员多产生于上述热门版主；第六层为 "乡民" 或粉丝。此外，版务部下的 "警察" 也有一定的影响力，广告牌警察设于 2012 年，2014 年第五任局长为 iwasdying。PTT 官方粉丝团团长是沃草有限公司发言人，同时他也是 4am.tw 共同创站人。

另外 PTT 目前的版主、组务、组长等实际上皆是 "终身制"，并没有任期届满的改选制度，而罢免管版不善的版主或组务在制度上又是采 "从宽认定"（换言之就是要达到罢免标准才得罢免，对于表现平凡的版主或组长却只能消极任其久占其位），造成许多有志服务版主与组长的人进入困难（即使一广告牌有多版主制度），也造成争议性版主往往自恃罢免门槛高而无所警惕，因此有 "乡民" 一直建议 PTT 应该采取 "任期制度" 来杜绝上述争议，但目前仍旧没被

PTT 管理层采用。

站长会议决定人事及重大活动事项，主要版主往往受邀参加站长会议。

二、PTT 成为台湾乃至全球最大、发展最快 BBS 平台的原因分析

原因之一：不断的技术创新与平台扩展

从技术上而言，看似简单、落后的 BBS 平台，其实包含硬件与软件技术的不断改进与创新。如，PTT 虽只有文字接口，但一个连接依然可与无名小站、pixnet 等网站联机，等于是这些网络相簿的"目录""导览"，而且目前它还在台湾主要门户网站、脸书等社交平台上作推广，加上推出 Web PTT，吸引越来越多的网友前来参观、参与。PTT 拥抱开放码，以 PTT current 与 PTT src 板做平台，集众人之智慧使得自身软件不断提升进步。

随着 PTT 人数的不断增加，为了网路不堵塞，PTT 不断更换主机与宽频，以应对 5 万、10 万、18 万人同时上网的需要。

此外，在软件与硬件上，PTT 以台大资讯系为后盾，技术上不断导入更巧妙的设计，比如避开大量硬盘存取，将热门的数据存在内存等，可以支撑 10 多万人同时联机。

可以说，PTT 遇见好时机，受益于椰林风情等网站的转变，以及其他技术因素，让它一举超越其他 BBS 站，成为全台湾第一 BBS 站。

原因之二：扎根校园吸引年轻世代参与，网络时代的到来成为其快速成长的推动器

PTT 来自台湾高校力量的大力支持，尤其是台大年轻学子的世代传承。在过去的 20 年中，PTT 的系统站长与站务站长等核心团队大多来自台大。特别是 2000 年、2004 年 PTT 与台大学生会合搞大型活动后，台大等学生会会长往往是公关部、活动部或新闻部（新闻部于 2010 年被撤，成立公关部，2015 年公关部分拆为公关与活动两个部）的重要一员。学长传承给学弟学妹的方式，使得 PTT 技术与管理团队没有出现断层的现象。

虽然从制度上看，PTT 的管理团队没有人能够直接利用 PTT 获利，但其运作制度设计，特别是版主、站务站长、系统站长拥有较大的权力时，使得不少

人产生长久经营及掌握PTT真正权力的动力与欲望。之外长期经营PTT的各类人物却随着PTT的成长获得各种锻炼的机会，自身技术含量、管理能力、从政资本以及各种声望，这些丰厚的间接利益使得后继者络绎不绝。如硬兔2011年就说，他一生只投过一次简历还是在高中时间，自从加入PTT系统技术团队后，工作都是公司找上门来的，所以大学毕业后求职顺利。

可以说2005年网络的兴起没有使BBS平台失去它的吸引力，反而在台湾吸引更多的台湾年轻人与社会力量加入，这是台湾PTT与全球趋势最大不同的地方。

原因之三：分工明细、组织严谨、升迁有序的管理模式是PTT坐大的重要原因之一

PTT从创始之初由一支青涩的校园学生为主的团队，到如今发展成为不限台大学生且有丰富工作经验、有分工严谨的组织管理团，其实与其严谨的管理模式有极大的关系。

在管理上，2000年前后，PTT曾请奇摩与蕃薯藤的管理团队协助指导。

在权力结构上，目前在分层组织架构之下，系统、站务、法务又三权独立，互不相干，有人形容PTT简直像一个完整的小政府，广告牌地图也非常完整。PTT之广告牌管理由版主担任最基层部分，上有小组，小组之上为广告牌，广告牌由站方统一管理。其网友之间讨论争执时申诉制度先反映过版主，对版主处分不服时再申诉到小组长，对小组长层级不服再申诉广告牌组务，对组务再不服上至站方行政法院。不过通常一个争议案件的申诉往往冗长，加上站方与版主间对于申诉人的举证要求较多，因此在版面与站方的申诉案件中，往往最后判给版主、组长、组务胜诉的比率远远高过于版友申诉，这也是为什么有些版友会戏称批踢踢是一个官官相护的BBS管理制度。

在这一制度下，版主、站长的权力很大。版主拥有删除使用者文章、禁止使用者发言、拥有比一般使用者多300封的信箱空间，可以将精华区文章上锁，让只有版主与更高层的管理人士才看到，可以进入限定的版主资格才能观看的站务管理板，受邀参与站长与版主的专属会议。而版主以上的站长、总监非选举产生，他们拥有比版主更大的权力，决定PTT平台的各项政策、运作、人事安排等。如站务站长可以不受限地筹划各类活动。时任版务站长的okcool曾于2011年时称，当站长的好处便是可以自己试着去办各种活动，进行各种实验，如小天使制度，开一个脸书的 PTT 专栏吸引更多的用户认识 PTT 与自身。

在人事权控制上，站长基本上是由杜奕瑾、系统站长、站务总监等推荐产生，因此熟人、可靠、热心、技术好，甚至拥有共同信仰、价值观都是推荐一个人的重要考量。如"与南共舞"之所以接任 PTT 站长，乃是高中一同学是台大 BBS 资讯社的社长。

总的来说，在过去的 20 年中，虽然这支管理团队中的站长、部长不断变化，但是团队的核心人物没变，小小的版主经过十几年的沉淀积累，也不断上升为新的管理者。这些管理者，长年沉浸于 PTT，因而对 PTT 黏着度很强，忠诚度极高。

在这样的制度与运作模式下，PTT 高层团队是一个越来越封闭、排外的小圈子，不符合理想或价值观的就会被剔除，如陈焕宇因担任连胜文网军而最终被撤掉公关部长、站长一职就是最典型的例子。当然影响 PTT 声望与公信力的一些部长、站长也会被换下，如 2005 年 PTT 曾发生"站长向法务长借权限入侵情敌账号删除邮件"事件导致两位站长下台，2014 年"九合一"选举前发生连胜文、柯文哲网军事件致使陈奕宇、YUNJIN、JZS 部长及站务总监下台，PTT 这种快刀斩乱麻的果断手法，透露出 PTT 有着极为严密的组织管理，同时也强势巩固了 PTT 虚拟社会运作基础。

原因之四：运营半商业化，获利是公开的秘密

在创投业者的眼里，PTT 拥有的商业价值已超过 2 亿元以上新台币。它受制于特殊的所有权关系，无法成为商业化的独立互联网平台，但它作为有庞大人气与动员能力的平台，不仅主动吸引各方政治势力、厂商的关注，而且 PTT 也巧用了这样的力量进行资金募集。

自 2000 年起，PTT 定期接受台"教育部"的资助，但同时，借硬件、软件升级、搞活动，不断拉赞助甚至赚钱是公开的秘密。而这些资金与设备来自哪些政党、政治团体或政治人物，这些资金最后落入何人、何处，钱如何花掉，PTT 账目并不公开、透明。

不少实体商家也希望透过网络吸引客源，因此纷纷与 PTT 地区广告牌合作，推出地域性的认同卡，如"天母卡""内湖卡"等；也有店家因获得广大"乡民"支持，会有一些"秘密特惠"，只要说自己是"看 PTT 来的"，就可以享受意想不到的便宜价格。

在 PTT 网页上，PTT 接受多家私人企业赞助设备与活动，包括智邦生活馆、同人城市（已关站）、滚石唱片、Look 电影杂志，另外与微软 Messenger Plus、1111 人力银行签署合作协议。

在 PTT 推广的活动方面，越来越有"含金量"。2005 年夏天 PTT 搞所谓"三位一体"（Hate、Joke、Sex 三板）制作板服，结果板服大卖 8000 件、"好人卡"扑克牌大卖 5000 付，据称有上百万新台币入袋。2010 年起，活动部组织了一批志愿者，协助执行了"批踢踢认同卡"项目，总计发行了两个版本的"批踢踢认同卡"，2011 年起开始对"乡民"专属出售，让网友们能获得全台 500 家以上商家的真实消费优惠。到 2014 年，在外流通的认同卡数已超过 10 万张，活动组织方称成功提供了 PTT 营运所需的经费。因此 PTT 成为越来越具有赢利性的社交平台。

结语

PTT 扎根高校，与媒体、网络的频繁联结，与政党、社团、企业密切互动，可以说一步一步地扩大了 PTT 在台湾的影响力。反过来，PTT 各版的议题直接影响台湾平面与数字媒体，搅动台湾蓝绿敏感神经。

2016 年 1 月

关于深化两岸历史研究与宣传的若干思考

杨仁飞

2015 年是世界反法西斯战争及中国人民抗日战争胜利 70 周年的重要日子，两岸以不同形式举行了抗日纪念活动。然而台湾岛内杂音四起，诸如"反课纲微调"的学生代表抛出"慰安妇自愿论"，台湾地区前领导人李登辉一而再、再而三地宣称"日本殖民统治台湾时期台湾与日本同属一国，没有抗日问题"，现任台北市市长柯文哲声称"殖民先进论"，民进党更是发动民众纪念"台北大轰炸"，指纪念抗战是国共两党的事，与民进党无关，抨击连战出席大陆"九三阅兵"为"卖台"行为。这一些声音在这一重要时刻涌现，反映出台湾岛内持"殖民史观""皇民史观"与"台独史观"的绿色力量大举抬头，并且挑战第二次世界大战反法西斯与反殖民地的既有成果，是一股复辟的力量。

杨开煌教授指出，"台独史观"是指那种企图以台湾的史料来证明台湾不属于中国，以便为"台独"政治主张寻找证据和历史合法性的一种解释台湾历史的观点，如"台湾是无主之岛、台湾人民从来不是自己的统治者，台湾长期受外来统治，而且以中国的统治最为血腥"，因此"反中国"、诉诸"台湾独立"、怀念甚至歌颂殖民统治成为"台独史观"最主要的表现。

当下台湾岛内"台独史观"与"殖民史观"大行其道，对台湾政治、教育、社会各个方面产生了严重的影响。然而"台独史观"与"殖民史观"的各种论述是经不起检验的，存在许多似是而非、历史虚无主义的现象。回击"台独史观"必须以正确的史观反映历史本来面貌，争取在历史话语权上不缺席、不落伍，并且通过理论建树与细致研究，以更清晰、更有说服力的史观、史实，驳斥"台独史观"与"殖民史观"。

一、民进党推动"文化台独"
以期实现"去中国化"之目的

李登辉执政时代以来，岛内"台独"势力通过教育、舆论等多个重要路径，宣传"台独史观""殖民史观"，推动台湾实质"去中国化"与"台湾独立"目标，造就了目前台湾岛内"台独史观"与"殖民史观"横行的状况。

（一）从教育下手试图改变台湾民众国家与民族认同

教育是改变民众价值观、认同的重要路径。这一层面包括几个面向：第一个途径是"课纲"、课程与教材。李登辉、陈水扁时代修改的"课纲"迄今仍是台湾初级基础教育教材编撰的依据。这些具有"台独"色彩的教科书，直接与间接影响到在校学生、在职教育培训的各类公务员的史观。第二个途径是通过师资形塑学生的价值观。目前台湾的教师尤其是年轻教师，大多在"台独史观"与"去中国化"的环境下成长，他们对大陆的认知、对中华文化以及中国的认同都极为有限。在课程设置中，目前台湾各级学校普遍流行开设台湾史、台湾本土化专题课程，而这些课程大多宣扬"台独史观"与"殖民地史观"，对学生产生潜移默化的作用。而民进党长期渗透学校，重视对师生的培养与拉拢，如民进党或其他绿色团体经常利用假期、假日开办各类工作坊、讲座或提供到民进党党部、议员办事处实习的机会，向师生灌输"台独史观"，甚至指导组织学生学习参与社会运动的经验，因此台湾高校，甚至中小学都成了民进党及其他"台独"势力传播"台独"理念的重要舞台。第三个途径是改变学校的办学方针与宗旨。在台湾人口出生率逐年下降，生源不断减少的情况下，台湾私立学校面临经费与生源不足的困境。台当局通过行政资源注入或经费援助等方式，使一些原本立场比较偏蓝而经费有困难的私立学校弃守阵地。第四个途径是通过各种宣传影片、影视作品强化对台湾的"国家认同"，如学校简介或介绍影片灌输"两岸非一个中国"的观点，此外，一些学校将两岸校际交流放在国际层面，动辄称大陆为"中国"。这些做法进一步强化了学生对大陆的疏离与错误认知。

（二）从影响与控制传统与新媒体着手，传播扭曲颠倒的价值观与史观

民进党向来重视舆论宣传，并善用各类宣传机器与平台，借助传统与非传统媒介，如报纸、广播、电视、黑板报、标语、印刷品以及各种博物馆展厅等，传递"分离主义倾向"的"台独"意识、价值与信息，尤其是对台湾的历史、两岸历史进行了符合其"台独"主张与目标的篡改，借助大规模的群众性抗争运动，形成强大的社会舆论氛围，从而从思想上、心理上影响个体，达到舆论轰炸、霸凌的效果。

民进党影响与控制舆论的主要手法有以下几个方面：

一是成立庞大的宣传机构，搭建各类宣传平台，为"台独"主张与"台独史观"张目。台湾智库、"想想论坛"、"青平台"、独立媒体等都是民进党及其他"独"派团体成立的机构或媒体，有的虽号称智库或独立媒体，但实质是强有力的宣传机器，除了为民进党及"独"派的政策与立场辩护、扩大其影响力、为民进党上台执政作宣作外没有其他功能。

二是影响、左右、控制台湾传统与新兴媒体。民进党及"独"派善于影响与控制各类媒体，其手段多样、手法娴熟、力道狠辣是台湾其他政党与团体难以匹敌的。首先，在传统纸媒方面，《自由时报》《台湾时报》等绿色媒体凭借背后强大的绿色财团支持，将"殖民史观""台独史观"影响扩及整个台湾，其新闻、评论乃至民众来稿都以"反中"、反国民党为目标，近年来更是将扭曲的台湾历史通过其平面媒体及互联网平台向外推送。如《自由时报》2015年8月初推出"台湾历史的十点转折点"系列文章，鼓吹南岛语族是开创海洋文化的民族，全面否定郑成功与清朝对台湾的统治，肯定荷兰与日本的殖民统治，对民众极具欺骗性。在地方平面媒体与有线电视台方面，绿色执政的县市，更是通过公权力介入或注入性行销宣传倾力支持绿色媒体发展。其次，对于PTT等对校园学生及年轻世代有重大影响力的新媒体，民进党施以长期的影响，以致PTT过去的新闻部或现在的公关部盛产民进党的未来政治明星，PTT的八卦板成为民进党及"独派"力量动员反国民党、"反中"力量的重要网络平台。再次，支持有绿色背景的台湾人影响"维基百科"词条编写，将充满"台独史观"与"殖民史观"的词条与新闻推送上网，以"假权威"迷惑民众。目前台湾资深的"维基百科"编撰人员多为民进党或其他绿营团体的支持者，其所编写、修订的词条充满了"去中国化"的色彩与意味。如在维基百科中文版（简体或

繁体）中称"在康熙之前，台湾曾由少数民族统治或由荷西殖民，古代中国最早将台湾纳入版图并实际统治系明末清初南明时期的明郑东宁国政权，而在清朝时期康熙将台湾纳入版图前，台湾从未被视为中国领土"。在"台湾独立运动"条目中，称"中原政权从来将台湾皆视作海外，而非属中国传统疆域"，称台湾本地的信史则"大约从1624年荷兰进据台湾开始"；在"台湾问题"条目中，称"荷兰人在不受任何国家管辖的领土上，建立台湾史上第一个有系统统治台湾的现代政权"。"维基百科"将日据时期或日本殖民统治时期改为"日治时期"，称"台湾经济成就首先归功日治时期所打下的现代化基础"，不提日本殖民侵略给台湾人民带来的深重灾难与台湾人民的抗日事迹。"维基百科"有关台湾历史的观点与2015年以来包括台北市市长柯文哲在内的台湾政治人物宣扬"殖民先进论"、李登辉宣称"台湾与日本殖民一国论"以及民进党纪念"台北大轰炸"如出一辙。

三是利用博物馆、纪念馆及其他出版物等平台与载体，淡化、虚化台湾历史，扭曲两岸历史与文化联结。如高雄历史博物馆仅设四个展厅，第一个是高雄地区两个少数民族的正名历史介绍，第二个是从日本殖民统治时期到20世纪70年代以前高雄家庭的生活形态展，第三个是台湾传统民俗信仰展，第四个是"二二八"事件展厅。但即使是第三个充满强烈中华色彩的民俗信仰展厅，它的解说词里也看不到这些民俗与中国大陆的脉络与变化。在台南赤崁楼文化保护区里，日本殖民时代的台南市长羽岛又男竟然被认为对文物保护有贡献被请进了神殿，殖民统治者的现代塑像登堂入室亵渎了具有反殖民传统台南的先灵。这样的例子不是个案，在中南部台湾各类博物馆、历史人文景点里，到处可见日本殖民的"光彩"，如台南的巴克礼公园、八田与一纪念园，民进党执政的县市用障眼法篡改历史、美化殖民历史，传递错误的"殖民史观"，虚化了台湾人民反抗殖民统治的历史。

二、台湾史及两岸史的研究需上新台阶

目前两岸政治关系推进阻力重重、台湾岛内"台独史观"与"殖民史观"横行，这一切均牵涉如何解读台湾历史与两岸历史的深层次问题，两岸史学界必须走出象牙塔，从理论与实务多个角度研究与解释两岸同属中华文化、同属一个中国的历史，通过史观、历史理论与叙事方式的重构、创新、拓展，对两

岸民众国家认同的重建产生现实影响。

（一）纠正本土历史叙述被"台独"专享的现象

"本土化"（localization）是一个在当代政治学、经济学、社会学、人类学等领域广泛使用的概念，它有着十分复杂的内涵。从基本层面而言，本土化可以从文化和政治两个层面来进行界定。从文化层面与政治层面而言，这一本土化论述已被扭曲为指被外来势力统治的社会或地域要摆脱外来文化（主要指西方文化）的控制而确立本土社会在文化、精神等领域的独立地位；指此一社会或地域摆脱外来政治势力控制而在政治、行政、经济等方面实现自主的努力。

台湾本土化运动一开始是一场强调"在地文化"以及"主体意识"的运动，也是一场发扬台湾本土文化为主要宗旨的运动。但随着"台独"势力的壮大，台湾的本土化运动成为"台独"势力"去中国化"、实现"台独"目标的手段与路径。在当下，常常有许多人有意将历史本土化、政治本土化、文化本土化完全等同于"台独"，这同样是片面的看法。

其实本土化是一个多元、复杂的概念。在一个统一的国家里，它可以指保留及发展当地的历史与文化，尊重当地民众的宗教与信仰、入乡随俗的问题。在一个分裂的国家里，它可以是一群人试图脱离政治、经济一体，追求"独立"的工具，也可以是一群人强化本地认同来获取国家未来重新统一的重要资产。

因此，在史学理论与方法论研究上，应该从多个面向解读本土化错综复杂的问题，回答台湾民众追求的本土认同不同于民进党等"独"派政治人物推动的本土认同这样的理论问题。正如许多台湾问题的专家多次强调的那样，本土视角不等于"台独史观"，台湾本土化问题不能听任"台独"人士垄断论述。

（二）通过理论创析与研究拓展，提升台湾史与两岸关系史的水平

近代西方崛起后，西方中心史观包括所谓的文明史观、全球史观日益占据上风，以希腊罗马以及西方殖民扩张的历史作为叙事起点的历史论述成为主流，其他文明自觉与不自觉放弃了以自身发展历史脉络界定历史坐标的传统。而当下，学术界急迫需要以中国自身的发展轨迹重新确认数千年传承至今的史观与文化传统。

对台湾历史与两岸关系史而言，那些曾经产生重大影响、具有方向性的历史事件、历史人物故事，需要我们及时进行总结、提炼，以理论与学术创新建

构两岸历史学研究的新宽度与新深度。

一要从国家治理、国家统一学说与理论强化明清以来中央政府对台湾统治的学术与现实意义。戚嘉林教授指出，郑成功东迁台湾，是内地第一次将政权入驻台湾，开启台湾进入中国"国家治理"的新时代，其重要性在台湾历史上无可争议。而后四百年汉原血脉、文化混合，注定明郑与清政权绝非是与荷兰人、日本人并列的外来政权。国家治理是台湾史研究常常被简化、或忽略的一个方向，而中央政权对台湾的治理史研究更值得研究。研究古代乃至近现代台湾与中央王朝、政权的国家治理的关系，总结经验与得失，有助于了解台湾与大陆关系的演变过程，有助于回答两岸曲折、复杂的历史，有助于丰富两岸一家亲的历史内涵。

二要将反殖民主义理论与台湾反殖民历史进行有机联结，为台湾反殖民历史赢得更高的尊崇。我们须充分肯定台湾反殖民运动对中国近代爱国主义兴起与反殖民统治的巨大贡献，以及充分理解台湾人民在被日本殖民统治时期遭受的苦难与挣扎历史。反西方殖民主义、反侵略是台湾近代历史的主旋律之一，学界必须重新评价台湾人民对反殖民主义历史的贡献，尤其是对促进中华民族反帝、反殖民主义运动的兴起的贡献。

三是以民族融合、发展理论，研究台湾少数民族文化与汉文化、少数民族与中华民族在融合过程中产生的独有模式。

关于台湾少数民族的历史，我们必须回答目前台湾历史研究中一直被忽略或不被正视的问题，即如何以中华文明融合、同化理论，回答台湾融入中华文明过程的曲折与必然趋势等诸如此类的辩证关系等学理问题。需要说明的是，历史不是单一、单向发展的，世界上除了个别国家是单一民族外，很少有一个国家没有经历多民族融合发展的艰难过程，中国如此，英国如此，立国只有几百年美国也是如此。明郑政权与清王朝对台湾的统治不仅仅是台湾少数民族的汉化过程，不仅仅是中央王朝与台湾少数民族关系的调整过程，更是中国封建政权秩序在台湾的构建、实施、调整的过程，这个过程也是台湾少数民族文化与中华文化的融合过程，而且中华文化在台湾推陈出新，这与台湾人民恒久而持续的创新努力有很大的关系。因此我们的历史研究必须对台湾的文化与技术创新、进步给予积极的肯定，同时学界必须以史实为依据，解释台湾多民族融合、发展的历史过程的复杂与曲折性，才能说明这种融合既有上层的意志也有下层民众的意愿，既有主动的融合也有被动融合的艰难过程，呈现台湾历史的复杂、多元性。

（三）要填补台湾史、两岸关系史的研究空白，包括史前历史的研究，为两岸自古一家亲提供扎实的理论与史识支撑

由于史料与考古成果的缺乏，目前台湾历史研究呈现史前文明、明中叶以后的研究比较丰富而夏商周到明中叶之前历史比较稀少的情形，这种中间断裂现象既与台湾海洋地理变迁有很大关系，也与历史文献与考古成果不足的制约有关。但是，还原台湾真实完整的变迁史，必须从源头研究出发，强化对台湾中古史、两岸关系史的史实研究。

一是进一步研究南岛语系、语族、台湾史前文明与大陆的关系，破解所谓台湾与大陆史前文明无交集的错误认知与推论。从文明发展史的角度来看，任何一种文明的发展与邻近其他地区的文明有高度的相似性与相仿性，便足以证明相关地区文明同出一源。台湾发现的新旧石器时代稻谷、玉器、陶器、生产工具等文明遗存与华南、吴越地区乃至中原文明的器物有相似之处。可以说在史前文明阶段，台湾地区的文明与大陆文明呈现同步发展的趋势，揭示出台湾自古并非脱离大陆独立存在的文明体这一客观历史认知。

二是要对史前文明到明中叶以前的数千年台湾中古史进行强化研究，将史前文明与近现代台湾史、中华文明史的过渡作客观的阐述与重新链接。相比史前文明、明代以来的台湾史研究，台湾中古时代的历史研究显得十分单薄，甚至出现空白，这恰恰被"台独"人士利用台湾少数民族历史钻空子，为"台独史观"张目，因此有必要强化这一段历史的研究。在漫长的中古台湾历史中，台湾延绵不绝地与大陆保持着各种各样的联系，直到元明之后，这种联系变得更为全面与稳定。学界必须用更大的精力研究这种联系与相互关系，包括台湾少数民族的历史进程，回答台湾文明与中华文明的高度关联性、联系是否中断、为何中断的历史命题。

三是要专门研究近代以来两岸抵御外国侵略、捍卫国家领土主权的伟大历史，整理两岸携手保卫钓鱼岛、共同守护南海主权的历史文献，为两岸学界、官方迈向更深入、全面的研究合作打下基础。

三、要从实务的层面探索深化两岸国家、民族历史认同的途径与方法，使中华史观与"两岸自古一家亲"理念深入年轻世代，深入台湾基层民众

由于"台独史观"对台湾基层民众与青少年毒害已久，我们必须确立长久争取台湾民心的信心与意志，从当下两岸民间最基本、最基础的交流与合作管道出发，细化交流项目，拓展传播路径，推新传播手法，务实、渐进地推动台湾民心与认同的再造工程。

（一）加快落实两岸共同修史的脚步

争取两岸文教界加快推动具有共同历史认同与价值认同的课程修订与修史项目。教材是深入人心的基础工程，必须尽一切可能尽早启动两岸历史教科书的编写，组织两岸台湾史的专家，共同编写、出版相关书籍、课辅读物以及其他形式丰富的出版物。加快推动台湾历史、两岸关系史的修史工程，并在第一时间，以座谈会、签书会、新作上架宣传等多种形式，推动此类台湾史、两岸关系研究的著作能在台湾出版。

（二）利用现有两岸交流渠道与平台，增加对中华史观与两岸历史文宣作品、材料的推送入岛工作

1. 争取通过现有两岸文教交流之平台、渠道，如高校招生平台、两岸青少年交流平台等，寻求与大陆已建立良好合作关系的台湾私立院校，推动两岸数字媒体创新计划，将两岸历史文化概念注入文创作品、影视作品中，推出寓教于乐并能感动年轻群体的作品。

2. 在两岸基层的交流环节增加两岸历史宣传内容，如在两岸重大会议中，增加两岸历史与文化的宣传，赠送相关内容的文宣产品，使更多、更客观的历史资讯传递给两岸的民众。

（三）寻找新的传播渠道，让大陆的声音、中华史观能在台湾落地

1. 争取以互联网新兴通讯及传播工具为平台，将两岸共同的历史记忆与遗产成果传递到台湾民众手中。寻找合作意愿高且有一定影响力的两岸平面与互

联网媒体，连续、长期刊登、报道两岸历史的研究文章，回答两岸同属一个中国、两岸一家亲背后蕴含的史实与意义。

2. 以市场之手，拓展大陆对台湾问题、台湾史、两岸问题的研究著作发行渠道，争取在台湾有一定影响力的诚品书店以及其他网络平台上架发行。

3. 推动将两岸一家亲、两岸共同的历史与价值认同的课程等内容进入台湾文教圈。

据作者调查，目前台湾铭传大学、东海大学、世新大学、清华大学这些与大陆渊源深厚的高校并没有开设与校史相关的课程，以致这些高校的很多学生并不了解自身的校史。因此，我们要通过努力，争取推动有关高校将刘铭传、沈葆桢、郑成功等历史人物研究、教学进入教学内容中。

作者在台湾实地考察、与台湾学者长期交流的过程中发现，一些即使与大陆交往密切的台湾高校也常常将中国大陆称之为"中国"，将两岸交流放在"国际交流"的领域，我们必须通过努力，争取一批台湾高校、中学将"中国"称谓更改为"中国大陆"，让成千上万的学子能够清楚了解两岸割不断的历史与联系。

4. 鼓励台湾民间机构开设有关两岸历史的民间博物馆、档案馆，或开设相关课程、讲座，以事实告诉台湾民众，特别是台湾年轻世代两岸源远流长的政治、经济、文化融合、发展的历史，驳斥所谓清朝、国民政府"殖民台湾"的观点，重构两岸共同历史与共同未来的价值与愿景。推动两岸图书馆、博物馆、展览馆等机构之间的深度合作，实现从人员交流、会议交流合作向内容、项目合作的转化与升级，而深度的合作必须基于推动两岸共同历史、文化认同为目标的合作。

5. 争取以台南、高雄为重心，挖掘两岸共同的历史与文化记忆，与台湾一些民间团体、机构、当地著名的学者一道，合力制作一批反映台湾南部全面历史与文化的巨片，宣传台湾南部与闽南之间的血脉纽带关系，以历史、文化认同打动台湾民心，逐步改变台湾南部民众支持民进党的现象。

总之，历史研究者当有宏大的视野，以广阔的胸怀，严谨的学风，通过对台湾历史，对两岸关系史深入、全面、客观的研究与宣传，期许两岸民众走出历史的困惑，走出历史的悲情，携手共创中华文明的新辉煌。

2015 年 11 月